新时代大学生思想政治教育研究

迟成勇　著

合肥工业大学出版社

图书在版编目(CIP)数据

新时代大学生思想政治教育研究/迟成勇著. —合肥:合肥工业大学出版社，
2022.11

ISBN 978 - 7 - 5650 - 6190 - 5

Ⅰ.①新… Ⅱ.①迟… Ⅲ.①大学生—思想政治教育—研究—中国 Ⅳ.①G641

中国版本图书馆 CIP 数据核字(2022)第 225275 号

新时代大学生思想政治教育研究

迟成勇 著		责任编辑　王钱超
出　版	合肥工业大学出版社	版　次	2022 年 11 月第 1 版
地　址	合肥市屯溪路 193 号	印　次	2022 年 11 月第 1 次印刷
邮　编	230009	开　本	710 毫米×1010 毫米　1/16
电　话	人文社科出版中心:0551 - 62903205	印　张	15
	营销与储运管理中心:0551 - 62903198	字　数	260 千字
网　址	press. hfut. edu. cn	印　刷	安徽昶颉包装印务有限责任公司
E-mail	hfutpress@163. com	发　行	全国新华书店

ISBN 978 - 7 - 5650 - 6190 - 5　　　　　　　　　　定价：45.00 元

如果有影响阅读的印装质量问题,请与出版社营销与储运管理中心联系调换。

前　言

一

　　重视思想政治工作，是我们党的优良传统和政治优势。无疑，现代意义上的思想政治工作是随着中国共产党的诞生而开始的，更是在革命、建设和改革的伟大实践中而逐步走向成熟完善的。在党的百年历史进程中，思想政治工作实现了把改造客观物质世界与改造主观精神世界相结合的伟大创举，使得中华民族的精神面貌、中国人民的精神面貌和中国共产党的精神面貌随着从站起来、富起来到强起来的伟大飞跃而不断得以改变和提升。

　　中国共产党的成立，既宣告了中国革命进入了一个全新的自觉时代，也意味着思想政治工作取代中国传统道德教化而进入一个文化觉醒时代。中国共产党自成立之日起，就开始自觉运用马克思主义文化武装全党、教育人民。在建党初期，许多共产党人如毛泽东、邓中夏、苏兆征等，都深入矿区、农村向工人、农民传播马克思主义，宣传我们党的政治主张。毛泽东于 1929 年在古田会议上系统总结了党的军事政治工作经验，提出"从教育上提高党内的政治水平"① 的观点；1945 年，毛泽东在党的七大上又提出"掌握思想教育，是团结全党进行伟大政治斗争的中心环节"② 的命题；1955 年，毛泽东明确提出"政治工作是一切

---

　　① 毛泽东选集（第 1 卷）［M］. 北京：人民出版社，1991：87.
　　② 毛泽东选集（第 3 卷）［M］. 北京：人民出版社，1991：1094.

经济工作的生命线"① 的经典论断。毛泽东提出的这些思想观点为我们党继续推进思想政治工作开辟了理论道路。在社会主义建设时期，毛泽东于 1957 年作了《关于正确处理人民内部矛盾的问题》的重要讲话，把正确处理人民内部矛盾作为国家政治生活的主要内容，对思想政治工作的重要作用、基本内容、正确方针及主要方法等加以深刻阐释，为探索社会主义建设时期的思想政治工作奠定了理论基础。就高校思想政治工作而言，1952 年 10 月，教育部发出《关于全国高等学校马克思列宁主义、毛泽东思想课程的指示》，明确规定各类高校及专科学校均应开设马列主义基础课。由此高校政治课教育体系初步形成。1957 年 3 月，毛泽东在普通教育工作座谈会上强调，学校要大力进行思想教育，进行纪律教育、艰苦创业教育；要加强学校政治思想教育，每省要有一位宣传部长、一位教育厅长亲自抓这项工作；党委应当指导青年的思想，指导教师的思想。② 1961 年颁布的《教育部直属高等学校暂行工作条例（草案）》对高校思想政治工作制度建设作出了具体部署，该条例对高校思想政治工作的目标、任务和要求做了具体而详细的规定，明确提出高校要贯彻执行教育为无产阶级服务、教育同生产劳动相结合的方针，大力培养"又红又专"的社会主义建设者。③ 但令人遗憾的是，在"文化大革命"期间，由于受"左"倾错误思想的影响，政治运动、革命大批判逐步取代思想工作和说服教育，思想政治工作误入"以阶级斗争为纲"的错误轨道，严重破坏了党的思想政治工作的优良传统。党的思想政治工作经历了曲折的过程。直到"文革"结束后特别是以党的十一届三中全会胜利召开为标志，思想政治工作随着党和国家工作重心的转移而逐渐步入正确的轨道。

改革开放以来，为适应我国经济社会的急剧转型和世界多极化、经济全球化、文化多元化及社会信息化的发展，党中央高度重视大学生思想政治教育工作，各高校认真贯彻落实党中央的部署和要求，切实加强和改进大学生思想政治教育工作，为落实立德树人根本任务和培养高素质人才发挥了重要作用。以邓小

① 中共中央文献研究室.毛泽东年谱（1949—1976）（第 2 卷）［M］.北京：中央文献出版社，2013：484.
② 中共中央文献研究室.毛泽东年谱（1949—1976）（第 3 卷）［M］.北京：中央文献出版社，2013：95.
③ 王树荫.中国共产党思想政治教育史［M］.北京：中国人民大学出版社，2016：172.

平同志为核心的党的第二代中央领导集体，继承和发展了毛泽东同志关于思想政治工作的思想，坚持"两个文明一起抓"的方针，强调要加强党的思想政治工作。邓小平说："在工作重心转到经济建设以后，全党要研究如何适应新的条件，加强党的思想工作，防止埋头经济工作、忽视思想工作的倾向。"[1] 同时强调要对学生加强中国历史教育、理想信念教育、爱国主义教育、党的基本路线教育及坚持四项基本原则教育等，把他们培养成"有理想、有道德、有文化、有纪律"[2] 的社会主义新人。1980 年 4 月，教育部、共青团中央联合发布《关于加强高等学校学生思想政治工作的意见》；1984 年 9 月，中共中央宣传部、教育部联合颁发《关于加强和改进高等院校马列主义理论教育的若干规定》；1986 年 5 月，中共中央、国务院批转《国家教委关于加强高等学校思想政治工作的决定》等重要文件，为改革开放起步时期加强和改进大学生思想政治教育工作指明了方向。以江泽民同志为核心的党的第三代中央领导集体反复强调任何时候都不能放松和削弱高校思想政治工作，强调党的思想政治工作是经济工作和其他一切工作的生命线，提出"坚持以科学的理论武装人，以正确的舆论引导人，以高尚的精神塑造人，以优秀的作品鼓舞人"[3] 的时代课题，为推进改革开放和发展社会主义市场经济提供了强大的思想保证、精神动力和舆论支持。1990 年 7 月，中共中央印发《关于加强高等学校党的建设的通知》；1995 年 5 月，国家教委颁布《中国普通高等学校德育大纲》；2000 年和 2001 年，教育部相继印发《关于加强高等学校思想政治教育进网络工作的若干意见》和《教育部关于加强普通高等学校大学生心理健康教育工作的意见》等重要文件，首次提出了运用网络进行思想政治工作和加强大学生心理健康教育的新要求，对 21 世纪大学生思想政治教育工作作出了具体的规定和部署。以胡锦涛同志为核心的党的第四代中央领导集体坚持不懈地推进高校思想政治工作，强调"加强和改进思想政治工作，注重人文关怀和心理疏导，培育自尊自信、理性平和、积极向上的社会心态"[4]。该论断充分体现了科学发展观的核心立场，彰显了我们党坚持以人为本的执政理念，为

---

① 邓小平文选（第 3 卷）［M］. 北京：人民出版社，1993：48.
② 邓小平文选（第 3 卷）［M］. 北京：人民出版社，1993：190.
③ 江泽民文选（第 3 卷）［M］. 北京：人民出版社，2006：559.
④ 胡锦涛文选（第 3 卷）［M］. 北京：人民出版社，2016：638.

新形势下推进人本德育和高校思想政治工作创新指明了方向。2004年10月，中共中央、国务院印发《关于进一步加强和改进大学生思想政治教育的意见》，这是21世纪新阶段加强和改进大学生思想政治教育的纲领性文件，对推进大学生思想政治教育工作，提高大学生思想政治素质，促进大学生全面健康发展，把他们培养成中国特色社会主义事业的建设者和接班人，进而对于深化改革开放和推进社会主义现代化的历史进程，都具有重大而深远的战略意义。

党的十八大以来，以习近平同志为核心的党中央，从统筹中华民族伟大复兴战略全局和世界百年未有之大变局的战略高度，"强调意识形态工作是为国家立心、为民族立魂的工作""牢牢掌握意识形态工作领导权，建设具有强大凝聚力和引领力的社会主义意识形态"。① 中共中央、国务院先后印发了《关于进一步加强和改进新形势下高校宣传思想工作的意见》《关于加强和改进新形势下高校思想政治工作的意见》《关于新时代加强和改进思想政治工作的意见》等重要文件，明确新时代开展思想政治工作的极端重要性，把加强和改进思想政治工作作为一项重大政治任务和基础性工作切实抓好。2013年8月，习近平总书记在全国宣传思想工作会议上指出："宣传思想工作就是要巩固马克思主义在意识形态领域的指导地位，巩固全党全国人民团结奋斗的共同思想基础。""党校、干部学院、社会科学院、高校、理论学习中心组等都要把马克思主义作为必修课，成为马克思主义学习、研究、宣传的重要阵地。"② 2014年1月，中共中央、国务院印发了《关于进一步加强和改进新形势下高校宣传思想工作的意见》，强调指出，意识形态工作是党和国家一项极端重要的工作，高校作为意识形态工作的前沿阵地，肩负着学习研究宣传马克思主义，弘扬和培育社会主义核心价值观，为实现中华民族伟大复兴中国梦提供人才保障和智力支持的重要任务。做好高校宣传思想工作，加强高校意识形态阵地建设，是一项战略工程、固本工程、铸魂工程，事关党对高校的领导，事关全面贯彻党的教育方针，事关中国特色社会主义事业后继有人，对于巩固马克思主义在意识形态领域的指导地位，巩固全党全国人民团结奋斗的共同思想基础，对于帮助大学生坚定马克思主义信仰、社会主义

① 中共中央关于党的百年奋斗重大成就和历史经验的决议［N］. 人民日报，2021-11-17.
② 习近平谈治国理政［M］. 北京：外文出版社，2014：153-154.

和共产主义信念，具有十分重要而深远的意义。从中国共产党百年历史进程看，思想政治工作始终是党领导人民不断夺取革命、建设和改革胜利的优良传统和政治优势，发挥了显著的生命线作用。在中国共产党成立 100 周年之际，中共中央、国务院颁布了《关于新时代加强和改进思想政治工作的意见》。这是百年大党思想政治工作史上的一部具有里程碑意义的文献，明确提出"把思想政治工作作为治党治国的重要方式"的时代命题。这是一个重大的理论创新和实践创造，也是百年大党思想政治工作历史经验的理论升华，更是新时代加强和改进思想政治工作战略部署的行动指针。在中国特色社会主义新时代，加强和改进思想政治工作，把思想政治工作作为治党治国的重要方式，对统一思想、凝聚共识、鼓舞斗志、团结奋斗具有重要的现实意义。

二

党的十八大以来，习近平总书记先后主持召开了全国高校思想政治工作会议和学校思想政治理论课教师座谈会并发表重要讲话，提出了一系列富有创见的新思想、新观点、新理念，深刻回答了高等教育要解决"培养什么样的人、如何培养人、为谁培养人"的根本问题，为做好新时代大学生思想政治教育工作提供了根本遵循。2016 年 12 月，习近平总书记在全国高校思想政治工作会议上发表重要讲话，提出有关高校思想政治工作的新要求、新举措。具体而言，一是坚持立德树人的根本任务，高校"要坚持把立德树人作为中心环节，把思想政治工作贯穿教育教学全过程，实现全程育人、全方位育人""思想政治工作从根本上说是做人的工作，必须围绕学生、关照学生、服务学生，不断提高学生思想水平、政治觉悟、道德品质、文化素养，让学生成为德才兼备、全面发展的人才"。二是加强马克思主义理论教育，高校"要坚持不懈传播马克思主义科学理论，抓好马克思主义理论教育，为学生一生成长奠定科学的思想基础"。三是提出"四个服务"，高校要"为人民服务，为中国共产党治国理政服务，为巩固和发展中国特色社会主义制度服务，为改革开放和社会主义现代化建设服务"。四是提出"四个坚持不懈"，高校要"坚持不懈传播马克思主义科学理论""坚持不懈培育和弘扬社会主义核心价值观""坚持不懈促进高校和谐稳定""坚持不懈培育优良校风和学风"。五是提出"四个正确认识",高校要教育引导学生"正确认识世界和中国发展大势""正确认识中国特色和国际比较""正确认识时代责任和历史使命""正确认识远大抱负和脚踏实地"。六是思想政治工作要与时俱进,"做好高校思想政治工作,要因事而化、因时而进、因势而新。""要运用新媒体技术使工作活起来,推动思想政治工作传统优势同信息技术高度融合,增强时代感和吸引力。"七是用好思政课堂教学主渠道,"思想政治理论课要坚持在改进中加强,提升思想政治教育亲和力和针对性,满足学生成长发展需求和期待。"八是更加注重文化育人和实践育人,高校"要更加注重以文化人以文育人,广泛开展文明校园创建,开展形式多样、健康向上、格调高雅的校园文化活动,广泛开展各类社会实践"。九是坚持"四个统一"加强师德师风建设,高校"要加强师德师风建设,坚持教书和育人相统一,坚持言传和身教相统一,坚持潜心问道和关注社会相统一,坚持学术自由和学术规范相统一,引导广大教师以德立身、以德立学、以德施教"。十是加强党对高校的领导,"各级党委要把高校思想政治工作摆在重要位置,加强领导和指导,形成党委统一领导、各部门各方面齐抓共管的工作格局"。十一是加强思想政治工作队伍建设,高校要"整体推进高校党政干部和共青团干部、思想政治理论课教师和哲学社会科学课教师、辅导员班主任和心理咨询师等队伍建设,保证这支队伍后继有人、源源不断"①。习近平总书记在全国高校思想政治工作会议上发表的重要讲话,是中国特色社会主义教育理论的重大理论创新成果,是加强和改进新形势下高校思想政治教育工作、办好中国特色社会主义高校的纲领性文件,对做好新时代高校思想政治工作进行了顶层设计,为新时代大学生健康成长和全面发展指明了方向。

大学生思想政治教育包括思想政治理论教育和日常思想政治教育。其中,思想政治理论教育是主渠道,日常思想政治教育是主阵地,二者相互依存、互为补充,共同架构起大学生思想政治教育大厦。思想政治理论课教学是大学生思想政治教育的主渠道,是帮助大学生坚定马克思主义信仰,树立正确的世界观、人生观和价值观的重要途径,也是大学生思想政治理论教育的主要实现形式。党的十

---

① 习近平谈治国理政(第2卷)[M].北京:外文出版社,2017:377-380.

八大以来，办好思政课，是习近平总书记非常关心的一件事，他多次强调要用好课堂教学主渠道，对新时代大学生思想政治教育提出了新要求。2019 年 3 月 18 日，习近平总书记在学校思想政治理论课教师座谈会上发表了重要讲话，就"为什么要办好思政课""如何办好思政课"等系列问题作出重要指示，为新时代思政课建设提供了方向指南。具体而言，一是思政课的地位和作用，"思政课是落实立德树人根本任务的关键课程，思政课作用不可替代，思政课教师队伍责任重大。"二是思政课解决的根本问题，"办好思政课，最根本的是要全面贯彻党的教育方针，解决好培养什么人、怎样培养人、为谁培养人这个根本问题。"三是办好思政课的内容和目标，"办好思政课，就是要开展马克思主义理论教育，用新时代中国特色社会主义思想铸魂育人，引导学生增强中国特色社会主义道路自信、理论自信、制度自信、文化自信，厚植爱国主义情怀，把爱国情、强国志、报国行自觉融入坚持和发展中国特色社会主义、建设社会主义现代化强国、实现中华民族伟大复兴的奋斗之中。"四是坚持"八个相统一"推动思政课改革创新，教师要"坚持政治性与学理性相统一；坚持价值性和知识性相统一；坚持建设性和批判性相统一；坚持理论性和实践性相统一；坚持统一性和多样性相统一；坚持主导性和主体性相统一；坚持灌输性和启发性相统一；坚持显性教育和隐性教育相统一"，不断"推动思想政治理论课改革创新，要不断增强思政课的思想性、理论性和亲和力、针对性"。五是思政课教师的作用和素养，"办好思想政治理论课关键在教师，关键在发挥教师的积极性、主动性、创造性。""思政课教师，要给学生心灵埋下真善美的种子，引导学生扣好人生第一粒扣子"，要具备"政治要强、情怀要深、思维要新、视野要广、自律要严、人格要正"等六种素养。六是加强党对思政课建设的领导，高校"各级党委要把思政课建设摆上重要议程，抓住制约思政课建设的突出问题，在工作格局、队伍建设、支持保障等方面采取有效措施"①。习近平总书记关于办好思政课的重要论述，明确了思政课在学校教育中的课程定位，把加强和改进思政课建设摆在重要的位置，为高校办好思政课、教师讲好思政课、学生学好思政课及推进思政课建设内涵式发展提供了根本遵循。2022 年 4 月 25 日，习近平总书记在中国人民大学考察调

---

① 习近平．思政课是落实立德树人根本任务的关键课程［J］．奋斗，2020（17）：4-16.

研时强调："思政课的本质是讲道理，要注重方式方法，把道理讲深、讲透、讲活，老师要用心教，学生要用心悟，达到沟通心灵、启智润心、激扬斗志。"①这些精辟论断为思政课教师如何讲好思政课，提升思政课教学质量，促使思政课更好落实立德树人根本任务提出了明确要求和行动指南。青年是祖国的未来、民族的希望，也是我们党的未来和希望。大学生能否健康成长，能否成为德才兼备的全面发展人才，关系着国家的命运和民族的未来。做好新时代大学生思想政治教育，是一项重大而紧迫的战略任务。习近平总书记关于办好思政课的重要论述，为提升思政课质量和做好新时代大学生思想政治教育工作提供了根本遵循和方向指南。

三

从本质上讲，思想政治教育是人的政治信念教育，属于国家意识形态教育。对新时代大学生而言，思想政治理论教育就是进行理论灌输，即进行马克思主义理论和马克思主义中国化理论成果的系统教育，帮助他们坚定马克思主义信仰，树立中国特色社会主义共同理想和共产主义远大理想，激励他们把人生理想融入为实现中华民族伟大复兴的中国梦的奋斗中。大学生是国家经济社会发展的人才基础，也是实现中华民族伟大复兴伟业的希望所在。改革开放以来，大学生思想政治素质的主流是积极健康、向上向善的，他们热爱党、热爱祖国、热爱社会主义，能够坚定中国特色社会主义道路自信、理论自信、制度自信和文化自信，为实现中华民族伟大复兴而努力奋斗。但是随着世界多极化、经济全球化和文化多元化的深入发展，也随着网络化、信息化和智能化的快速发展，世界范围内各种社会文化思潮相互激荡更加激烈，大学生不可避免地面临多元文化思潮和价值观念的冲击，由此也带来了不可忽视的负面影响，如部分大学生不同程度地存在理想信念模糊、价值取向扭曲、诚信意识淡化、社会责任感缺乏、艰苦奋斗精神淡化、团结协作观念较差、心理素质欠佳等各种各样问题。针对国内有人提出"思

---

① 邓晖，周世祥．新时代新征程思政课如何提升适应性［N］．光明日报，2022-07-05.

想政治课的哲学不是哲学，而是洗脑学"的责难，当代著名的马克思主义理论家陈先达教授予以正面回击道："我可以理直气壮地说，思想政治理论课就包括'洗脑'，它'清洗'的是学生头脑中的错误思想……脑是要洗的，以免沾满污垢。问题是用来洗脑的水是清水还是脏水，是真理还是谎言，是科学还是偏见，使人们精神向上还是往下坠落。我们就是要加强思想政治教育，这是有关培养什么样的人、为谁培养人的大问题。我们不怕西方说三道四，也不怕国内有人附和。我们的哲学要发挥哲学的特长，用科学世界观和思维方法来武装我们学生的头脑。"① 青年一代有理想、有本领、有担当，国家就有前途，民族就有希望。习近平总书记说："中国的未来属于青年，中华民族的未来也属于青年。青年一代的理想信念、精神状态、综合素质，是一个国家发展活力的重要体现，也是一个国家核心竞争力的重要因素。"② 青年强则国家强，青年兴则国家兴。加强和改进大学生思想政治教育，坚定他们的理想信念，增强他们的精神力量，有助于增强国家核心竞争力，进而有助于提升国家文化软实力。

习近平总书记在中国共产主义青年团成立100周年大会上发表的重要讲话中指出："新时代的中国青年，更加自信自强、富于思辨精神，同时也面临各种社会思潮的现实影响，不可避免会在理想和现实、主义和问题、利己和利他、小我和大我、民族和世界等方面遇到思想困惑，更加需要深入细致的教育和引导，用敏锐的眼光观察社会，用清醒的头脑思考人生，用智慧的力量创造未来。"③ 由此可见，加强和改进大学生思想政治教育，弱化各种社会思潮的负面影响，教育引导他们正确处理好理想与现实、主义与问题、利己与利他、小我与大我、民族和世界等多种关系，进而教育引导他们树立正确的世界观、人生观和价值观，自觉把小我融入国家和民族的大我中，把个人的梦想融入实现中华民族伟大复兴的中国梦中，在实现中国梦的历史进程中放飞青春梦想，书写精彩人生。习近平总书记还说："中国梦是我们的，更是你们青年一代的。中华民族伟大复兴终将在

---

① 陈先达. 马克思主义信仰十讲［M］. 北京：人民出版社，2018：126-127.

② 中共中央文献研究室. 习近平关于青少年和共青团工作论述摘编［M］. 北京：中央文献出版社，2017：9.

③ 习近平谈治国理政（第4卷）［M］. 北京：外文出版社，2022：274.

广大青年的接力奋斗中变为现实。"① 从现在起到 21 世纪中叶，我们党领导人民将实现第二个百年奋斗目标即建设富强民主文明和谐美丽的社会主义现代化强国。现实表明，当代大学生是实现中华民族伟大复兴的生力军，他们既是实现中华民族复兴伟业的亲历者、见证者，也是参与者、建设者。青年大学生的思想政治素质和道德品质状况，将直接影响中国特色社会主义伟大事业的命运和中华民族的未来。立德树人是高等教育的根本任务，也是我们不可动摇的根本教育方略。思想政治理论课是落实立德树人的关键课程。当代著名的马克思主义理论家陈先达教授说："作为高校教员，一个优秀的马克思主义理论教员的责任和贡献，决不逊于任何专业学科的教员。我们的教学面对的不是某一学科的学生而是全体学生。专业知识可以影响人的就业，可在职业选择多样化的市场经济条件下，不一定人人从事本专业的工作；专业知识可以因职业选择不符而被搁置，甚至无用武之地；而我们的研究成果和教学，可以影响人的思维方法、价值取向和整体素质，甚至人生道路的选择。谁能回答我：这个工作不重要吗？对培养合格的德才兼备的学生，它比哪门纯专业课程不重要？只有目光短浅的人才会这样看。"② 培养中国特色社会主义事业的建设者和接班人，不仅要提升他们的科学文化素质，还要提升他们的思想道德素质。因此，理直气壮地办好思想政治理论课，加强和改进大学生思想政治教育，既是实现国家富强和民族振兴的强烈呼唤，也是促进大学生健康成长和全面发展的内在要求。

四

大学生思想政治教育总是随着改革开放深化、经济社会发展及时代主题变化而不断得以加强和改进。对思政课教师而言，贯彻落实加强和改进大学生思想政治教育新要求，既要在实践层面推进思政课教学改革创新，不断提升思政课的思想性、理论性和亲和力、针对性，又要在理论层面深化马克思主义理论和思政课

① 中共中央文献研究室. 习近平关于青少年和共青团工作论述摘编 [M]. 北京：中央文献出版社，2017：14.
② 陈先达. 马克思主义十五讲 [M]. 北京：人民出版社，2017：113.

教学改革创新研究，为推进大学生思想政治教育实践提供学理支撑，进而促进理论研究与实践探索的良性互动。思政课教师要坚持教学与科研相结合，以习近平新时代中国特色社会主义思想为指导，以培育和践行社会主义核心价值观为主线，结合大学生思想政治教育实践，着力开展相关问题研究。关于大学生思想政治教育研究是多层面、多向度的。立足问题意识，坚持问题导向，既有宏观层面研究，也有微观层面研究；既有教育理论阐释，也有教学经验总结；既有德性培育研究，也有素质提升研究；既有文化育人研究，也有实践育人研究；既有高校大学生思想政治教育的一般性研究，也有高职院校大学生思想政治教育的特殊性研究等。

一是大学生思想政治教育的热点问题。随着网络化、信息化的发展，互联网及新媒体在大学生中得到广泛应用，我国社会的急剧转型而引发的热点问题快速而广泛地为高校大学生所关注，潜移默化地影响他们的认知、思想和行为方式，给高校思想政治工作带来了严峻的挑战。所谓热点问题既有大学生自身的热点问题，也有诸如政治问题、经济问题、文化问题及社会问题等热点问题；既有国内经济社会发展中的热点问题，也有国际社会中的热点问题。热点问题具有显著的流变性、阶段性和广泛性的特点。新时代大学生是思维活跃、兴趣广泛的群体，他们不但关注自身学习和成长过程中出现的诸如心理问题、情感问题、考试作弊问题、就业问题等，而且还比较关注经济社会发展中出现的诸如环境污染问题、住房问题、腐败问题及国际热点问题等。大学生关注的热点问题既能反映大学生的思想政治状况，也能反映整个社会的思想倾向和思想潮流。习近平总书记在全国高校思想政治工作会议上发表的重要讲话中指出："思想政治工作从根本上说是做人的工作，必须围绕学生、关照学生、服务学生。"① 我们教育工作者要密切关注学生的思想动态，要把学生的自身问题和他们所关注的社会热点问题结合起来，将热点问题背后的深层原因深入浅出地揭示出来，才能有效地破解大学生学习和成长过程出现的各种问题。加强思想政治教育要取得实效性和针对性的结果，必须直面学生自身存在和关注的热点问题并作出理性分析，从中发现其特有的现象，找出其固有的规律。通过对大学生关注的若干热点问题研究，并采取相

① 习近平谈治国理政（第2卷）[M]．北京：外文出版社，2017：377．

应的措施以促进大学生的健康成长和全面发展，这是增强大学生思想政治教育的实效性和针对性的关键。

二是大学生思想政治教育的文化视角。文化育人是高等教育肩负的重要使命。从文化视角看，思想政治教育肩负着培育人的文化修养，解读人生的文化意义，塑造人的精神品格，进而确立人的文化自觉和文化自信的教育使命。思想政治工作是我们党的优良传统，本质上是文化传承创新的过程，同时也是文化育人的过程。思想政治教育与文化具有内在的关联，一方面文化构成了思想政治教育的重要内容，另一方面思想政治教育又推动着文化的传承创新。所谓教书育人、管理育人、服务育人、环境育人，说到底都是文化育人。中华优秀传统文化里积淀的文化精髓、革命文化中流淌的红色基因、社会主义先进文化中传播的核心价值观，具有鲜明的正面育人价值，是开展高校文化育人工作的重要精神资源。文化育人是实现立德树人的重要途径。注重文化育人，把文化融入大学生思想政治教育，就是要大力弘扬中华优秀传统文化，传承革命文化，发展社会主义先进文化，通过多种方式加强爱国主义、集体主义、社会主义教育，引导大学生树立和坚持正确的历史观、民族观、国家观、文化观，增强大学生做中国人的骨气和底气。习近平总书记指出："中华文化独一无二的理念、智慧、气度、神韵，增添了中国人民和中华民族内心深处的自信和自豪。"① 坚定文化自信，深入推进以文化人、以文育人，努力培养既有知识又有文化的高素质人才。通过研究社会主义先进文化、中华优秀传统文化、西方文化及当代中国文化格局等对大学生思想政治教育的多面影响，揭示多元文化对大学生健康成长和全面发展的意义与价值。

三是大学生思想政治教育的德性维度。培养什么样的人，是我国当代教育的首要目标。道德教育、德性培育是思想政治教育的重要内容和目标取向。一般而言，德性即道德品性或道德品质。思想政治教育从根本上说，就是不断提高学生思想水平、政治觉悟、道德品质、文化素养，让学生成为德才兼备、全面发展的人。加强道德教育，提升道德品质，是中国古代教育的优良传统。培养德智体美

---

① 中共中央文献研究室. 习近平关于社会主义文化建设论述摘编 [M]. 北京：中央文献出版社，2017：15.

劳全面发展的社会主义事业建设者和接班人既是我国教育的根本任务，也是我国教育现代化的方向和目标。其中，德是第一位的，在人才培养目标中占据制高点。高校立身之本在于立德树人，而且要把立德树人融入思想道德教育、文化知识教育、社会实践教育各环节，贯穿于基础教育、职业教育、高等教育各领域。有学者指出："美育的目标是造就丰富的心灵，使人有丰富的情感体验和内心生活，德育的目标是造就高贵的灵魂，使人有崇高的精神追求和自觉的信仰。"①加强思想道德教育，肩负铸魂育人历史使命，引导学生讲道德、尊道德、守道德，追求高尚的人生理想，提升大学生的道德品质和精神境界，这是大学生思想政治教育的核心内容和首要目标。无疑，新时代大学生的德性培育，既要进行形而上的理论教育，也要落实形而下的躬身践履，也就是要做到知行合一。坚持社会主义办学方向，从五四精神、中国共产党革命精神、中华优秀传统文化、社会主义核心价值观、新媒体运用及人类命运共同体理念等层面，探讨新时代大学生的德性培育及其意义。

　　四是高校思想政治理论课教学研究。坚守三尺讲台，潜心教书育人，这是教师的天职和使命。我们通常所说的教书育人，主要是指通过课堂教学向学生传授知识、涵养品德、提升能力和素质的过程。所以说课堂教学是主渠道。所谓主渠道不仅是知识传授和答疑解惑，更重要的是把做人做事的基本道理，把正确的世界观、人生观和价值观融入各类课程教学全过程，以实现教育的价值目标。从学校教育的形式而言，学生获得知识的途径很多，但课堂教学更具有基础性和系统性，对于促进学生正确的世界观、人生观和价值观的形成具有不可替代的作用。高校思想政治理论课是大学生思想政治教育的主渠道，是落实立德树人根本任务的关键课程。习近平总书记指出，思政课的本质是讲道理，要注重方式方法，把道理讲深、讲透、讲活。教育实践证明，思政课事关每位学生的思想素养、政治素质及道德品质的发展，是关系学生成长成才的关键性课程，会直接影响人才培养的规格和质量的定位。结合教材建设及校情、学情的实际情况，不断推进思政课教学改革创新，如习近平总书记指出："思政课就要讲好中华民族的故事、中国共产党的故事、中华人民共和国的故事、中国特色社会主义的故事、改革开放

① 周国平. 人文精神的哲学思考［M］. 武汉：长江文艺出版社，2014：69.

的故事，特别是要讲好新时代的故事。"① 不断增强思想政治教育的思想性、理论性和亲和力、针对性，这是高校思政课教师的应有责任和努力方向。研究高校思想政治理论课教学，对于加强和改进大学生思想政治教育具有直接而显著的现实意义。

五是高职院校思想政治理论课教学研究。高职院校思政课教学是高校思政课教学的重要组成部分，它体现了思政课教学的一般性和特殊性相结合的特征。改革开放 40 多年来，我国高等教育经历了从精英化教育到大众化教育再到普及化教育的过程，其中高等职业教育得到了突飞猛进的发展。与普通高等教育相比，高等职业教育具有高等教育与职业教育的双重属性，但在课程设置、教育教学模式及人才培养目标等方面有别于普通本科院校或研究型大学，由此也决定了高职院校思政课教学与本科院校特别是研究型大学思政课教学有着不同的教学要求。思政课教师应立足高职院校的校情和学情，遵循高职院校学生的思维特点和认知规律，坚持守正创新原则，着力建构政治性、思想性、理论性与职业性相融合的教学体系，同时正确处理好理论教学与实践教学、教学内容与教学形式、教学主导性与教学主体性及线上教学与线下教学等多方面的关系，不断增强思政课教学的实效性和针对性。同时需要特别强调的是，如何建构高职院校思政课的教学模式，如何深化高职院校思政课教学的改革创新，如何提升高职院校思政课的理论性和思想性，如何增强高职院校思政课教学的实效性和针对性等，这些都是高职院校思政课教师不可回避的理论问题和实践问题。研究高职院校思政课教学，对于加强和改进高职院校大学生思想政治教育，培养高素质技能型人才具有不可忽视的现实意义。

---

① 习近平. 思政课是落实立德树人根本任务的关键课程 [J]. 奋斗，2020（17）：4-16.

目　　录

专题一　新时代大学生思想政治教育的若干热点问题

　　加强和改进大学生思想政治教育，既是顺应时代发展的客观要求，也是促进大学生健康成长的内在要求。人类认识世界和改造世界的过程，就是一个不断发现问题、解决问题的过程。问题是时代的声音，每个时代总有属于它自己的问题。就学校教育而言，不同的时代，有不同的教育问题，甚至同一时代的不同发展阶段，其教育问题也不尽相同。从一定意义上讲，教育工作者对教育教学规律的探索过程，本质上就是发现问题、解决问题的过程。就大学生思想政治教育而言，只有树立明确的问题意识，坚持问题导向，才能实事求是地对待问题，才能找到加强和改进大学生思想政治教育的路标。在大学生思想政治教育过程中，要突出问题意识，善于揭示存在的问题，最大可能地探究问题发生的根源和内在机理，为顺利解决问题创造有利条件。实践证明，思想政治工作既要解决大学生的思想认识问题，又要解决大学生在学习、生活、恋爱、人际关系等中遇到的实际问题和人生矛盾，只有把解决思想问题与解决实际问题相结合，才能从根本上做到"对症下约""药到病除"。立足问题意识，坚持问题导向，是加强和改进大学生思想政治教育的必然要求。

　　大学生既生活在"象牙塔"里，也生活在现实的社会生活中。在当代中国社会急剧转型过程中，经济全球化的深入发展，市场经济的确立和发展，各种社会文化思潮的相互激荡，多元价值观的碰撞与交锋，以及世界范围内科学技术日新月异发展等，进而引发了很多快速发展中的社会热点问题，如就业问题、教育公平问题、道德冷漠问题、诚信美德丢失问题、制假贩假问题、权力腐败问题及住房问题等，它们不仅影响面较大，公众的情绪化反应也比较强烈，更是紧紧撩拨着大学生的思想和神经。社会热点问题是社会生活中普遍存在的现象，具有流变性、时代性和多样性特点。大学生在关注社会热点问题的同时，自己自觉或不自觉地受此影响而出现了与此相关的问题，或者说大学生本身存在的问题，是当下社会热点问题在高校校园里的一种客观反映。本书从大学生本身存在的问题如就业问题、考试作弊问题、心理问题、人际关系问题及教育体制机制问题等，来探讨大学生思想政治教育，一方面试图破解大学生思想道德中存在的问题，另一方面力图在解决问题中加强和改进大学生思想政治教育，不断增强大学生思想政治教育的实效性和针对性。

一、论当代大学生就业观之建构

就业是民生之本。大学生就业已成为 21 世纪以来整个社会关注的焦点和热点问题。如何促进当代大学生顺利就业，不仅关切到大学生本人的切身利益，而且也影响到社会主义和谐社会构建和社会主义现代化建设的顺利进行。因此，探讨大学生就业观，帮助大学生树立正确的就业观，促进其顺利就业具有重要的现实意义。

（一）当代大学生就业观建构的必要性

就业是民生之本，是保证和改善人民生活的重要条件。就业形势严峻将是中国今后较长时期内面临的一个重大问题。中国高等教育自 1999 年大规模扩招以来，高校毕业生的就业问题引发了全社会的高度关注。面对大学生就业难的问题，高校教育工作者要切实做好大学毕业生就业的指导工作和思想教育工作。同时，长期以来，部分高校对大学生就业观教育缺乏足够的重视，教育目标不明确，教育观念存在误区，教育针对性不强，从而导致大学生就业观的偏颇。有研究者指出，在新的就业形势下，新旧就业观念的剧烈冲撞和价值观的重新定向，使得大学生就业观出现了许多新情况、新问题。当前大学生就业特点表现为：就业意识主体性增强，就业意愿趋向多样化，就业需求多元化、现实化，就业心态尚不成熟稳定等。当前大学生就业存在的问题有：自我认知意识缺乏，求职状况理性与盲目并存，与社会需求存在差距。[①] 因此，坚持以人为本，全面贯彻落实科学发展观，加强大学生的就业指导教育，引导大学生树立科学理性的就业观，提高大学生的就业能力和职业规划能力，帮助大学生顺利就业，是目前高校迫切

---

① 谢安国. 大学生就业观调查与就业观教育新探 [J]. 继续教育研究，2011（03）：88–90.

需要解决的问题。

就业观既受一定社会的政治发展、经济结构和文化状况的制约，具有社会性，又受就业者本人的世界观、价值观和生活经验的影响，具有个体性。就业观支配着大学生对就业价值目标的期望、定位与选择，影响着大学生对就业价值取向的看法、心态和行为，它对大学生就业价值目标的实现具有导向作用，对大学生的就业实践态度具有推动作用。因此，对大学生而言，建构科学、理性的就业观无论在理论上还是在实践上都具有十分重要的意义。从一定程度上讲，就业观决定着就业者的行动，并对就业形势和社会的和谐稳定有着不可忽视的影响。"做好大学毕业生就业工作，关系千家万户的切身利益，关乎国家现代化建设和社会和谐稳定。"[①] 大学生就业工作，是党的十七大报告中提出的"加快推进以改善民生为重点的社会建设"的具体体现，是构建社会主义和谐社会的重要内容，是建设人力资源强国和建设创新型国家的必然要求。大学生是国家宝贵的人才资源，是现代化建设中一支高素质的生力军。大学生的就业观，既是大学生职业理想的直接体现，也是大学生人生观、价值观的最直接表达。因此，教育工作者要紧密结合当前的就业形势和大学生的就业需求，着力引导大学生把就业主观意向与社会客观需求结合起来，从就业目标、就业价值及就业实践等层面来建构起科学理性的就业观。

（二）当代大学生就业观建构的主要内容

就业观是世界观、人生观和价值观在职业上的体现，是人们在选择职业和从事职业实践过程中所形成或持有的根本观点或价值取向。面对当前的就业形势和大学生就业观存在的问题，应引导大学生从就业目标、就业价值及就业实践三个层面来建构起科学理性的就业观。在就业目标层面上，坚持理想主义与现实主义相结合；在就业价值层面上，坚持自我价值与社会价值相结合；在就业实践层面上，坚持理性择业与自主创业相结合。

第一，在就业目标层面上，坚持理想主义与现实主义相结合。理想是人类特有的精神现象，是人们心灵世界的深层核心。著名教育家蔡元培先生曾说："人类之所以视他动物为进化者，以有理想。教育者，养成人格之事业也。使仅仅为

① 中共中央宣传部理论局 . 七个怎么看——理论热点面对面 · 2010［M］. 北京：学习出版社，2010：28-29.

灌注知识、练习技能之作用，而不贯之以理想，则是机械之教育，非所以施于人类也。"① 这即是说学校教育，不仅要对学生加强知识与技能的教育，更要注重对学生的理想教育。苏联教育家苏霍姆林斯基曾说："学校里道德教育的实质，则在于教育者经常去唤起自己的学生们去追求理想的东西，即是应该奉献的思想。"② 人在实际生活中，总是有自觉的追求，总是通过想象明确自己的奋斗目标。所谓理想，就是一种同奋斗目标相联系的、有现实可能性的想象，是主体追求真善美的一种价值选择。理想是人们世界观、人生观和价值观在奋斗目标上的集中体现。从社会主体来看，理想可分为个人理想和社会理想。个人理想主要是指个人的理想人格、理想职业、理想生活等；社会理想是指社会集体或全体社会成员的共同理想。当代大学生既要有美好的个人理想，又要有崇高的社会理想。其中，选择理想的职业则是大学生普遍关心的问题，而职业理想的实现也是走好人生道路的关键。所谓职业理想是指人们对未来职业表现出的一种强烈的追求和向往，是人们对未来职业生活的构想和规划。它是人们在纷繁复杂的社会职业中，为自己所设定的奋斗目标。人生发展的目标通过职业理想来确立，并最终通过职业理想来实现。职业理想与职业期望有着密切的关系。职业期望是人对某种职业的渴求或向往，它是决定个人职业选择的内在动力。关于理想或目标与人的积极性、期望值的关系，美国心理学家佛隆（V. H. Vroom）提出一个著名的公式：激发力量＝效价×期望值。其中，所谓"效价"是指对自己确立的目标高低、目标价值和重要性的认识；所谓"期望值"是指实现自己所确立的目标的可能性。而且"激发力量"与"效价""期望值"成正比的关系。可见，选择崇高的职业发展目标，能够产生积极的发展动力。树立崇高的职业理想，把职业视为人生所追求的事业，其中蕴含着鲜明的人生理想和价值信念。理想主义的职业情怀，将使大学生满怀着对新生活和未来人生的美好期待，并以积极的态度来规划和调整自己的人生方向，珍视自己将来所要从事的职业荣誉。对于理想主义者而言，适合自己的职业岗位应该是对其个人很有意义的工作，而不是简单的常规工作或只是一种谋生的手段。理想源于现实而超越现实，对大学生进行职业理想教育必须从现实出发。理想不是凭空产生的，而是在现实生活中形成的，它本身包含着现实的因素，尤其是反映着现实发展的客观规律和历史趋势。

---

① 蔡元培. 蔡元培教育名篇［M］. 北京：教育科学出版社，2007：29.
② 苏霍姆林斯基选集（第2卷）［M］. 北京：教育科学出版社，2001：183.

　　与理想主义相对的是现实主义。从就业角度看，现实主义是对自身社会处境的真切认知，是对自我和他人的清晰定位。著名教育家、思想家罗家伦说："理想是目标，现实是环境。""现实固然重要，但是那只顾现实的情形，又是怎样的危险……人类的进步，决不是在现实堆上团团转可以完成的。"① 这即是说，人应有理想而不能囿于现实之中，否则人类社会就不能进步；人应该改变环境或打破现实，实现自己的崇高理想。同样，当代大学生应该确立崇高的职业理想而不应囿于现实的泥潭之中。其实，任何人的职业理想都要受到社会环境、社会现实和个人自身条件的影响与制约。因此，应该引导大学生将自己的生活理想、职业理想与社会的共同理想有机地结合起来，努力转变就业观。从理想和现实的关系而言，大学生要从自身的个性特征、专业特长及社会经济发展的客观现实来确定自己的职业理想。大学生就业难目前已经成为全社会关注的一个现实问题和热点问题。究其原因，主要是高等教育大众化与相应岗位需求的缓慢增长之间的矛盾、大学毕业生的知识结构和能力素质与用人单位对人才的要求之间的差距和错位，以及大学生较高的就业期望值与现实中总体呈下降趋势的就业岗位质量的反差等。大学生面对新的就业环境和就业形势，应当彻底根除计划经济体制下的计划就业观，树立起市场经济体制下新的市场就业观，放弃对国家和政府的过度依赖，在人力资本不断提升的基础上不断提高自身的就业、创业和职业转换能力，有效调整就业期望值，充分发挥自身自主解决就业问题的能力，积极寻找符合自身的就业岗位。同时，大学生应当树立自主就业和多元就业的意识，以平常心面对就业和择业，摒弃从众、攀比等心理，从自身的实际情况和社会的需求出发，根据自己的兴趣、特长，准确给自己定位，客观地看待自己，确立自己的职业理想，寻找适合自己的职业岗位。

　　在当前竞争日益激烈的就业形势下，大学毕业生要认清就业形势，不能用过去的就业标准来衡量已经变化了的就业现实。实现自己的职业理想，要从我做起，从现在做起。只有通过自己的艰苦奋斗或积极的人生实践，才能把理想变为现实。法国思想家、文学家罗曼·罗兰曾说："缺乏理想的现实主义是毫无意义的，脱离现实的理想主义是没有生命的。"大学生要立足现实树立起崇高的职业理想。总之，在就业目标层面上，大学生要坚持理想主义与现实主义的有机结合。

---

　　①　罗家伦.中国人的品格［M］.北京：中国工人出版社，2010：107.

第二，在就业价值层面上，坚持自我价值与社会价值相结合。从哲学视角看，人的价值是人的劳动创造，它是一种创造价值的价值。马克思主义认为，人生价值包括两个方面的内容：一是个人对社会与他人的责任和贡献，即社会价值；二是社会对个人的尊重和满足，即自我价值。人是社会存在物，人的自我价值必须在社会关系中才能得以实现，离开社会也就无所谓人的自我价值和自我实现。

无论是社会价值还是自我价值，都是人自己创造的，也是人在社会实践活动中创造的，从一定意义上说，自我价值本身也是一种社会价值，是社会价值中用来满足自我需要的那部分价值。人生价值是自我价值与社会价值的有机统一。同时，马克思主义还强调，实践是价值的来源，价值是在实践的基础上产生的，并且随着实践的发展而发展。衡量人生价值的标准是个体的人生实践对他人和社会所具有的价值。职业活动对人来说并非只有工具性意义，它还有目的性意义，是工具性和目的性的统一，即职业活动不仅是人谋生的方式和手段，而且是奉献社会、完善自身的必要条件。马克思曾说："在选择职业时，我们应该遵循的主要指针是人类的幸福和我们自身的完美。不应认为，这两种利益是敌对的，互相冲突的，一种利益必须消灭另一种；人类的天性生成是这样的，人们只有为了同时代人的完善，为了他们的幸福而工作，他自己才能达到完善。"① 这即是说人们在选择职业时应该遵循的主要指针包括两个方面：一是人类的幸福，也就是为人民造福，为人民献身，即人的社会价值；二是我们自身的完美，也就是追求我们自身人格高尚，才智充分发展，身体健美，生活幸福，即人的自我价值。同时，只有为同时代人的完美、幸福而工作，才能使自我价值与社会价值统一起来。

价值哲学认为，价值不是某种实体，而是一种关系，人的价值就是人对人的意义，就是人与人之间的社会关系。大学生就业或者从事一定的职业活动，即社会满足大学生的生存和发展的需要，是自我价值的体现，同时，大学生就业或者从事一定的职业活动，是为他人和社会创造财富的，因而，大学生就业也是社会价值的体现。从大学生就业角度分析，一方面社会应给予大学生更多的发展自我、张扬个性的机会，体现"以人为本"的价值理念；另一方面大学生应该摆正社会和个人、事业与爱情的关系，找准人生价值的坐标方位。可见，在价值层面上，大学生就业要体现自我价值与社会价值的有机统一。随着改革开放的不断

---

① 马克思恩格斯全集（第40卷）[M].北京：人民出版社，1982：7.

深化，社会主义市场经济的确立和发展，当代大学生的价值观念的变化呈现出一些新的特点，即价值目标由理想变为现实、价值取向由群体偏向个体、价值选择由单一趋向多元等。

　　一般来说，体现人生价值的主要是职业活动和社会实践，人生价值往往是通过从事一定的职业活动来实现的。从现实来看，有的大学生在开始选择自己的生活和职业时，往往忽略了社会的需求，而更多地关注个人的自我价值，如有的大学生因爱情、家庭、个性等因素，不愿服从组织的安排；有的大学生就业定位于经济文化发达的大中城市、待遇优厚的企事业单位，而忽略基层单位、艰苦或边远地区的工作单位；有的大学生为了自我发展而违反合同擅自跳槽等。注重自我价值的实现，是适应社会发展的需要，也是个人意识觉醒的体现，是值得肯定的，但问题是在职业生涯过程中，仅仅为自己而不能为他人和社会多做贡献，人生的自我价值是难以得到发展和完善的。大学生就业，过多关注自我价值的实现，可能会导致其社会价值的缺失；反之，片面地追求社会价值的实现，又可能导致对自我价值的忽略。实践证明，自我价值、人生价值的实现过程，就是社会成员在社会的价值关系中，人生进程的主动与受动、个性化的人生愿望与社会性的价值目标要求之间交互作用的过程。根据当前的就业形势和大学生的就业观，在大学生就业工作指导过程中，应该努力转变大学生的就业观念，鼓励和引导大学生面向农村、面向基层、面向中小企业或民营企业乃至西部边疆就业。

　　职业既是人们谋生的手段，也是人们社会地位和事业成功的象征。个人的职业选择必须和社会的需要结合起来。恩格斯说："社会的利益绝对地高于个人的利益，必须使这两者处于一种公正而和谐的关系之中。"① 个体与社会、个人利益与社会利益是辩证统一的。自我价值与社会价值虽然有冲突与矛盾，但两者在根本上是一致的。自我价值与社会价值的一致是社会主义市场经济条件下的基本价值取向。在当前多元价值观并存的情况下，必须坚持一元化的人生价值导向即坚持社会主义的人生价值导向，核心仍然是倡导集体主义，反对个人主义。因此，大学生在就业问题上，既要考虑自我的发展，还要更多地考虑到社会的需要，把自己对职业的期望与社会的需要统一起来。总之，大学生就业，在人生价值层面，就要坚持自我价值与社会价值的有机结合。

---

　　① 马克思恩格斯选集（第4卷）［M］．北京：人民出版社，1995：179.

第三，在就业实践层面上，坚持理性择业与自主创业相结合。随着改革开放的进一步深化和社会主义市场经济体制的不断完善，市场就业观逐渐取代计划就业观而占主导地位。大学生就业客观上存在较大的差异。从学校和学历层次来看，毕业生中，研究生就业相对容易，本科生就业人数与岗位基本趋于平衡，专科生就业困难相对较大。重点大学或名牌大学的毕业生普遍较受欢迎，一般本科院校与高职院校的毕业生则受到一定的限制。从毕业生所学的专业来看，近几年的基本情况是：计算机、通信、电子、医学、自动化等专业的毕业生社会需求量相对较大；而法学、社会学、马克思主义理论、艺术学、体育学等专业的毕业生社会需求量相对较少。所谓择业，就是择业者根据自己的职业理想、职业兴趣和职业能力，从社会上多种职业中选择其中的一种作为自己从事的职业的过程。任何具备劳动能力的人，都要进入社会职业领域选择某一特定的职业。大学生的择业实际上是大学生群体的地位、特点在其就业过程中表现出来的思想意识上的折射，也是择业者世界观、人生观、价值观的最直接表达。择业的实质是选择自己的未来，充分认识自己和多方面地了解社会是选择职业的前提与基础。中国现代著名的思想家、教育家和社会活动家梁漱溟先生曾在其撰写的《择业》一文中指出："关于择业问题，我觉得最好的态度有两个：（一）从自己主观一面出发来决定。看看自己最亲切有力的要求在哪点；或对于什么最有兴趣……（二）由客观上的机缘自然地决定。这也是一个很好的态度。把自己的心放得很宽，仿佛无所不可，随外缘机会以尽自己的心力来表现自己。这时自己虽无所选择而自然有择。"[①] 梁先生的择业心态和自然择业观对当代大学生理性择业仍然具有借鉴价值。因此，理性择业要求大学生在就业过程中，坚决摒弃攀比、从众的就业心理，从自身的专业、能力和特长等实际情况出发，同时还要紧密结合市场就业形势，通过比较分析，选择适合自己的就业岗位。在激烈的择业竞争中，大学生不仅需要依靠专业优势，通过自身的努力，选择适合自身发展的就业岗位，而且还要通过公平竞争、平等竞争来获取就业的机会。

择业和创业是每位大学生都要面临的问题。要使大学毕业生在国家宏观就业方针和政策的引导下，在一定范围内自主择业。同时，还要引导大学毕业生走艰苦创业、自主创业的成才之路。近年来，随着中国经济的飞速发展和政策的开放，人们的就业观念发生了深刻的变化，自主创业已成为很多大学生或有识之士

① 梁漱溟. 人生的艺术［M］. 西安：陕西师范大学出版社，2007：59.

的明智选择。大学生自主创业的主要表现，就是大学生毕业后利用自己的知识、才能和技术，以自筹资金、技术入股、寻求合作等方式创立新的就业岗位。创业不仅是创业者自己实现就业，还可以通过发展多元化创业主体和多种创业形式，创造更多的就业岗位，从而带动更多的人就业。由此可见，大学生自主创业，在创造社会价值的同时，也使自我价值得到了充分的体现。因此，在提倡大学生自主择业的同时，更要鼓励大学生自主创业。2010 年 5 月，教育部下发的《关于大力推进高等学校创新创业教育和大学生自主创业工作的意见》指出：鼓励大学生自主创业，是培养学生创新精神和实践能力的重要途径；是落实以创业带动就业，促进高校毕业生充分就业的重要措施。可见，培养大学生创新精神和创业能力，不仅是世界教育发展的趋势，而且是中国高等教育的价值取向所在。开展大学生创业教育，是建构新形势下大学生就业观的必要环节。"创业教育将就业观引导到'主动式'境界，它把就业的目光从'找'字置换成'我要当老板、我要办公司'的角度考虑问题，不仅为自己找到了出路，还能为他人提供就业岗位，这是解决当代大学生就业难的关键所在。"① 在大学生创业教育中，首先，要培养大学生的创业意识。创业意识强烈并且思想准备充分就能获得更好的发展机会，甚至还能带动、帮助他人就业。其次，要提升大学生的创业能力。创业能力是大学生进行自主创业的关键因素。大学生要通过就业观的调适和自身综合素质的提高，努力使自己成为创业者。自主创业的大学生将由知识财富的拥有者转化为直接为社会创造物质财富的创业者。

就业一般是个人行为，而创业带来的通常是群体性的就业增长，创业带动就业具有乘数效应。在个人的职业生涯规划中，择业与创业并不是两个孤立的环节，择业是创业的基础，创业又是择业的内在要求。理性择业和自主创业，既是社会经济发展对当代大学生建构科学、理性就业观的客观要求，也是当代大学生职业生涯规划的内在要求。理性择业是大学生在就业过程中所必须具有的品质，自主创业是大学生在就业过程中所应该具备的能力。在就业实践中，理性择业和自主创业是相互联系、不能截然分开的。因此，大学生在就业实践过程中，要坚持理性择业和自主创业的有机结合。

---

① 孙富安. 金融危机背景下大学生渐进式就业力培养 [J]. 当代青年研究, 2009 (02)：23–27.

（三）结语

解决大学生就业问题是一项十分复杂的社会工程，需要家庭、社会和学校共同努力，应该把家庭、社会和学校三方面的作用有机地结合起来，整个社会都参与到对大学生就业问题的解决过程中，并在解决就业问题的过程中帮助他们建构科学、理性的就业观。当然，能够有效地解决大学生就业难的问题，更需要党和政府的引导，制定积极的就业政策，努力增加就业岗位，为大学生顺利就业创造有利的物质条件和良好的社会环境。

经济增长是创造就业岗位的源泉，但是由于受技术进步、产业结构变动及大学生综合素质等多种因素的影响，经济增长并不保证一定增加就业岗位，仍有必要通过建构科学、理性的就业观，倡导家庭、社会和学校共同努力，有效促进大学生比较充分地就业。社会的发展继往开来，当代大学生的就业观教育也应该与时俱进。有研究者指出："要扭转就业形势严峻的局面，高校应加强对大学生的就业观教育，引导大学生要正确判断形势，紧紧抓住就业良机；顺应社会需求，合理兼顾个人利益；提高综合素质，积极参与就业竞争。"[1] 在当前就业形势严峻的情形下，高校应该着力引导大学生树立"先就业、后择业、再创业"的新型就业观念。大学生就业、择业和创业，既要追求自己的职业理想，更要符合社会的客观需要；既要着力自我价值的彰显，也要注重社会价值的实现；既要理性择业，也要积极创业，要使它们有机地统一起来，建构起科学、理性的就业观。帮助大学生正确认识当前中国的就业形势，提升大学生的就业能力，引导大学生建构科学、理性的就业观，对大学生顺利走进职业生活乃至成就人生价值具有重要的意义。

——［原文刊登于《中国石油大学学报》（社会科学版）2012 年第 2 期，收入本书时略加修改或补充］

二、大学生考试作弊的伦理学分析

近年来，考试作弊已经成为高校校园中见怪不怪的一种现象。从伦理学角度

---

① 曾继平. 关于大学生就业观教育的几点思考 [J]. 思想理论教育导刊, 2010 (12)：108-110.

分析，大学生考试作弊是一种不道德的行为。考试作弊，既是大学生道德品质不端的表现，也是大学生道德信念不坚定的结果。预防大学生考试作弊的对策主要有：完善学校制度建设，创建良好的校园制度环境；加强社会主义荣辱观教育，养成良好的行为习惯；加强道德品质修炼，提高道德素质。

（一）大学生考试作弊是一种见怪不怪的现象

从总体上看，当代大学生的主流是好的，其政治素质、思想道德素质及科学文化素质都比较高，多数同学能树立正确的世界观、人生观和价值观。改革开放以来，随着高等教育大众化的快速发展，大学生在思想认识和行为习惯方面存在着一些不可忽视的问题。其中，大学生考试作弊尤为突出。考试作弊已经成为高校校园中一种见怪不怪的现象。

考试作弊现象渗透在高等院校各种类别的考试中，无论是学科结业考试，还是在各种等级证书或资格证书的考试中都有作弊现象。作弊主体呈现多元化，不仅有成绩差的学生在考试中作弊，也有成绩优秀的学生在考试中作弊；不仅有年级较高的学生作弊，也有刚进校的新生考试作弊；不仅有男生作弊，而且有女生作弊，较之男生，有的女生作弊的手段显得"更高明"而不可言说；甚至还有考试集体作弊的现象。更有甚者，有的大学生为了保证考试过关，居然雇用"枪手"，因此，大学校园中随处都能见到"枪手"的广告。随着高科技突飞猛进地发展，各种高科技的作弊工具也不断涌现，从而出现了先进科技与考试作弊的畸形结合。如在全国大学生英语四、六级考试中，有的学生就使用过黄豆大小的"隐形无线耳机"来作弊。

大学生考试作弊，不仅是对教师劳动的不尊重，也是对现行教育制度的践踏，还是对当代教育价值的漠视。大学生考试作弊，不仅影响了大学生自身的良好形象，在很大程度上也严重地影响了学校的学风、校风建设及高等教育人才培养目标的实现。因此，从多维视角探讨大学生考试作弊的成因，采取切实有效的教育措施，进而提高人才培养质量，是当前教育工作者义不容辞的责任。

（二）大学生考试作弊的伦理审视

从伦理道德层面来看，人的行为可分为道德的行为、不道德的行为和非道德行为。所谓道德的行为，即善的行为，就是个体出于善良的动机，作出有利于他人和社会的行为；所谓不道德的行为，即恶的行为，即个体作出有害于或不利于他人和社会的行为；所谓非道德行为，就是个体不受道德意识支配，作出不涉及他人或社会的、无善恶评价的行为。大学生考试作弊行为，固然是违纪行为，同时也是一种不道德的行为。考试作弊的不道德行为，既是大学生道德品质不端的表现，也是大学生道德信念不坚定的结果。

第一，考试作弊是大学生道德品质不端的表现。一般而言，"道德品质是指人们处理个人与他人、个人与社会的利益关系时的行为习惯，是一定社会的道德原则和道德规范在个人言行中的表现，是个人在道德行为整体中所表现出来的比较稳定的特征和倾向。"① 其中，道德品质与道德行为是紧密联系的。一方面，道德行为是道德品质的外在表现；另一方面，道德品质是道德行为长期自觉积累的内在结果，是道德行为的综合体现。或者说，道德品质是道德意识与道德行为的结晶。从内在结构上看，道德品质是由道德意识、道德情感、道德信念、道德意志及道德行为等要素构成的。道德品质的形成和发展是道德规范的认知、道德情感的升华、道德意志的培养、道德信念的坚持、道德行为的养成等要素协调发展、相互作用的过程。其中任何一个构成要素如果发生偏离而与其他构成要素不相协调，如道德意识淡化或道德意志不坚强或道德信念不坚定等，都会导致不端行为或不良行为的发生。

任何一种道德的行为或不道德的行为，都是在一定的道德意识支配下发生的。大学生考试作弊就是在一定的道德意识支配下所表现出来的不良行为。

一是诚信意识丢失。诚信是中华民族的传统美德。孔子曰："人而无信，不知其可也。"（《论语·为政》）诚信既是做人立业的根本，也是一切道德品质的基础。诚信作为一种道德原则，不仅体现一种优秀的道德品质，更体现善的伦理道德要求。但诚信缺失已成为我国当前社会中的一个突出问题。大学生考试作弊是社会诚信缺失在大学校园的现实反映。其实，在大学校园里，有的学生还表现出道德行为与不道德行为的重叠交叉现象，即在某些事情中或一定场合时，讲道德或讲诚信，在其他事情中或特定场合时，却不讲道德或不讲诚信甚至有缺德行为。在考试过程中，有的学生仅仅凭借自己的实际能力来取得优异成绩或通过考试有一定难度时，作弊的不良动机就会在特定的情境中战胜诚信信念而转化为作弊的实际行动。考试作弊是当前大学生诚信意识缺失的集

---

① 郭广银. 伦理学原理 [M]. 南京：南京大学出版社，1995：392.

中表现。

二是功利意识取向。一般而言，功利意识是一种注重实效、注重利益的伦理观。趋利避害是人之本性，它使得人们在作出道德选择之前都会权衡利弊，即"两利相权取其重，两害相权取其轻"。在市场经济的功利性和竞争性的影响下，人们的道德行为则掺杂着更多的功利性，带有极强的表演性和炒作意味。毋庸置疑，市场经济的确立和发展客观上增强了大学生的功利意识。对功利的强烈追求或功利欲望的膨胀使得大学生失去道德底线而敢于违法乱纪。大学生考试作弊尽管是违背考试纪律的不道德行为，具有极强的表演性，但通过考试作弊所取得的成绩则对自己是有利的。通过考试作弊，大学生可轻而易举地获得好的成绩，不仅满足自己的虚荣心，在同学和老师面前有面子，而且可以参与奖学金、优秀学生及优秀班干部等方面的评比。西方哲学家罗素说："人们的行为所以有害，或是由于无知，或是由于不良的欲望。"① 强烈的功利意识取向或不当的欲望，是大学生考试作弊的深层伦理因素。

三是责任意识淡化。责任，在词典中解释为"分内应做的事"。责任意识即责任感，也就是自觉地想把分内工作做好的愿望。存在主义哲学家萨特认为，责任就是人自己本性所决定的，而不是外在结构力量的要求。责任的依据在自己，责任是个体"长大成人"的需要或结果。高度的责任意识是一切高尚的道德行为的内在动力。毋庸置疑，学校教育既要提高学校和教师的责任品质，又要注重培养学生的责任意识。有的大学生能够认识到责任感对国家、民族及个人的积极作用，并在一定程度上认识到自己应肩负的社会责任。担当责任是当代大学生应有的道德品质。大学生不仅要对自己的道德意志承担责任，也要对自己的不道德行为承担责任，还要对自己行为的不成熟承担责任。大学生责任意识淡化，就会放松对自己的严格要求，就会导致行为不检点甚至放荡不羁。大学生考试作弊则是责任意识淡化的集中体现，既是对自己学业不负责任，也是对学校和老师不负责任，还是对自己父母不负责任。

四是道德自律意识弱化。他律与自律是大学生道德修养过程中的两个不同而又不可分割的阶段。依靠外在的社会教育和影响而规范和约束自己的言行，即是他律；把社会道德规范内化为自己的信念而自觉遵守，即是自律。德国哲学家康德认为，自律原则是唯一的道德原则。自律是一切真正道德原则的源泉，只有遵

---

① ［英］罗素. 罗素的道德哲学［M］. 刘烨，译. 北京：中国戏剧出版社，2008：7.

循自律的行为，才是真正的道德行为。他律要真正发挥作用，必须走向自律。从他律到自律，是道德境界的升华。道德教育的理想目标是培养有高度道德自律的人。大学生自律意识弱化，就会在特定的情境中放纵自己的行为而做出不道德的行为或违法乱纪的行为。大学生考试作弊，就是自律意识弱化的结果。道德自律意识弱化，是大学生考试作弊的重要原因之一。

五是荣辱观颠倒。荣辱观是一个人的世界观、人生观和价值观的集中体现。正确的荣辱观，为人们判断行为得失、作出道德选择及确定价值取向提供了基本规范和行为参照。有的大学生把考试作弊的不当行为视为"正当的行为"，甚至考试作弊成功之后而心安理得，沾沾自喜。不"以荣为荣"，不"以耻为耻"，甚至"以耻为荣"，是荣辱观缺失乃至颠倒的具体表现。大学生考试作弊屡禁不止，折射出大学生荣辱观出现了问题，即是非不分，荣辱观颠倒。

从伦理学角度分析，大学生考试作弊与诚信意识丢失、功利意识取向、责任意识淡化、自律意识弱化及荣辱观颠倒等道德品质有着内在的关联。考试作弊基本上反映出大学生的思想道德品质状况。道德品质比较全面地反映出个体的道德全貌。个体的道德行为选择体现了一个人的道德品质状况，或者说一个人的道德品质状况是通过一个人的道德行为选择体现出来的。个体道德品质的优劣，只有通过道德行为才能体现出来并得到验证。大学生考试作弊，是其道德品质不端的表现。

第二，考试作弊是大学生道德信念不坚定的结果。道德信念是在已有的道德观念或道德规范的基础上产生的，是同道德情感和道德意志相关联的一种道德认知。道德信念是道德认知、道德情感和道德意志三种心理成分的有机组合。道德信念是道德品质的核心因素，是道德行为启动和坚持的保证。道德信念为行为的发动提供了重要的依据，为其得以坚持下来做了最深层的保证，同时也为道德品质的形成奠定了动力基础。道德信念是一种根深蒂固的道德认知，它是推动一个人产生道德行为的强大动力，它可以使人的道德行为表现出坚定性和一贯性。

从道德心理层面看，道德行为失范或不道德的行为，"不是发生在道德准则上，而是发生在道德信念上，不是发生在'我们应当遵守什么样的道德'这一问题上，而是发生在'我们为什么一定要遵守道德'这一更为根本的问题上。"[①]当人们提出"我们为什么一定要遵守道德"的疑问时，其实反映出人们道德信

---

① 阎孟伟."道德危机"及其社会根源［J］.道德与文明，2006（02）：45-48.

念的动摇或道德信念危机。道德信念的动摇或道德信念危机，是道德行为失范的内在原因。从一定意义上说，道德危机实质上是指道德信念危机。因为从道德行为与道德信念的角度来看，任何行为都是心理指令支配的结果，而在一定道德情境中支配道德行为发生的心理指令就是行为主体的道德信念。古人说的"行己有耻"，即是说在羞耻心的驱使下形成个人牢固的道德信念后，才能自觉地遵守道德规范，并对自我的行为起到道德上的内检作用。

从道德评价角度看，"内心信念使人在道德评价上有'慎独'和自尊的精神，能做到'我知道我该干什么'。"① 苏联教育家苏霍姆林斯基说："信念是人的精神生活的复杂表现之一，它是世界观与道德观的有机结合。信念不仅是一个人对世界观概念和道德观概念的真理性的认识，而且他自己准备按照这些准则和概念去行动。"② 但道德信念有坚定的道德信念与不坚定的道德信念之分。道德信念坚定者，不仅能在日常生活中果断决定，毫不犹豫地遵循道德规范，而且在复杂多变的或道德冲突的情境中能够辨明是非、善恶、美丑而克服内心的矛盾冲突，作出合理的道德行为抉择。而道德信念不坚定者，却在特定的道德情境下就有可能背离自己的道德信念而作出异常的行为或不道德的行为。道德信念是所有道德行为能够发生的主观条件，道德情境是某一道德行为发生的客观条件。道德信念将会随着道德情境或环境的变化而发生变化。任何道德行为都会产生两个不同的效应：一是社会效应，因为道德行为总是要作用于他人或社会，产生或有利或有害的客观影响；二是反馈效应，因为道德行为所产生的各种道德信念会反过来对行为人产生正面或负面的影响。

道德行为所带来的信息反馈对于行为人道德信念的形成、巩固和发展起着十分重要的作用。"信念一般与稳定的认知、强烈的情感体验和顽强的意志维持相联系，然而，被人们称之为信念的认识观念，达到准则水平的道德信念，也会随着时间与环境的改变而发生变化。道德信念变化的过程，是一个坚持、修改到放弃的过程。"③ 当某人高尚的道德行为没有得到应有的社会赞誉反而遭到漠视或嘲笑时，其道德行为再认知的结果就很可能导致原有道德信念的改变而使其作出行为适应性的调整，在同样的道德情境中，该道德行为可能就不会再发生；反

---

① 余仕麟. 伦理学要义 [M]. 成都：巴蜀书社，2010：363.

② 苏霍姆林斯基选集（第2卷）[M]. 北京：教育科学出版社，2001：9.

③ 韦义平. 影响人数、影响途径对大学生道德信念改变的研究 [J]. 广西师范大学学报（哲学社会科学版），2005（03）：89-93.

之，当某一高尚的道德行为得到社会的应有肯定或赞誉，其道德行为的再认知就会做出相应行为指令的道德信念而得到巩固与强化，在同样的道德情境中就有可能再产生同样的道德行为。同理，当某人的不道德行为没有得到社会适时的应有谴责或应有惩戒时，其平淡的信息反馈不足以引起其道德信念的转变，在同样道德情境中依然会发生同样的不道德行为。总之，道德行为的社会价值只有得到肯定性的确认，才有可能真正成为道德行为持续不断的精神动力，促使人们不断提升自己的道德品质；反之，道德行为的社会价值不能得到应有的肯定性的确认，人们就有可能在同样的情境中作出违背自己道德信念的行为或不道德的行为。

在当代大学生的道德品质中，一方面他们有自己的道德信念，另一方面他们的道德信念缺乏坚实的理性基础，易受特定的校园生活环境与社会环境的干扰和影响。道德信念缺乏坚实理性的支撑，就不可能是持久稳定的，往往经不起不良环境或错误舆论的影响，因而具有较大的波动性或可变性。在考场的特定情境中，大学生考试作弊作为一种违纪行为或不道德行为形成一种氛围而得不到相应的制止或惩罚，或者说因考试作弊而收获优秀成绩、奖学金及优秀学生称号等，其结果所带来的信息反馈对大学生原有的道德信念产生了负面影响或侵蚀作用，从而在不道德信念的指令下，他们必然会产生考试作弊等不道德的行为。总之，考试作弊是大学生道德信念不坚定的结果。

（三）预防大学生考试作弊的伦理学路径

在从伦理学角度分析大学生考试作弊成因的基础上，还要从伦理学角度进一步研究预防或弱化大学生考试作弊现象的路径或对策。

第一，完善学校制度建设，创建良好的校园制度环境。大学生考试作弊，不仅反映出高校学生思想政治教育有无实效性的问题，而且反映出高校制度建设是否完善的问题。考试作弊的主体固然是学生，但把考试作弊行为完全归因于学生的思想道德素质和心理认知显然是不公平、不公正的。高校现行的管理制度、考试制度、评价制度及奖惩制度等客观上存在着不合理的现象。不合理或不健全的学校制度是诱发大学生考试作弊的外在客观因素。从某种意义上说，大学生考试作弊，既是教育资源分配不公的结果，也是教育制度不完善的表现。因此，完善学校制度建设，既是促进高校健康持续发展的客观要求，也是加强和改进大学生思想政治教育的现实需要。从哲学视角来看，制度是人类交往实践的产物，是与人的社会活动、人的社会关系、人的存在方式联系在一起的一种关系范畴，即制度是人们的社会关系结构和活动方式的定型化、模式化和固定化，是社会关系和交往活动的规范体系。因此，各高校应建立健全学校规章制度，规范师生员工的行为，把倡导的思想观念、价值理念、道德准则等融入各项管理之中。在完善学校制度建设中，高等院校要顺应时代的要求，及时修订和完善校纪校规和大学生的行为准则，以规范化的制度引导和管理学生，使他们养成自觉遵规守纪的良好习惯。邓小平曾指出，制度建设是带有根本性、全局性、稳定性和长期性的问题，"制度好可以使坏人无法任意横行，制度不好可以使好人无法充分做好事，甚至会走向反面。"① 高等教育制度建设，就是要建立与我国高等教育全面发展相衔接的、与大学生健康全面成长相适应的规章制度。高校要遵循大学生思想政治教育规律和大学生成才成长规律，本着既体现时代精神又符合教育规律的原则，制定和完善各种行为规范、文明公约和校规校纪等规章制度，并切实抓好具体落实工作。同时，完善学校制度建设，还要体现"育人为本，德育为先"的教育理念，更要体现"以人为本"的价值取向。学校制度是学校内部的"法规"，对维护学校的教育教学秩序，对引导和规范师生的行为具有不可或缺的作用。建立健全学校各种规章制度，通过规范大学生的学习、生活和行为，才能促使他们自觉遵守各项规章制度和社会道德规范，逐步养成良好的行为习惯和正确的价值观念。

人的道德行为管理需要外部的制度强制约束与内部的德性自我修养结合起来，才能确保道德教育目标的实现。学校制度建设包括教学管理制度、考试考核制度、监督制度及奖惩制度等。其中，完善考试管理制度，加强学校各部门的通力合作，全力整顿考纪考风成为当务之急。特别是在当前诚信意识还未成为高校师生普遍的道德自觉时，有必要将"诚信"要求上升为制度性约束，从而最终由他律走向自律。诚信考试、诚信做人、诚信做事等，应该上升到学校的制度层面，成为大学生日常生活和学习生活的根本规则。任何制度都是以道德性为基础而存在的，它们都蕴含着相应的道德观念或道德意识。一个完善的学校管理制度必须包含自身的道德性。"道德建设中自律和他律是统一的，而且他律优于自律，尤其是在社会转型期，更需要以制度性的他律来规范和约束人们的行为。同时，

① 邓小平文选（第2卷）[M].北京：人民出版社，1994：333.

道德建设必须有强制性的制度规范和惩罚措施作为保障。"① 因此，学校制度建设的一个重要任务，就是要将社会最基本的道德原则和道德规范纳入制度框架内，从而把社会倡导的道德要求提升为学校制度要求。优良的学校制度安排或者说完善学校制度建设，亦即把社会主义伦理道德要求贯穿到学校的教学管理制度、考试考核制度、监督制度及奖惩制度等各项制度中，是十分必要的。完善学校制度建设，就是要把制度伦理化与伦理制度化有机地统一起来。"对道德主体而言，学校管理制度伦理具有异己性，它不仅不为个体或群体的偏好所左右，而且对个体或群体的偏好、价值起着矫正作用，学校管理制度伦理把人们纳入一个制度所规定的道德秩序中，对不同的行为主体具有同等的客观性。"② 因此，合理化、伦理化的制度能够规范群体的行为，具有引导人向善的功能。通过完善学校制度建设，不仅有助于引导大学生向善的功能，而且还为大学生健康全面成长创建良好的校园制度环境。

第二，加强社会主义荣辱观教育，养成良好的行为习惯。社会主义荣辱观是社会主义核心价值体系的道德基础。社会主义荣辱观，是中华民族传统美德、优秀革命道德与时代精神的完美结合，体现了社会主义基本道德规范和社会风尚的本质要求，是马克思主义世界观、人生观和价值观的集中体现，也是社会主义道德建设的标杆。社会主义荣辱观涵盖了个人、集体、国家之间的相互关系，涉及人生态度、道德修养和治国方略等主要方面，体现了爱国主义、集体主义、社会主义的道德原则，旗帜鲜明地规定了在社会主义市场经济条件下，应当坚持和提倡什么，反对和抵制什么，为全体社会成员辨别是非善恶、判断行为得失、确定价值取向，提供了基本的准则和规范。"事实上，社会主义荣辱观本身就是树立了新时期一种既具有民族精神又具有时代精神的道德规范，应该而且必须成为每一个公民自觉奉行和实践的行为准则。"③ 从总体上看，我国学校德育面临着的种种困境，根本上是由于价值观和社会道德生活本身的极度混乱所导致，因此，解决学校的德育问题，也必须从改善社会道德生活做起。对大学生加强社会主义荣辱观教育，不仅要渗透到教育教学的各个环节，而且要贯穿于学校教育、家庭教育和社会教育的各个方面。目前，要从学校、家庭和社会三方面入手，在大学

---

① 杜振吉，张利平．论制度伦理建设［J］．河北师范大学学报（哲学社会科学版），2003（01）：54-57．

② 王家军．学校管理制度伦理论略［J］．教育理论与实践，2011（04）：29-31．

③ 熊月之．荣辱观的价值与向度研究［M］．上海：上海书店出版社，2008：67．

生中开展社会主义荣辱观教育。学校教育要注重于日常行为规范的说理性教育；家庭教育应积极配合学校的正面教育且将学校教育内容加以生活化和实践化；社会教育则应侧重于营造良好的文化环境和道德氛围。构建学校、家庭和社会"三位一体"的教育格局，多管齐下，形成合力，才能增强社会主义荣辱观教育的实效性。

　　荣辱观是行为主体的道德信念和价值取向，属于道德人格和良心范畴。大学生能否真正做到社会主义荣辱观提出的"八荣八耻"的基本要求，不仅直接反映大学生的道德人格，而且直接影响到大学生的道德信念。罗曼·罗兰说，信念是人生的拐杖，人生最可怕的敌人就是没有坚强的信念。信念是形成知情意行的关键。"人们一旦对社会主义荣辱观的道德信念有了理论上的支持，就能坚定不移地选择正确的行为，并依据这些理论来判别自己和他人行为的善与恶。"① 因此，加强和改进大学生思想政治教育，最紧迫的任务就是要注重对大学生进行社会主义荣辱观教育，使社会主义荣辱观真正深入大学生的头脑中，成为大学生自觉的道德要求和行为习惯。"一个树立正确的荣辱观的人，就能形成道德上的分辨力，从而在实践上产生道德行为上向善的无穷动力，成就一个'大写的人'。"② 道德是一种社会现象，德性是一种个体现象。荣辱观作为一种价值判断，有助于个体内在德性的养成与建构，即荣辱观是个体德性养成的基石。社会主义荣辱观，既继承了中国古代"知耻"的文化传统，又继承了党关于社会主义道德建设知荣弃耻、褒荣贬耻、扬荣抑耻的思想，同时又赋予新的时代内涵。"荣辱观作为一种评价机制，它立足于知耻心和道德良心，不仅具有较强的内省和制约力量，而且在荣与辱的两极对立中，促进人们作出正确的选择。"③ "荣"永远代表着社会对个人行为的褒扬与嘉许，体现了社会对个人的积极评价；"耻"则代表着社会对个人行为的贬抑与嘲弄，体现了社会对个人的精神打击。"知耻"是人之为人最起码、最基本的良知底线。通过社会主义荣辱观教育，使学生明荣知耻，树立正确的荣辱观，坚定正确的道德信念，不断矫正自己的不良行为，不断促进从他律向自律转变，从而逐步使其养成良好的行为习惯。

　　第三，加强道德品质修炼，提升道德素质。道德教育是一切教育的灵魂和终

---

　　① 周中之，石书臣. 现代思想政治教育理论与实践探微［M］. 北京：人民出版社，2009：289.

　　② 郭广银，杨明. 社会主义荣辱观概论［M］. 南京：南京大学出版社，2008：11.

　　③ 迟成勇. 论荣辱观的基本特征与主要功能［J］. 南京航空航天大学学报（社会科学版），2007（01）：5–9.

极目标，决定其他教育的性质和趋势。德国哲学家、教育家雅斯贝尔斯说："教育活动关注的是人的潜力如何最大限度地调动起来并加以实现，以及人的内部灵性与可能性如何充分生成。"① 对大学生加强道德教育，就是要启发大学生的道德自觉与道德良心，使其懂得运用正确的是非、善恶标准去衡量自己及他人的行为，进而"改过迁善"，树立道德理想，学会做人，提升自己的道德品质。道德品质通常也称为品德或德性。道德品质是一定社会的道德原则和道德规范在个体言行中的表现，是个人在道德行为整体中所表现出来的比较稳定的特征和倾向。从道德品质形成的角度看，道德品质是在改造客观世界的社会实践基础上，经过个人的主观努力，自觉地锻炼和修养的结果，道德品质的产生是一个自觉认识和行为选择的过程。或者说，道德品质是人的道德意识与道德实践双向互动的过程。一定的道德行为经常表现出来，就表现为具有稳定特征的道德品质。"我们不能因为一个人做了一两件好事便说他品德好，也不能因为他做了一两件坏事便说他品德坏。品德是一个人在长期的、一系列的行为中所表现出来的习惯的、稳定的、恒久的、整体的心理状态；品德是个人的一种心理自我、一种人格、一种个性。"② 良好的道德品质是各种良好的道德行为的综合表现。西汉思想家扬雄认为："人之性也善恶混。修其善则为善人，修其恶则为恶人。"（《法言·修身篇》）从道德教育的最终目的来说，最根本的就是要使教育的价值诉求能转化为人们的内在品质。加强大学生思想政治教育，其中就要注重引导大学生进行道德品质修炼。加强大学生道德品质修炼，能够预防或减少考试作弊等不良行为或能够矫正他们的不良行为习惯，从而培养学生良好的道德品质。

（四）结语

培养大学生良好的道德品质，不仅是学校与社会的期望和要求，也是个体自身健康成长的内在需要。加强大学生道德品质修炼，要求教育工作者，既要对大学生进行道德教育，又要引导大学生进行道德修养。实践证明，对人们进行道德教育和鼓励人们进行道德修养，是人们提升自己道德品质的两种基本形式。道德教育是从外部对人们施以道德影响，是道德品质形成的外部力量；道德修养是个体自觉在内心对自我进行的道德教育，是道德品质形成的内部力量。一定的德性只有经常反复

① ［德］卡尔·西奥多·雅斯贝尔斯. 大学之理念［M］. 上海：华东师范大学出版社，1998：9-10.
② 王海明. 伦理学导论［M］. 上海：复旦大学出版社，2009：240.

性地进行，形成习惯，进而积淀成为道德主体的内在属性，才能成为道德品质。"在教育引导和修养功夫的交互作用下，经过不断地累积成为自然而然的习惯，以至凝结为内在的德性，也就是'人格'。"① 对大学生进行道德教育，在内容上要侧重于公民道德基本规范、社会主义荣辱观及大学生行为规范等方面的教育；在方法上，要通过榜样引导、集体影响及自我教育等方法来加强教育。在道德修养上，引导大学生借鉴"内省""自察""慎独""存心养性""居敬穷理"及"践履躬行"等传统的修养方法，不断提升自己的道德境界。"历来教育学者都承认人生而具有相当的可塑性。因为人类的幼稚期相当长久，从出生到成年，需经历学习而成长发展。"在成长阶段的教育作用，便要预备两种方式："积极的是导引价值方向，以发展善良的品格，培养正直的行为习惯；消极的则是抑制反价值行动的出现，矫正不合规范的行为。两者并驾齐驱，合而为价值趋向的成就。"② 总之，要对大学生加强道德教育和引导自我道德修养，使其不断克服不良欲望、意志及行为习惯等方面的弱点，进而提高大学生的道德素质，塑造健全的道德人格。

——（原文刊登于《重庆高教研究》2013 年第 5 期，收入本书时略加修改或补充）

三、大学生考试作弊的教育心理学分析

近年来，大学生考试作弊已经成为高校校园中的一种普遍现象。从教育心理学来看，考试作弊是大学生的学习兴趣不高、学习能力的差异、乐于程序性知识的学习而苦于陈述性知识的学习及参加评优获奖的需要等多种学习心理因素综合作用的结果，也是大学生学习焦虑、学习畏难及学习疲劳等不良心理现象所引发的。预防大学生考试作弊的教育心理学路径主要有注重培养大学生良好的学习品质、良好的心理品质及良好的心理习惯。

（一）大学生考试作弊是一种较普遍现象

从总体上看，当代大学生整体精神面貌积极健康向上，思想政治素质和道德

---

① 崔宜明. 道德哲学引论 [M]. 上海：上海人民出版社，2006：93.

② 贾馥茗. 人格教育学 [M]. 南京：江苏教育出版社，2008：334.

素质较高，多数同学能树立正确的世界观、人生观和价值观。改革开放以来，随着经济社会的快速发展，我国高等教育事业从"精英化教育"阶段过渡到"大众化教育"阶段，然而高等教育大众化的快速发展使得大学教育又出现许多新的问题。如近年来大学生在思想认识和行为习惯方面存在着一些不可忽视的问题。其中，大学生考试作弊尤为突出，已异化为一种普遍现象。

（二）大学生考试作弊的教育心理学透视

心理学研究表明，任何人的行为都是在心理活动的调节下完成的。人的行为选择或行为方式，都是受到个体特有的个性特征和心理意志的因素制约的。在相同的教育环境和教育条件下，具有不同个性特征的人会有不同的行为选择或行为方式。因此，从教育心理学视角出发，分析大学生考试作弊行为具有很强的现实性和针对性。将大学生考试作弊行为延伸到人的心理领域，深入人的个体心理品质发展的微观层面，是新时期教育工作者需要研究的理论课题和实践课题。

第一，考试对大学生心理的多种影响。考试是学校或老师对学生学习结果的评价，用来对学生的学习作出判断。一般而言，大学生考试有两种类型：一是"被动型考试"，即为了应付考试而学习，典型的表现就是大学生常说的"60分万岁"；二是"主动型考试"，即为了考出好成绩而学习，典型的表现就是"考试机器"或"考试狂"。教育实践证明，考试成绩不能全面反映一个人的学习能力和知识水平，更不能决定一个人的前途和命运。考试只有被用来评价它所能够检测的方面时，才能发挥其应有的作用，否则就是无效的。由于当前的高等院校仍然主要通过考试来评定学生各方面的发展，学生的多数利益与考试成绩直接挂钩，因此，考试及其成绩及格与否、优良与否，是大学生在校期间的中心任务和主要心理负担。

著名教育家叶圣陶先生认为，把"学习"看作"记诵之学"，乃是导致学生考试作弊盛行的根源，并说："记诵之学，好一些可以造就门门都是甲等的'优等生'，坏一些就造就品德有亏的'作弊专家'，可是决不能造就生活充实的国民。"① 当然，适宜的、有节奏的考试，是必要的也是有益的。考试取得优异成绩，是大学生的共同愿望。教育实践表明，无论考试成绩好坏，都会对大学生产生多方面的影响。若考试成绩优异，一般会带来愉快体验，增强学习的自信心，

---

① 叶圣陶．叶圣陶教育名篇［M］．北京：教育科学出版社，2007：124．

提高学习的积极性，但也有可能导致骄傲自满的情绪；若考试成绩不够理想，有的学生能够认真总结经验教训，修正学习方法，加倍努力，而有的学生则情绪低落，甚至怀疑自己的学习能力而丧失学习的自信心等。因此，教育工作者应该遵循教育心理学原理和高等教育教学规律，在建构科学、合理的学生评价体系前提下，应该着力引导学生正确对待考试，防治各种考试心理障碍，培养良好的应试能力和应试技巧，从而降低学生考试作弊的可能性。

第二，考试作弊是大学生多种学习心理因素综合作用的结果。心理动机是多种心理因素的核心和基础。大学生考试作弊总是从一定的心理动机出发，并指向一定的目的，这是驱动学生考试作弊的内在动力。一般而言，个体的行为取舍和行为方式，都要受到个人特有的兴趣、爱好、性格及气质类型等心理因素的制约。在相同的环境或条件下，具有不同个性心理特征的大学生会有不同的行为选择或行为方式。从教育心理学来看，大学生考试作弊是多种学习心理因素综合作用的结果。

一是学习兴趣不高。从教育心理学来说，兴趣是一个人倾向于认识、研究获得某种知识的心理特征，是推动人们学习求知的一种内在力量。或者说，学习兴趣是一种力求认识世界，渴望获得科学文化知识的意识倾向，具有强烈的情绪色彩。教育家赫尔巴特认为，"所谓'兴趣'，指心理上的积极活动，也意味着自我活动，是人的意识的内在动力，是同'漠不关心'相对立。"[1] 美国著名的哲学家杜威认为，以兴趣为基础的学习结果与仅仅以努力为基础的学习结果有质的不同。因此，培养学生的学习兴趣对于提高学习效果或学习质量有着至关重要的作用。兴趣是最好的老师。一般而言，学习兴趣浓厚，就会主动积极、全神贯注地去学习，其学习效果好；没有学习兴趣或学习兴趣不高，就不会热情主动地去学习，甚至对学习感到厌恶，其学习效果差甚或学习效果等于零。有研究者指出，大学生学习兴趣不高主要原因有所学专业与兴趣爱好不符、学习目标不明确、基础知识薄弱、自我控制能力差、课程内容枯燥及不喜欢老师的授课方式。[2] 学习兴趣不高，学习自觉性较差，其结果是对知识理论的掌握，既不能做到"熟能生巧"，更不能达到"触类旁通"。因此，没有学习兴趣或者学习兴趣不高的学生要想取得好的考试成绩，只能在考试时铤而走险进行作弊。

① 单中惠. 西方教育思想史 [M]. 太原：山西人民出版社，1996：342.

② 张宁，殷妍，张磊. 提高大学生课堂学习兴趣的研究与实践 [J]. 才智，2011 (07)：164.

二是学习能力的差异。教育心理学认为，能力发展水平的差异主要是指智力上的差异，它表明人的能力发展有高有低。就一般能力来看，在全世界人口中，智力水平基本呈常态分布，即智力极低或智力极高的人很少，绝大多数的人属于中等智力。学习能力是直接影响学习活动效率的心理特征。成功完成某项学习任务固然受到人格特征、兴趣与爱好等多种主观因素的影响，但它们却不直接影响学习活动的效率，也不直接决定学习活动的完成，而只有学习能力才是完成某项学习任务所必备的心理特征。但学习能力客观上存在着水平的差异、结构的差异、早晚的差异及性别的差异等。正是因为学生的学习能力存在差异，面对同样的教学内容和教学过程，就不可避免地会有学习效果的差别及其所导致的考试成绩的差异。从教育心理学来看，由于学生在能力上客观存在着多方面的差异，因此，对教师而言，需要实施"因材施教"，即针对学生能力的差异采取不同的教育措施，进行个别指导，充分发挥他们各自的特长，促使其才能进一步发展。对于学习能力较差的学生，面对不能解答的问题时，就有可能进行作弊。学习能力的差异是大学生考试作弊的重要因素。

三是乐于程序性知识的学习而苦于陈述性知识的学习。知识是教育心理学中重要的核心概念。当代认知心理学家安德森主张把知识分为陈述性知识和程序性知识两大类。程序性知识是人脑中储存的关于步骤、程序与操作的知识，即"怎么做"某种事情，是一种动态的知识；陈述性知识是个体对有关客观环境的事实及其背景的知识，主要用于回答"是什么""为什么"及"怎么样"的问题。一般而言，陈述性知识适用于讲授式教学，程序性知识则较适合以活动教学的形式进行教学。[1] 两种知识相比较而言，理解和掌握陈述性知识难度较大，需要一定的抽象思维能力；而理解和掌握程序性知识则比较容易，侧重于形象思维能力的运用，学习某种程序性知识或许要花费一定的时间和精力，但是一旦掌握或学会，就会长久地储存在记忆中。一般而言，有的学生（特别是理工科院校学生）只注重程序性知识的学习，即只注重"怎么做"的技能训练，而对陈述性知识的学习，即回答"是什么""为什么"及"怎么样"的理论问题却不够努力。易于掌握的程序性知识，多数学生"乐于学"；难于掌握的陈述性知识，多数学生则"苦于学"。当涉及专业理论和公共课理论考试时，由于"苦于学"，只能靠作弊来提高自己的学科成绩。

---

① 卢炳惠，张学斌. 试论知识的类型与教学 [J]. 南华大学学报（社会科学版），2001（01）：73-76.

四是参加评优获奖的需要。需要是个体行为和心理活动的内部动力,它在个体的活动、心理过程和个性发展中起着重要的作用。评优奖优是高校学生教育管理工作中的一项常规性工作。大学生评优奖优是否科学合理,评选结果是否公平公正,是大学生普遍关注的焦点。目前各高校都设有大学生奖学金制度和评优制度,而奖学金或评优与学生的学科考试成绩有着紧密的联系。在我国高等院校中,大学生的学习成绩状况与他们在校评比优秀学生、评比奖学金甚至申请入党等都有着直接的关联。只有成绩优秀且各方面表现优秀的学生,才有资格参与评优。因此,有的学生学习动力不足或不用心学习,但又有着强烈的拿奖学金或评优的心理需求,结果只有企图通过考试作弊来提高自己的学科成绩,进而达到评优的目的。教育实践证明,不合理的考试测评、不公正的评优及教育资源的分配不均衡等,都会直接或间接地影响大学生的学习态度及考试心理,从而引发考试作弊等不良风气。建构一个科学合理、比较完备的教育教学评价体系,对于端正学生的学习态度和学习动机,乃至调动学生学习的积极性和主动性,促进学生全面健康发展都具有重要意义。

第三,考试作弊也是大学生学习焦虑、学习畏难及学习疲劳等不良心理现象所引发的。学习是一项艰苦的脑力劳动,需要耗费大量的心理能量和生理能量。教育实践证明,学生的考试成绩高低与心理品质、个人品德及实践能力等不完全成正相关的关系,但却与学习者的学习心理状态是紧密关联的。其中,学习焦虑、学习畏难及学习疲劳等不良心理现象,是引发大学生考试作弊的重要因素。

一是学习焦虑。学习焦虑是指学生在学习过程中产生的最为普遍的情绪反应。学习焦虑是指学生个体由于不能够达到预期的学习目标或者不能克服学习上的困难而产生的一种紧张不安、带有恐惧的情绪状态。其类型有内疚自责型、羞涩自卑型、自恃过高型及考试恐慌型等。有研究指出,大学生的焦虑水平超过一定程度后,学习成绩与焦虑水平呈负相关。焦虑程度高的学生在学习过程中常产生紧张、担忧、害怕等消极情绪体验。[①] 学习焦虑过强或过弱使得注意力难以集中,影响正常的思维活动,都会使学习效率下降;只有适度的焦虑,才有利于提高学习效率。学习焦虑是大学生提高学习质量或学习效果的"拦路虎"。

二是学习畏难。学习畏难是指学生在学习活动中遇到了某些阻碍或干扰,使学习的需要难以得到满足而产生害怕学习的现象,甚至由此导致逃学的行为。清

① 陈壮. 大学生学习焦虑心理研究 [J]. 沈阳大学学报, 2005 (05): 51-53.

人彭端淑在《为学》中云："人之为学有难易乎？学之，则难者亦易矣，不学，则易者也难矣。"一般而言，大学生的学习任务繁重、学习动机不正确、学习结果归因不当以及学习方法不合理等，都能导致学习畏难情绪的产生。学习畏难是大学生学习效果不佳的主要原因之一。

三是学习疲劳。学习疲劳是指学习强度过大，学习时间过长，让人在生理和心理上产生劳累感，使得学习效率下降，并渴望终止学习活动的生理和心理现象。学习疲劳主要包括生理疲劳和心理疲劳两种。教育心理学研究证明，在神经细胞功能正常的情况下，学习疲劳与学习效率成反比，即疲劳程度越低，学习效率越高，疲劳程度越高，学习效率越低。[1] 学习疲劳是学习过程中的不良现象，经常性的高度疲劳，不仅导致学习效率下降甚或不能继续学习的状况，而且可能导致神经衰弱等疾病。

在我国高等院校中，大学生学习动机缺乏或过强、自我期望值过高、学习竞争压力过大、学习目标不明确、学习方法不科学等因素会引发学习焦虑、学习畏难及学习疲劳等现象，从而导致学习效率下降，学习效果不佳，由此也能够引发考试作弊等不良现象。

（三）预防大学生考试作弊的教育心理学路径

正确认识、预防和矫正大学生考试作弊的不良行为，培养大学生良好的学习品德、心理品质和行为习惯，应成为高校思想政治教育和高校管理工作的紧迫课题和艰巨任务之一。从教育心理学来看，预防大学生考试作弊的路径主要有：注重培养大学生优良的学习品德、注重培养大学生良好的心理品质及注重培养大学生良好的行为习惯等。

第一，注重培养大学生优良的学习品德。大学阶段的学习，知识的广度和深度较中学阶段大大增加，专业方向基本确定，需要发挥学习的主动性和创造性。中学阶段的学习，是一种在老师引导下的"强制性"学习，而大学的学习则是一种在老师引导下的"探索性"学习。美国认知教育心理学家奥苏泊尔根据学习进行的方式，把学生的学习分为接受学习和发现学习；根据学习材料与学习者原有知识结构的关系，把学习分为机械学习与意义学习。奥苏贝尔对学习的分

① 于洪波，袁敬伟，张旭东.试论大学生的学习疲劳及其防治［J］.内蒙古民族师院学报（哲学社会科学版），1998（04）：75-79.

类，揭示了学生学习是以有意义接受学习为主的规律，对发挥学生智能、培养学生创造力具有指导意义。美国现代教育家布鲁纳认为，学生的学习活动是一种"发现"活动，要让学生独立工作，自己去"发现"问题，自己去探索原理、原则和新知。教学的基本目标是帮助学生"学懂、学会和会学"。"'学懂'是指掌握基础知识，'学会'是指掌握基本技能，'会学'是指掌握学习方法……总之，只有教会学生学会学习，他们才能获得终身教育的基础，也才能获得文化心理结构不断更新的自觉方法。"① 学会学习是大学生必备的素质。学会学习就要培养独立自主的学习能力，探索出适合自己的科学的行之有效的学习方法，科学合理地安排自己的学习时间，学会熟练地查阅文献资料等。学会学习是一个渐进的过程，是大学生具有培养自己学会学习的意识，在学习基础知识和专业知识过程中不断探索而形成的。学会学习，是一种优良的学习品德。所谓学习品德，就是指在学习活动中产生的，以是否遵守学习纪律为评价标准，并依靠人们内心信念和社会舆论维系、调节学习行为的各种心理意识和行为规范的总和。学生优良的学习品德主要包括正确的学习目的、端正的学习态度、良好的学习习惯及严明的学习纪律等。优良的学习品德，是大学生健康成长、顺利完成学业不可或缺的因素。培养大学生优良的学习品德，是大学生可持续发展的客观需要。

正确的学习目的或动机对于优良的学习品德的形成至关重要。确立正确的学习目的或自我调整学习动机不足，就要做到："一是正确认识学习的价值与大学的目标，重新规划学业与人生；二是调整心态，以积极的心态对待学习特别是学习中遇到的挫折与困难，用自身的意志战胜惰性；三是改进学习方法，在学习效率与学业中体现自我效能感，在学业中体现自我价值与社会价值。"② 明末清初思想家顾炎武说："君子为学，以明道也，以救世也。"（《亭林文集》）这即是说，君子学习在于确立报效国家、促进社会发展的学习目标。在当代社会，正确的学习目的或学习动机，应该要把自我价值与社会价值统一起来。端正的学习态度能够确保学生采取符合学习品德的行为，即对自己要"学而不厌"，对别人要"诲人不倦"。同时在学习过程中，大学生还要坚持"实事求是"的学风，要有"知之为知之，不知为不知"（《论语·学而》）的老实态度。孔子还说："知之者不如好之者，好之者不如乐之者。"（《论语·雍也》）"乐学"是一种高层次的学

---

① 陈南生．中国教育精神［M］．广州：广东人民出版社，2007：284-285.

② 邓志军．大学生心理健康教育［M］．北京：北京理工大学出版社，2010：90.

习热情，只有进入"乐学"的境界，才能做到学习上的自强不息。加强心理健康教育，也有助于培养大学生良好的学习品德，要对学生进行学习心理指导，培养学生的创新能力和实践能力，激发他们的学习动机和学习兴趣，让大学生掌握科学的学习方法和策略，学会微笑面对学习前进道路上的"拦路虎"，树立积极乐观的学习心态。① 积极乐观的学习心态和良好的学习习惯，是一个人学习品德的外在体现。在学习过程中要逐渐养成课前预习、课堂上认真听课、课后自觉复习、合理安排作息时间、选择一定的学习策略及做课堂笔记等良好习惯。良好的学习习惯，既有利于提高学习效果，又有助于优良学习品德的形成。遵守学习纪律是学生学习过程中必不可少的素养。大学生只有具备遵守纪律的意识，才会避免违规学习行为的发生，有助于优良学习品德的形成。总之，培养大学生优良的学习品德，既是提高学习质量的前提，也是杜绝考试作弊的道德基础。

第二，注重培养大学生良好的心理品质。20 世纪 90 年代以来，中国大学生的心理健康问题越来越受到社会的关注。心理健康问题已经成为影响大学生成长成才的重要因素，心理素质的培养已经成为高校不可忽视的教育内容。大学生心理健康问题可谓是家庭和社会关注的焦点，更是学校教育不可推卸的责任。2004年，中共中央、国务院颁布的《关于进一步加强和改进大学生思想政治教育的意见》明确指出，要积极开展大学生心理健康教育和心理咨询工作，注重培养大学生良好的心理品质，引导大学生健康成长。就心理教育而言，其形式是教育实践活动，其内容是心理健康理论，即是对心理健康的维护，对心理品质的优化，对心理素质的培养，乃至对生活质量的提高。从某种意义说，心理教育就是良好心理品质的培养和提高的问题。注重心理教育，优化人的心理品质，促进人的心理和谐，对于促进大学生健康成长乃至构建和谐校园具有重要意义。有研究者指出，心理教育的目的与作用，即在于心理健康的保持与维护，自我认识的促进与加深，以及自我的充实与发展，乃至人的整体素质的提高与发展。② 心理学理论认为，每个人在某些方面或某种程度上都有些缺陷或不够完美。追求完美只是人类的一种理想，而不是人类的必然本性和典型表征。由于知、情、意的矛盾，或者真、善、美的冲突，每个个体在现实生活中都或多或少地表现出不够尽善尽美或不够合情合理的思想和行为。正因为人的思想和行为不够完美，故教育者有必

---

① 周长春．新形势下大学生思想政治教育探索［M］．北京：北京工业大学出版社，2005：128.

② 申荷永，高岚．心理教育［M］．广州：暨南大学出版社，1995：270.

要运用积极有效的对策，使其不断趋向完美，从而形成良好的心理品质。

良好的心理品质，是现代社会对人的素质的一个基本要求。良好的心理品质，是指个体所具有的健康或积极的心理素质，它主要反映了个体认知、情感、意志、动机、兴趣、态度、气质、性格等心理因素的相对稳定的品质和发展状况。如积极进取意识、自主自立精神、良好的社会适应能力、良好的道德品质、自信心强、高度的责任感、积极合作精神及多样化的个性特长等多种心理素质。实践证明，读书学习可优化人的心理品质。英国作家萨克雷说，读书能够开导灵魂，提高和强化人格，激发人们的美好志向，读书能够增长才智和陶冶心灵。而良好的心理品质则可以激发积极的学习动机的产生，形成良好的情绪体验，坚定持之以恒的学习意志，促进积极个性的形成，进而对学生学习起到促进作用；若心理不健康，甚至有心理障碍，则势必会不同程度地影响动机、态度、兴趣等非智力因素，从而妨碍学习的正常进行，阻碍大学生潜能的正常发挥，更为严重的会导致无法学习。实践证明，心理健康是良好的行为习惯发生和形成的前提，良好的行为习惯则是心理健康或良好心理品质的表现。培养良好的心理品质是一个循序渐进的过程，它需要大学生不断地学习和实践。掌握必要的心理学知识或理论，是培养良好心理品质的前提，同时将掌握的心理学知识或理论运用到学习和生活实践中，是形成良好心理品质的关键。有研究者指出，人的政治品质、思想品质、道德品质与心理品质是相互联系和彼此渗透的，政治品质、思想品质与道德品质只有转化为心理品质，它们才会根深蒂固。也就是说，不仅其他 3 种品质的形成要以心理品质为基础、为中心，而且在它们形成之后，还要转化为心理品质本身。① 可见，培养大学生良好的心理品质，有助于形成良好的政治品质、思想品质和道德品质，从而有助于矫正大学生的不良行为习惯。适应现代社会环境的复杂多变和竞争压力的加大，塑造良好的心理品质和健全人格，从而形成良好的行为习惯，是大学生心理健康发展的必然要求，也是预防考试作弊的心理基础。

第三，注重培养大学生良好的行为习惯。实践证明，由于人的社会性和精神性，人的道德品质的好坏是无法量化考评的，而是通过多次的行为习惯体现出来的。一个学生可以掌握相关的道德理论知识并顺利通过考试，但是却不能自觉用

---

① 韩迎春，程样国. 论非智力因素对思想政治教育的创新作用［J］. 南昌大学学报（人文社会科学版），2009（04）：146-150.

习得的道德知识或理论指导自己的生活实践，如随地吐痰、乱扔纸屑、嚼过的口香糖乱丢、教室里的"长明灯"无人问津等。"德"的苍白与"育"的无力交织在一起，是造成高校德育困境的根本原因。大学生的知行背离，同当前的思想品德评价方式的单一化、片面化有着直接的关系。因此，仅以考试的分数作为衡量大学生思想品德的标准是不科学、不合理的。在提倡素质教育和创新教育的今天，高校的德育应该由注重品德知识的学习转向注重品德能力培养的轨道上来。要改变以"考分取人"的大学生思想品德的定量评价方式，转向以全方位、多元化地通过学生的道德实践来进行的定性评价方式，使学生既能掌握道德知识，又能践行道德行为。古希腊哲学家亚里士多德曾指出，习惯有好坏之分，称之为习惯的品质。良好的行为包括个体形成的良好行为习惯和良好的行为表现。培根说："既然习惯是人生的主导力量，人们就应当尽一切努力养成良好的习惯。"①有研究者指出，站在教育的立场上，要培养"理想的人格"，便要注意习惯的品质，养成"好"习惯，也就是使理想人格出现的历程，而教育的责任有多么重，也就不言而喻了。② 从某种意义上说，养成教育贯穿于人的整个生命历程。因此，大学生属于成年人，但仍然要注重良好行为习惯的养成教育。

大学阶段是大学生道德学习和道德建设的重要时期，是增强道德观念和养成道德行为的关键时期。养成教育是在德育的基础上侧重人的道德品质和行为习惯的一种教育。"养成教育是培养学生良好行为习惯的教育。""它应属于素质教育的范畴，并且与道德教育有着更直接的联系，在某种意义上即是以全面素质养成为旨归，以品行养成为出发点，以德性养成贯穿教育全过程的一种教育。"③ 考试作弊等不良行为的发生，往往与受教育者缺乏正确的思想道德观念有关。因此，大学生的养成教育要与德育有机地结合起来。"育人为本、德育为先"，表明高校德育对培育大学生学会做人做事和促进大学生素质的全面发展的重要性。"德育要能促进学生素质的全面发展，首要任务是坚持德育的科学发展，把社会主义核心价值体系教育融入德育全过程，引导和教育学生具有符合中国特色社会主义建设要求的理想信念、公民素质和健全人格。"④ 对大学生进行道德教育，应是学校、家庭和社会共同的责任，因此，我们应该建立学校、家庭和社会

---

① [英]培根.培根论人生［M］.储琢佳，译.南京：江苏文艺出版社，2011：153.

② 贾馥茗.人格教育学［M］.南京：江苏教育出版社，2008：103.

③ 田杰.养成教育的人文向度与美学精神［J］.当代青年研究，2008（07）：7-12+6.

④ 邱伟光.德育要为每一个学生的终身发展奠基［J］.思想理论教育，2010（22）：4-7.

"三位一体"的德育格局，把道德教育融入大学生生活的方方面面和每个环节，乃是大学生养成良好的行为习惯的基本途径。著名教育家叶圣陶先生认为，德育就是要养成良好的行为习惯，智育就是要养成良好的学习习惯，体育就是要养成良好的锻炼习惯。因此，高校还应该把德育与智育、体育、美育、心育有机结合起来，使大学生做到文化知识学习与思想品德修养的统一、思想境界提高与心理品质提升的统一、知与行的统一，从而全面提高综合素质。高校要根据大学生的特点进行社会主义核心价值体系教育，从调动大学生自主性和积极性、构建综合网络思想政治教育体系、创新行为激励评价机制等方面积极寻找途径，正确引导当代大学生行为。① 通过对大学生加强社会主义核心价值体系和基本道德规范教育，帮助大学生学会作出正确的道德选择与道德行为。教育实践证明，加强大学生思想品德教育，帮助大学生树立正确的世界观、人生观和价值观，提升大学生的思想品德素质，能够及时地引导大学生选择正确的行为，避免错误行为的发生。

——（原文刊登于《石家庄学院学报》2012 年第 6 期，收入本书时略加修改或补充）

四、大学生日常思想政治教育长效机制之建构

大学生日常思想政治教育是指除思想政治理论教育以外的其他教育形式。大学生日常思想政治教育长效机制，是指能够促进大学生日常思想政治教育有效展开的各种形式或载体。其长效机制主要有课堂教学、校园文化建设、学校管理、校园环境优化、学生社团活动及社会实践活动等。建构完善的大学生日常思想政治教育长效机制，对于增强大学生思想政治教育的实效性和针对性有着重要意义。

（一）大学生日常思想政治教育概念之阐释

一般而言，大学生思想政治教育包括思想政治理论教育和日常思想政治教育

---

① 刘燕. 大学生良好行为规范的培养 [J]. 高校理论战线，2012（05）：47–49.

两个重要方面。其中，思想政治理论教育是主渠道，日常思想政治教育是主阵地，二者相互依存、互为补充。作为主阵地的大学生日常思想政治教育要积极配合作为主渠道的思想政治理论教育，建构一个全方位的而又和谐有序的思想政治教育格局，从而共同做好大学生的思想政治教育工作。

相对于高校思想政治理论教育而言，大学生日常思想政治教育主要是指除思想政治理论教育以外的其他思想教育形式，如课堂教学、校园文化建设、学校管理、校园环境优化、学生社团活动及社会实践活动等教育形式和途径。大学生日常思想政治教育主要是以专职辅导员、班主任等高校学生工作人员为主体，以宿舍班集体和年级工作等为平台而展开的有组织的各种教育活动，是对大学生进行思想教育和日常管理的最基本、最重要的途径。把大学生日常思想政治教育与思想政治理论教育有机结合起来，目的在于提高大学生思想政治教育的实效性和针对性。从个体价值来看，加强大学生日常思想政治教育，有助于促进大学生健康成长和全面发展；从社会价值来看，加强大学生日常思想政治教育，有利于促进社会和谐发展和全面进步。

（二）大学生日常思想政治教育长效机制建构之探讨

建构大学生日常思想政治教育长效机制，既是高校教育管理创新的客观要求，又是加强大学生思想政治教育的时代要求。

第一，课堂教学与大学生日常思想政治教育。教育的目的在于引导学生学会学习、学会生活、学会做人和学会做事。因此，学校的各个环节都内在地包含着对学生进行思想政治教育的责任。其中，课堂教学是教育教学中普遍使用的一种手段。尽管课堂教学的内容、模式和风格存在着巨大的差异，但无论何种课程课堂教学都要以学生的身心发展和思想品德为着力点，以促进学生最优化发展。或者说课堂教学，不仅是教师给学生传授知识和技能的过程，更重要的是给学生传授思想、品德的教育过程。在大学生日常思想政治教育中，课堂教学所占的地位是不可低估的。从某种意义来说，课堂教学内容所具有的科学性、系统性、理论性及其所体现的世界观、人生观、价值观、道德观和审美观，无不对学生产生潜移默化的、深层次的影响。毫无疑问，在大学生日常思想政治教育的诸环节中，课堂教学所起的作用，是其他各环节所无法取代的。由于各门课程在性质、内容和任务等方面存在差异，不同课程对学生发挥教育作用的具体情况又是不完全相同的。

　　教师，不仅教授学生知识，而且还要切实抓好学生的思想政治教育。著名教育家徐特立说，教师有两种人格，一种是"经师"，一种是"人师"。"经师是教学问的"，"人师就是教行为，就是怎样做人的问题"，"我们的教学是要做到人师和经师的统一。每个教科学知识的人，就是一个模范人物，同时也是一个有学问的人。"① 教师肩负着培养人、塑造人的重任，不仅要用自己的丰富学识教导人，更重要的是要用自己的品格教育人，以自己人格境界影响学生。有研究者指出，"大学生思想教育不是少数行政人员与思想政治理论课教师的'领地'，而是大学一切学科教师的共同使命。只有大学一切学科教师都自觉地结合具体教学内容采取合理渗透的方式科学而艺术地进行，铸魂的任务才会收到预期的成效。"② 因此，高校教师既要提升自身的师德修养境界，又要努力提高课堂教学艺术水平，努力使自己达到"人师"和"经师"相统一的境界，真正做到教书育人。

　　第二，校园文化与大学生日常思想政治教育。一般而言，校园文化是指学校在长期的教育教学实践活动中所逐步形成的具有学校特色的物质财富和精神财富的总和。大学生的大部分生活都是在校园内度过的，健康向上的校园文化活动是推动大学生日常思想政治教育的重要动力。校园文化是社会文化作用于学生的"中介"，其作用在于把社会倡导的思想观念、道德规范和价值取向等，通过灌输、启迪、熏陶、潜移默化而变成学生的思想品德和行为规范。相对于高校思想政治理论课的显性课程而言，校园文化及其活动，是思想政治教育的"隐性课程"，其独到之处在于以暗示或无意识的方式，影响学生思想观念和行为方式，"它主张利用学校中的一切教育性资源，让学生通过内隐、间接的方式受到启发、感染和熏陶，产生价值认同和行为导向。"③ 校园文化作为大学生日常思想政治教育的长效机制之一，是加强和改进大学生思想政治教育的有力措施。

　　其中，校园网络文化是校园文化建设的重要组成部分。网络是一把"双刃剑"，但网络的发展为高校思想政治教育提供了新的机遇和新的机制，只要善于正确运用，正确引导，就能兴利除弊，发挥网络的先进性和优越性。网络文化建设的关键在于规范网络管理，培育学生的网络道德。在当今信息化时代，校园网

　　① 中央教育科学研究所. 徐特立教育文集［M］. 北京：人民教育出版社，1979：204-205.
　　② 段庆祥. 铸魂：大学一切学科教师的教学使命——大学课堂教学渗透思想教育初探［J］. 思想政治教育研究，2006（06）：93-94.
　　③ 邱柏生. 高校思想政治教育的生态分析［M］. 上海：上海人民出版社，2009：218.

络应成为大学生日常思想政治教育的有效平台。学校应积极建构融思想性、知识性、趣味性、服务性为一体的"红色网站",既要有思想政治教育、学生党建、心理健康教育等教育栏目,又要有校园新闻、网上课堂、相册、博客等文化栏目,用正确的舆论导向、积极健康的主流思想和在线活动占领网络阵地,大力宣传社会主义核心价值体系,解答学生普遍关注的社会热点问题、难点问题,不断增强思想政治教育的可信度和亲和力。

第三,学校管理与大学生日常思想政治教育。大学生日常思想政治教育既要遵循学校教育规律,又要遵循学校管理规律。管理是一种文化现象。所谓管理是指一定组织中的管理者,通过实施有计划、有组织、有领导等职能来协调他人的活动。以人为本是思想政治教育与现代管理的共同价值取向。实践证明,思想政治教育与现代管理体制是不可分割的统一体。有研究者指出,"在思想政治工作中,只有落实现代管理的'人本'思想,引进并应用管理科学中有关指挥、协调、控制等理论来做人的工作,充分调动人的主动性和积极性,才能使思想政治工作适应时代的要求,增强工作实效。"[①] 大学生日常思想政治教育以管理为机制,就是指将思想政治教育的内容寓于学校管理活动之中,并与管理手段相结合,以达到提高学生的思想道德素质,规范学生的行为,调动学生学习的积极性和主动性的目的。

学校管理是通过建立合理的规章制度来约束、规范师生员工的行为。学校管理包括行政管理、班级管理、宿舍管理、食堂就餐管理、环境卫生管理等。而且,学校管理所依托的组织纪律、规章制度等,一般都通过文字以书面、条文的形式表现出来,规定人们可以做什么、不可以做什么,应当做什么、不应当做什么,具有很强的规范性。高校教师、行政管理人员及后勤服务人员等,不仅是学校各项规章制度的制定者,也是各项规章制度的执行者。在学校管理中,把学校思想政治教育所提倡的思想观念、政治观点、道德标准及价值取向等融入管理中,同时还要把思想政治教育的内容、要求和目标,量化为各项评比、评选活动的指标,充实到各项规章制度中,从而充分发挥管理的育人功能。大学生日常思想政治教育以管理为机制,主要是一种养成教育。通过规章制度的执行,做到规范内化、品行强化,从而使学生在人性化、多样化的管理中逐步养成良好的思想品德和行为习惯。

---

① 吕会霖. 新世纪思想政治工作 [M]. 上海:上海人民出版社,2005:189.

第四，校园环境与大学生日常思想政治教育。过去，高校大学生思想政治教育长期存在着重视直接的理论教育或理论灌输，而忽视间接的环境影响，从而形成了思想政治教育的导向过程与环境陶冶过程的分离，导致了思想政治教育的"恐龙综合征"和"孤岛效应"的不良现象。实践证明，大学生思想政治教育总是在一定的社会环境和校园环境中进行的。凡是与大学生日常思想政治教育有关的并对其产生影响的外部因素，都是大学生思想政治教育环境的内容。就社会环境而言，从宏观环境来看，则包括经济环境、政治环境、文化环境和社会心理环境等；从微观环境来看，则包括家庭环境、社区环境及媒介环境等。就高校校园环境而言，从物质环境构成来看，则包括校容校貌环境、生活服务环境及文化娱乐设施环境等；从精神环境构成来看，则包括制度环境、组织环境、学习环境、校园文化心理环境及舆论导向环境等。大学生思想道德品质的形成与发展，无疑是学校教育环境与社会环境交相作用的结果。

马克思指出，人是环境的产物，人同时也改变着环境。"环境的改变和人的活动或自我改变的一致，只能被看作是并合理地理解为革命的实践。"① 因此，高校实施大学生思想政治教育要与时俱进地适应环境变化，努力克服"恐龙综合征"和"孤岛效应"的不良现象，与家庭、社会通力合作，努力净化社会环境，同时还要主动地建设和优化校园环境，营造一个良好的大学生日常思想政治教育环境。其中，优化校园环境主要包括优化制度环境、优化学习环境、优化组织环境、优化校园文化环境及优化生活服务环境等。良好的环境，"它以隐蔽的形式、无声的形态，导向大学生的认识，规范大学生的言行，培养大学生的品德，促进大学生的健康成长。"② 净化社会环境、优化校园环境，确保大学生思想政治教育在一种良性的环境中运行，从而不断提高大学生思想政治教育的实效性。

第五，学生社团与大学生日常思想政治教育。学生社团是大学生在学校生活中自发组织的、自主开展活动的群众性非正式团体。学生社团是高校校园文化建设的重要载体。目前，高校有理论类、文体类、科技类、实践类、公益类、学术类等不同类型的学生社团，是高校规模较大、参与学生较多、在学生中影响较大的群众性团体。大学生社团具有凝聚力强、覆盖面广的特点，是

---

① 马克思恩格斯选集（第 1 卷）［M］. 北京：人民出版社，1995：55.

② 刘川生. 大学生日常思想政治教育实效性研究［M］. 北京：北京师范大学出版社，2009：100.

"第二课堂"和校园精神文明建设的重要阵地,给大学生的业余生活和大学校园涂上了亮丽的色彩。它既是大学生的精神乐园,也是实施素质教育的重要阵地。有研究者指出:"大学生社团建设在创建校园精神文明、繁荣高尚的校园文化、拓展学生综合素质、培养创新精神与实践能力方面的作用越来越突出,加强社团建设正成为拓展高校思想政治教育空间的重要手段,也是高校育人工作的重要组成部分。"[①]

大学生社团具有自我教育、自我管理、自我服务的属性。大学生社团作为大学校园相对独立地开展活动的群众性非正式团体,在加强学生自我教育、自我管理、自我服务等方面发挥着独特的作用。大学生社团活动以其思想性、艺术性、知识性和趣味性,吸引了广大青年学生的积极参与。大学生社团活动不仅增强了大学生的集体观念和团队意识,而且也增强了大学生良好的道德修养和社会责任感。由此可见,大学生社团建设是实现大学生日常思想政治教育与大学生自我教育、自我管理、自我服务紧密结合的有效方式。但要注重加强对大学生社团的领导和管理,帮助大学生社团选聘指导教师,积极引导、鼓励大学生社团定期开展主题团日活动,进一步提高社团活动的质量,强化社团的育人功能,使社团真正成为大学生的精神乐园,成为校园文化建设的亮点,成为实施大学生日常思想政治教育的重要阵地。在大学生日常思想政治教育过程中,要充分发挥大学生自身的积极性和主动性。

第六,社会实践活动与大学生日常思想政治教育。社会实践活动是高校教书育人的重要途径。大学生社会实践活动是指大学生在校期间由学校组织实施的有目的、有计划地深入社会、服务社会,融理论与实践、物质活动与精神活动及实现自我价值与社会价值之统一的活动过程总称。大学生社会实践活动是课堂教学的延伸与拓展,它具体包括社会调查、生产劳动、科技文化服务、军政训练及勤工俭学等活动。马克思主义实践观认为,实践是人类存在和发展的根本方式,是人类实现自我教育的基本途径之一,知识只有应用于社会实践才能实现其最大的价值。社会实践是把理论知识转化为价值的必要载体,也是丰富知识的必要环节。[②] 各级各类高校都要把社会实践活动纳入学校教学计划,规定学时学分,努力形成党委领导、行政支持、部门协调、全校师生共同参与的运行模式。同时,

---

① 周长春. 新形势下大学生思想政治教育探索 [M]. 北京:北京工业大学出版社,2005:187.

② 盛连喜. 新时期大学生社会实践活动的认识与思考 [J]. 科学社会主义,2007(01):101-104.

要为大学生社会实践提供必要的经费支持，创造有利的运行条件。

社会实践活动在大学生日常思想政治教育中具有渗透性、目标明确性和实践性等特征，能够把改造客观世界与改造主观世界有机地统一起来。在社会实践活动中，把具体明确的教育内容渗透其中，使大学生在参与活动的过程中，潜移默化地受到熏陶和教育。社会实践活动是大学生形成正确思想认识的基本途径。离开了社会实践，任何理论或思想政治认识都是空洞的。因此，要遵循从实际出发、实事求是的原则进行大学生日常思想政治教育，积极引导大学生在社会实践活动中巩固和加深对所学理论的理解，提高大学生运用理论分析问题、解决问题的能力，不断增强大学生的社会适应能力。有研究者指出："学生参与社会实践的服务活动，不仅有助于培养服务社会、服务祖国、服务人民的奉献精神，还有利于培养自尊、自重、自励、自省的观念，对引导学生健康的学习动机，练就适应社会竞争与职业选择的能力，具有积极作用。"[1] 由此可见，开展社会实践活动，对于推进大学生日常思想政治教育具有重要意义。

（三）结语

大学生日常思想政治教育是一个系统工程，需要各方面、各部门的积极参与。课堂教学、校园文化建设、学校管理、校园环境优化、学生社团活动及社会实践活动等，作为大学生日常思想政治教育的长效机制，是高校教育系统内部不可分割的有机整体。它们在大学生日常思想政治教育中发挥着各自独特的育人功能。大学生思想政治教育应该坚持"以人为本""德育为先"的教育原则。以专职辅导员、班主任为主体的大学生日常思想政治教育工作，在遵循思想政治教育规律的基础上，应该立足大学生的日常生活，从大学生的认知规律和心理机制出发，及时发现大学生在思想认识、行为习惯、学习态度、心理健康和日常生活等方面存在的问题，有条不紊地开展各种教育活动，真正做到"对症下药""有的放矢"，确保大学生学习任务的顺利完成和身心的健康成长。

目前，大学生思想政治教育缺乏实效性和针对性，并不是体现在大学生对大是大非的原则性问题认识上，而是体现在大学生日常生活中的琐碎细节上。这即是说大学生思想政治教育缺乏实效性和针对性，问题不在思想政治理论教育上，而在日常思想政治教育的"缺场"上。因此，面对大学生思想政治教育的现实

---

① 刘正浩，胡克培 . 大学生社会实践的调查及思考［J］. 当代青年研究，2009（02）：37—41.

状况，增强其实效性和针对性，应该在注重思想政治理论教育的基础上，加强日常思想政治教育。建构大学生日常思想政治教育的长效机制，不断完善大学生日常思想政治教育的长效机制，就是要着力建构在学校党委领导下的校长负责，党、政、工、团、学各部门齐抓共管，各负其责，全方位育人的大学生日常思想政治教育体系和格局，形成既相互区别又相互联系、既相互贯通又相辅相成的长效机制体系，从而不断增强大学生思想政治教育的实效性和针对性。

——（原文刊登于《石家庄铁道大学学报》（社会科学版）2011 年第 2 期，收入本书时略加修改或补充）

专题二　新时代大学生思想政治教育的文化视角

马克思主义认为，文化是"自然的人化""人化的自然"和对象化活动中介的有机统一体。人既是文化的创造者又为文化所塑造，二者是一种双向的互动过程。随着改革开放的深入推进和当代中国社会的急剧转型，中国文化发展呈现出多元与融合的态势，亦即当代中国社会客观上存在着以社会主义先进文化为主导的多元并存的文化格局。或者说，当代中国文化景观，就是社会主义先进文化、中国传统文化、西方文化、精英文化、大众文化、时尚文化、消费文化等纷纷登上中国文化舞台"各领风骚"。多元文化形态并行不悖，在社会主义核心价值体系所能允许的范围内共同发展，满足了不同阶层、不同群体的文化需求。同时，不同类型的文化之间不是彼此独立存在、截然分开的，而是以前所未有的程度相互影响、相互渗透。现实的人总是生活在特定的社会文化环境中。毋庸置疑，各种不同性质的文化或不同类型的文化对大学生的理想信念、思想道德、价值观念、行为方式及心理状态等方面都产生了不可忽视的重大影响。从一定意义上说，新时代大学生是多元文化相互激荡、相互融合的产物。

大学生思想政治教育总是在一定的社会文化环境中进行的。思想政治教育不是单纯的政治说教或理论灌输，文化育人是加强和改进大学生思想政治教育的重要途径。高校是推进中华优秀传统文化传承创新、推进革命文化坚守弘扬及推进社会主义先进文化繁荣发展的最重要的前沿阵地。马克思主义认为，文化的发展是以人的全面发展为目标的，社会主义文化建设的根本目标就是要实现人的自由而全面发展。2016 年 12 月，习近平总书记在全国高校思想政治工作会议上发表重要讲话，提出"要更加注重以文化人以文育人"[①] 的时代命题。高校应建构文化育人平台，以高度的文化自觉推进文化育人，自觉把社会主义先进文化、革命

---

① 习近平谈治国理政（第 2 卷）［M］. 北京：外文出版社，2017：378.

文化、中华优秀传统文化及外来文化的优秀成果融入高校思想政治教育和校园文化建设中，实现文化育人与大学生思想政治教育的有机融合，不断丰富大学生思想政治教育的文化内涵，不断提升大学生的文化素质，着力涵养大学生的文化自觉和文化自信品质。其中，我们要坚持马克思主义指导，建设社会主义核心价值体系并坚持用社会主义核心价值观引领各种社会思潮，为大学生的健康成长营造一个良好的社会文化环境和校园文化环境，塑造新时代大学生的文化品格。

一、论社会主义先进文化与大学生思想政治教育

社会主义先进文化是以马克思主义为指导，发展面向现代化、面向世界、面向未来的，民族的科学的大众的社会主义文化。社会主义先进文化对大学生思想政治教育产生着积极的影响：有助于大学生树立科学的世界观、人生观和价值观；有利于促进大学生的全面发展；有助于大学生树立正确的文化观；有利于大学生心理健康教育。加强社会主义先进文化教育的举措：建构有中国特色的哲学社会科学体系和教材体系，不断深化社会主义先进文化的教育；充分发挥大众传媒作用，进一步弘扬社会主义先进文化；深入开展社会实践活动，加深大学生对社会主义先进文化的理解。

（一）社会主义先进文化的内涵与特征

先进文化既是人类文明进步的结晶，又是人类文明进步的旗帜，是科学的、健康的、向上的文化，是代表未来发展方向的文化，是推动人类继往开来、与时俱进的强大精神力量。在当代中国，社会主义先进文化，就是中国特色社会主义文化。中国特色社会主义文化，"就是以马克思主义为指导，以培育有理想、有道德、有文化、有纪律的公民为目标，发展面向现代化、面向世界、面向未来的，民族的科学的大众的社会主义文化。"①

社会主义先进文化，是在继承和发扬人类创造的一切优秀文化成果，不断进行文化创新，满足人民群众精神文化生活需要的过程中不断发展的。在当代中国，发展先进文化，就是发展中国特色社会主义文化，就是建设社会主义精神文

---

① 江泽民文选（第2卷）［M］. 北京：人民出版社，2006：17-18.

明，就是发展面向现代化、面向世界、面向未来的，民族的科学的大众的社会主义文化，以不断丰富人们的精神世界，增强人们的精神力量。

（二）社会主义先进文化对大学生思想政治教育的影响

文化育人是大学生思想政治教育的重要内容。文化育人的本质就是以先进文化的价值理念为引领，教育学生走向真善美，实现立德树人的价值目标。社会主义先进文化对大学生思想政治教育产生着积极的影响，具有鲜明的育人价值。

第一，有助于大学生树立科学的世界观、人生观和价值观。在新形势下，我国高校思想政治教育的根本目的就是要帮助大学生树立科学的世界观、人生观和价值观。辩证唯物主义与历史唯物主义世界观就是马克思主义的世界观。辩证唯物主义与历史唯物主义世界观，体现唯物论与辩证法、唯物主义自然观与唯物主义历史观的统一，是唯一科学的世界观，是我们所要树立和坚持的世界观。为人民服务是马克思主义人生观的核心和灵魂。以实现共产主义为远大的人生目标，以服务社会为最高的人生价值，以积极进取为根本的人生态度，构成完整的马克思主义人生观体系。马克思主义价值观就是社会主义集体主义价值观。集体主义价值观是我们正确处理个人与他人关系、个人与社会关系、集体关系、国家关系的准则。弘扬社会主义集体主义价值观，是新时代的主旋律。

先进文化属于上层建筑中的意识形态范畴，包括思想道德和教育科学两大部分。它的性质和前进方向是由其中的思想道德特别是世界观决定的。世界观处于最高层次，对整个文化建设起指导作用，是人生观和价值观的基础。从先进文化的微观与中观层面看，社会主义核心价值体系涵盖世界观、人生观、价值观、道德观、利益观和荣辱观等。其中，社会主义荣辱观，是社会主义核心价值体系的基础，又涵盖爱国主义、集体主义和社会主义思想，体现中华民族传统美德、革命传统道德和时代精神的统一，是马克思主义世界观、人生观和价值观的集中体现，明确了当代中国最基本的价值取向和行为准则，是马克思主义道德观的精辟概括，是新时期社会主义道德建设的根本指针。从先进文化的宏观层面看，当代中国，先进文化就是中国特色社会主义文化。它以马克思主义中国化的理论成果之一——科学发展观为指导，科学地反映了社会发展的客观规律，深刻地揭示了物质文明、政治文明、精神文明与生态文明协调发展的规律，有着内在的科学内涵、科学精神、科学价值、科学方法和科学传播的途径，具有永久的生命力，能够引导人们树立中国特色社会主义共同理想和正确的世界观、人生观及价值观，激励并召唤人们为实现价值理想而奋斗。因此，对大学生加强社会主义先进文化教育，加强社会主义核心价值体系教育，有助于大学生树立科学的世界观、人生观和价值观。

第二，有利于促进大学生全面发展。文化作为人类创造的成果，反过来又影响和塑造人。文化教育使人通过掌握一定的知识和技能，提高自身的素质和能力，从而增强认识世界和改造世界的能力，不断地促进人的全面发展。从文化哲学的层面来说，人的全面发展是指每个个体的充分自由发展，是丰富多彩的发展。马克思指出，只有在未来的共产主义社会里，人的全面发展才会在真正的意义上实现，"代替那存在着阶级和阶级对立的资产阶级旧社会的，将是这样一个联合体，在那里，每个人的自由发展是一切人的自由发展的条件。"① 人的自由而全面的发展是社会主义先进文化建设的根本目标和价值追求。人的发展与先进文化的发展有着良性互动关系。有研究者指出："一方面，人的发展为文化发展提供了主体支持……另一方面，文化发展是人的发展的前提条件。"② 没有文化的发展，就没有人的自由而全面的发展。只有在高度发展的文化基础上，才能实现人的自由而全面发展。努力发展社会主义先进文化，建设社会主义精神文明，为人的自由而全面发展提供精神条件。

"全面发展"是马克思主义关于人的发展的本质与核心内容，是我国高等教育的基本要求。人的全面发展体现为人的本质的丰富性和完整性的实现。社会主义精神文明建设的根本任务，就是提高全民族的思想道德素质和科学文化素质，培育有理想、有道德、有文化、有纪律的"四有"新人。邓小平指出，人的全面发展就是要培养有理想、有道德、有文化、有纪律的社会主义新人，就是要提高全民族的思想道德素质和科学文化素质。江泽民同志明确指出："我们建设有中国特色社会主义的各项事业，我们进行的一切工作，既要着眼于人民现实的物质文化生活需要，同时又要着眼于促进人民素质的提高，也就是要努力促进人的全面发展……我们要在发展社会主义社会物质文明和精神文明的基础上，不断推进人的全面发展。"③ 只有建设中国特色社会主义文化，才能培育"四有"新人，促进人的全面发展。可见，对大学生加强社会主义先进文化教育，有助于大学生

① 马克思恩格斯选集（第1卷）[M]．北京：人民出版社，1995：294.
② 周晓阳，张多来．现代文化哲学 [M]．长沙：湖南大学出版社，2004：413.
③ 江泽民文选（第3卷）[M]．北京：人民出版社，2006：294.

的全面发展。

第三，有助于大学生树立正确的文化观。文化观就是人们对文化所持的根本态度和基本观点。现在，我们正处于思想观念大碰撞、文化大交融的时代，先进文化与落后文化、主导文化与非主导文化、精英文化与大众文化、传统文化与现代文化、中国文化与西方文化等同时并存，主流意识形态与非主流意识形态相互交错，各种文化思潮相互激荡。但以马克思主义为指导的社会主义先进文化，在当代中国文化领域中居于核心地位，起主导作用，是主流文化。西方文化、大众文化、传统文化等都属于支流文化，从属于先进文化，并为先进文化的创新发展所服务。但大学生在纷繁复杂的文化现象面前，往往失去正确的判断力，甚至在西方文化的负面影响下，对主导文化、传统文化表现出怀疑、否定和离经叛道。有学者指出，有的大学生表现出"对传统文化和主流文化的不妥协主义"①。

社会主义核心价值体系是社会主义先进文化的重要组成部分，属于社会的主导文化。社会主义核心价值体系，"代表了人们的最高精神需求；表达了时代的最新价值走向；融会了世界的多种文化精髓；凸现了独具的民族文化特色。"②在与现实的关系上，主导文化坚持一元论真理观。倡导社会主义核心价值体系，有利于在尊重差异中扩大社会认同，在包容多样中增进思想共识，形成全民族奋发向上的精神力量和团结和睦的精神纽带，从而打牢全党全国人民奋斗的思想基础。面对世界范围各种思想文化的相互激荡，我们要"切实把社会主义核心价值体系融入国民教育和精神文明建设全过程，转化为人民的自觉追求"③。通过社会主义先进文化教育，指导大学生自觉用社会主义核心价值体系引领社会思潮，既尊重差异、包容多样，又有力抵制各种错误和腐朽思想的影响，以巩固马克思主义在意识形态领域的指导地位，以巩固社会主义先进文化在文化领域的主导地位。可见，对大学生加强社会主义先进文化教育，不仅有助于大学生科学地分析西方文化、大众文化与传统文化的积极因素与消极因素，而且能够增强对中国特色社会主义文化的认同感与亲近感，从而有助于大学生树立正确的文化观。

第四，有利于大学生心理健康教育。心理健康教育是大学生思想政治教育的重要内容之一。大学生活是紧张而有序的。专业课及公共理论课的学习、技能训

---

① 周绍珩. 当代西方文化思潮［M］. 沈阳：辽宁人民出版社，1989：206.

② 朱希祥. 当代文化的哲学阐释［M］. 上海：华东师范大学出版社，2006：224.

③ 胡锦涛. 高举中国特色社会主义伟大旗帜　为夺取全面建设小康社会新胜利而奋斗——在中国共产党第十七次全国代表大会上的报告［N］. 人民日报，2007–10–24.

练、毕业论文的写作，或者恋爱受挫、人际关系的紧张及将来就业的竞争等，客观上给大学生在校生活带来了无形的精神压力，由此导致部分大学生的心理问题。如自我认知失调、厌学、人际冲突、自卑、焦虑、烦躁、逆反等不良心理。新形势下，加强和改进大学生思想政治工作，必须坚持以人为本，注重心理疏导和人文关怀。我们要通过多种形式的心理健康教育，教育和引导大学生掌握心理调适的有效方法，培养良好的心理品质，始终保持积极健康向上的心理状态。

人的心理和谐与精神和谐是社会和谐发展的根本前提。社会主义先进文化，不仅具有提供精神支柱和价值导向的作用，而且还具有心理满足和行为调适的作用。和谐文化属于先进文化，先进文化必然具有和谐的性质。社会主义先进文化是和谐文化。和谐始于内心，良好的心态、健全的人格是人的身心健康的重要标志。和谐文化强调人的自我修养、自我完善，塑造健全的人格和良好的意志品质，是实现人的心理健康、心理和谐的文化源泉。由此可见，社会主义先进文化有助于大学生的心理健康教育，为大学生心理健康教育提供了正确的文化路径。同时，"和谐文化既是一种人文环境，更是一种生活方式。和谐文化的建设和实现，是创造一种新型的人文环境，使得人们生活得更为舒心，更为幸福，更有品位；使得自我身心更加和谐，人与自然相处更加和谐，人与人之间更加和谐。"①由此可见，在大学生思想政治教育过程中，以社会主义先进文化为指导，本着尊重人、理解人、关心人、帮助人的人文关怀的基本要求与原则，善于用和谐理念、和谐思维与和谐精神，化解各种矛盾，协调同学之间、师生之间的矛盾，努力构建和谐校园，为大学生心理健康教育创造良好的人文环境。

（三）对大学生加强社会主义先进文化教育的举措

社会主义先进文化具有鲜明的育人价值和功能，高校教师要遵循大学生思想政治教育规律，采取有效措施，不断加强社会主义先进文化教育，发挥文化育人的作用。

第一，建构有中国特色的哲学社会科学学科体系和教材体系，不断深化社会主义先进文化的教育。高校哲学社会科学课程具有思想政治教育的重要功能。因此，要结合实施马克思主义理论研究和建设工程，精心组织编写高校思想政治理论课教材，如《毛泽东思想、邓小平理论和"三个代表"重要思想概论》《马克

---

① 李宗桂. 和谐文化的时代精神和历史传统 [J]. 学术研究, 2006 (12): 11-12.

思主义哲学原理》《马克思主义政治经济学原理》《思想道德与法治》《中国近现代史纲要》等。同时，还要组织编写政治学、社会学、法学、史学、新闻学和文学等哲学社会科学重点学科教材，努力形成以马克思主义为指导的，具有中国特色的、中国风格的、中国气派的哲学社会科学学科体系和教材体系。

哲学社会科学，是人们认识世界、改造世界的重要工具，是推动历史发展和社会进步的重要力量。哲学社会科学的绝大部分学科都具有鲜明的意识形态属性，对于帮助大学生坚定正确的政治方向，正确认识和分析复杂的社会现象，提高思想道德修养和精神境界具有重要意义。以马克思主义为指导的哲学社会科学是社会主义先进文化的重要组成部分。从某种意义上说，高校思想政治理论课与哲学社会科学课程就是宣传社会主义先进文化的主渠道。哲学社会科学重点学科教材，是不断深化社会主义先进文化教育的有效载体。所以，我们要建构有中国特色的哲学社会科学学科体系和教材体系，不断深化社会主义先进文化教育。

第二，充分发挥大众传媒作用，进一步弘扬社会主义先进文化。大众传媒主要包括广播、电视、多媒体、报纸杂志、出版发行等。在现代社会，大众传媒是最具有影响力的环境。大众传媒以其信息量大、传播速度快、覆盖面广和吸引力强形成了对人们具有深刻影响的舆论环境。我们要用好现代传媒手段，牢牢地把握思想政治教育的主动权。

从社会角度而言，大众传媒应该为大学生提供更多更好的文化产品和文化服务，最大限度地发挥公益性文化事业的社会效益，为大学生提供多方面、多层次、多样性的精神文化需求，为大学生成长营造良好的人文环境。报刊、广播、电视等新闻媒体是党、政府和人民的喉舌，是中国特色社会主义文化事业的重要组成部分。要坚持党管新闻、党管媒体的原则，始终坚持将正确舆论导向放在首位，宣传科学理论，传播先进文化，塑造美好心灵，弘扬正气，提倡科学精神，为大学生思想政治教育营造良好的社会文化环境。

第三，深入开展社会实践活动，加深大学生对社会主义先进文化的理解。理论与实践相结合是马克思主义的基本原则，也是加强和改进大学生思想政治教育的重要途径。要牢固树立实践育人的思想，引导大学生深入社会，了解国情，体察民情，增长才干。高校应积极组织大学生参加社会调查、生产劳动、志愿服务、公益活动、科技发明和勤工俭学等社会实践活动。就先进文化教育而言，大学生的社会实践活动，要与社会主义精神文明建设活动有机地结合起来，包括宣传社会主义核心价值体系、践行社会主义荣辱观、参观爱国主义教育基地及参与社会主义新农村建设等活动。

文化包括物质文化、制度文化和精神文化。而文化的灵魂则是精神文化即人的意识。物品必须渗透人的意识，才能构成文化；制度是在人的意识支配下建立起来的，其中包含人的意识或精神。社会实践活动包括精神文明建设活动，对大学生的思想与行为具有积极的意义：一方面，只有通过实践，大学生才能获得对客观规律的真理性认识，从而促进思想上的进步；另一方面，只有运用真理性的认识指导实践，大学生才能有效地改造客观世界，从而实现行为上的进步。由此可见，大学生在社会实践活动中，感受或体验社会主义先进文化，不仅能够提高思想境界，而且能够增强实际能力，从而使大学生在实践中加深对社会主义先进文化的理解。

—— （原文刊登于《山东省青年管理干部学院学报》2008 年第 6 期，收入本书时略加修改或补充）

二、论中国传统文化与大学生思想政治教育

对于大学生思想政治教育来说，中国传统文化是用之不竭的重要资源。中国传统文化对大学生思想政治教育产生着积极与消极的双重影响。优秀传统文化对于提升大学生的思想道德境界、激发大学生的爱国主义情感、增强大学生的民族自尊心和自信心及提高大学生的人文素质等具有积极的影响。而中国传统文化中的消极、腐朽的思想观念则对当代大学生的民主法制观念、权利意识、竞争意识及心理健康等都会产生不同程度的负面影响。中国传统文化影响下的大学生思想政治教育的对策：发挥大众传媒作用，弘扬优秀传统文化；建构校园思想政治教育网站，弘扬优秀传统文化；把弘扬优秀传统文化与时代精神结合起来；把弘扬优秀传统文化与社会主义先进文化结合起来。

（一）传统文化概念解读

传统文化是相对于现代文化而言的，是人类在数千年的历史长河中形成并传递下来的文化。所谓中国传统文化，"是指中国几千年文明发展史在特定的自然环境、经济形式、政治结构、意识形态的作用下形成、积累和流传下来，并且至今仍在影响当代文化的'活'的中国古代文化。它既以有关的物化的经典文献、

文化物品等客体形式存在和延续，又广泛地以民族的思维方式、价值观念、伦理道德、性格特征、审美趣味、知识结构、行为规范、风尚习俗等主体形式存在和延续。"①

从传统文化的结构来看，中国文化是儒道互补型的，儒家和道家共同构成了中国传统文化的主体。"儒家文化、道家文化对中国的政治、伦理、价值观念、心理结构、生活习俗、思维方式、行为模式、道德规范、人生理想、哲学、宗教、文学、艺术等，都处于支配地位，起主导作用。"② 因此，中国传统文化对大学生思想政治教育的影响，主要是指儒家文化、道家文化对其的影响。

（二）中国传统文化对大学生思想政治教育的积极影响

从某种意义上说，大学生思想政治教育能否真正发挥自己的优势，"其关键环节在于能否从中国优秀传统文化中吸收营养，使其在自身内容的建构上具有丰富的文化内涵、文化品位和文化精神，以保持与整个社会文化发展的目标相一致。"③ 中国传统文化有价值的部分对大学生思想政治教育产生着积极的影响。

第一，有利于提升大学生的思想道德境界。中国传统文化是一种伦理型文化，比较注重人的道德修养和人格的完善。《大学》篇开宗明义说："大学之道，在明明德，在亲民，在止于至善。"其大意就是大学之根本道理，在于弘扬光明善良的道德，使人民不断更新思想，达到至善至美的境界。中国历史上的儒家、墨家、道家、法家都认为，在树立崇高的理想、信念和道德人格的同时，最重要的是要奋发向上、修身养性、变化气质，以达到理想人格的境界。"无论是儒家的尽心、知性、知天、养浩然之气，以及重义轻利的义利之辩，还是道家的法天、法地、法自然，与道同体，做'无己''无待'的逍遥之游，都不是以物欲为耻，而以高尚其志为乐。"④ 中国传统文化中的重学、自省、克己、慎独、存养等修身方法，值得当代大学生学习借鉴。

在中国传统文化中，蕴含着丰富的、具有现实意义的思想观念或精神境界，如"自强不息"的积极进取精神；"厚德载物"的宽厚包容精神；"仁者爱人"的博爱大众精神；"己欲立而立人，己欲达而达人""己所不欲，勿施于人"的

① 顾冠华. 中国传统文化论略 [J]. 扬州大学学报（社会科学版），1999（06）：34-40.
② 赵吉惠. 中国传统文化导论 [M]. 南京：江苏教育出版社，2007：42.
③ 曲洪志. 我国传统文化是思想政治教育的重要资源 [J]. 山东社会科学，2006（04）：152-154.
④ 李宗桂. 中国文化导论 [M]. 广州：广东人民出版社，2002：264.

"忠恕之道"；"天下为公"的大公无私精神；"克勤克俭"的勤劳简朴精神；"和而不同"的尚中贵和精神；"富贵不能淫，贫贱不能移，威武不能屈"的大丈夫人格；"舍生取义"的自我牺牲精神；"生于忧患，死于安乐"的忧患意识；"诚实守信"的诚信品质等，对于塑造大学生优良德性，陶冶高尚情操，提升道德境界，培育完善人格，具有不可忽视的重大价值。因此，弘扬优秀传统文化，有利于大学生提升自身的思想道德境界。

第二，有利于激发大学生的爱国主义情感。爱国主义是人们忠诚、热爱和报效祖国的一种集情感、思想和意志行为于一体的社会意识。"在中华民族的历史中，爱国主义具体表现为一种国家民族危难时深沉的忧患意识，一种以中华民族的兴盛为己任的高度责任感，一种为中华民族利益不惜牺牲个人利益的崇高奉献精神，一种作为中华儿女所具有的民族气节与民族自尊。"① 爱国主义是我们中华民族崇高的精神追求，是我们中华民族的精神支柱，是我们中华民族的价值信仰，是我们中华民族的优秀品格。

中国传统文化有着丰富的爱国主义思想，如道家老子提出的"修之于国其德乃丰，修之于天下其德乃普"的思想；范仲淹的"先天下之忧而忧，后天下之乐而乐"忧国忧民的思想；林则徐、魏源的"师夷长技以制夷"的思想；洋务派的"治国以富强为本，而求强以致富为先"的思想；顾炎武的"保天下者，匹夫之贱，与有责焉耳矣"的思想；等等。虽然其思想有的落空，但都闪烁着强烈的爱国主义精神。中国传统文化的爱国主义精神培育了中国历史上许许多多的杰出人物和爱国志士，如历经磨难、开通丝绸之路的张骞；维护民族团结、远嫁匈奴的王昭君；舍身报国、勇赴国难的民族英雄戚继光、林则徐；为唤醒沉睡国民而献身变法的谭嗣同等。如鲁迅先生所说："我们自古以来，就有埋头苦干的人，有拼命硬干的人，有为民请命的人，有舍身求法的人……虽是等于为帝王将相作家谱的所谓正史，也往往掩不住他们的光辉，这就是中国的脊梁。"② 因此，加强优秀传统文化与传统革命精神教育，有利于激发大学生的爱国主义情感，能够帮助大学生树立崇高的人生理想，激发其奋发有为的进取精神。

第三，有助于增强大学生的民族自尊心和自信心。任何一个民族要自立于世界之林，须有民族自尊心、自信心，否则，就是一个没有希望的民族。从某种意

---

① 李宗桂．中华民族精神概论［M］．广州：广东人民出版社，2007：77.
② 鲁迅全集（第6卷）［M］．北京：人民文学出版社，1973：119.

义上说，民族自尊心首先表现为对民族文化尊严的捍卫，民族自信心首先表现为对民族文化生命力的信赖，民族自豪感首先表现为对民族文化的崇尚。毛泽东同志早在抗战时期，关于发展新民主主义文化时曾指出："清理古代文化的发展过程，剔除其封建性糟粕，吸取其民主性的精华，是发展民族新文化，提高民族自信心的必要条件；但决不能无批判地兼收并蓄。"① 毛泽东同志的精辟论断揭示了批判继承中国优秀传统文化，对于提高民族自信心的意义。

随着改革开放的深化，大量的新思潮和新观念不断涌入，使人们的思想观念、道德意识和价值取向呈现出多元化的复杂局面。当代大学生面对多元复杂的文化现象，由于缺乏应有的鉴别能力，对不同性质的文化分辨不清，导致部分大学生盲目崇拜西方文化而贬低民族文化，大学生的民族自尊心与自信心受到损害。国学大师张岱年先生指出："必须正确理解民族文化中的优秀传统，才能具有民族自尊心、民族自信心。"② 就传统文化的物质形态而言，战国时期修建的都江堰、秦始皇时期的兵马俑、雄伟的万里长城、隋朝时开凿的大运河、被誉为"万园之园"的圆明园等，都体现了中华民族祖先的聪明才智和艰苦奋斗精神。就自然科学成就而言，我国是世界上记录彗星和哈雷彗星最早的国家，比欧洲早几百年；世界数学名著《九章算术》；最早的中医学著作《黄帝内经》；东汉张衡发明的候风地动仪，比欧洲早1700多年；闻名于世的"四大发明"；等等。这些都是中华民族对人类作出的巨大贡献。由此可见，弘扬优秀传统文化，有助于启迪大学生对传统文化的钦佩心理，从而增强大学生的民族自尊心和自信心。

第四，有利于提高大学生的人文素质。人文素质是指由知识、能力、观念、情感、意志等多种因素综合而成的一个人的内在品质，表现为一个人的人格、气质和修养。改革开放后，市场经济的确立与发展，科学技术的发展与进步，在促进社会生产力发展和经济增长的同时，却导致实用主义和功利主义的盛行。相形之下，人文主义、伦理道德观念日渐淡化，人们的道德观、价值观、人生观不断受到冲击。其结果是工具理性不断膨胀，价值理性渐趋式微，导致了人们终极信仰危机和人文精神失落。社会发展实践证明，没有科技进步，人类将愚昧落后；没有人文素质教育，人类将坠入科技进步带来的文化黑暗及社会灭亡的深渊。社会能否全面和谐发展，同高等教育培育出来的人才素质息息相关。因此，高等学

---

① 毛泽东选集（第2卷）［M］. 北京：人民出版社，1991：707-708.
② 张岱年全集（第7卷）［M］. 石家庄：河北人民出版社，1996：390.

校在注重科技教育的同时，必须重视人文素质教育。

在人文教育中，世界各国都十分重视弘扬本民族的传统文化。中国传统文化作为一种既定存在必将制约着高校大学生思想政治教育工作，成为高校大学生人文素质教育的重要文化背景。中国传统文化的最丰厚的资源在人文领域，中国传统文化最主要的特点是它鲜明的人文精神，具体表现为注重现实人生的意义，即注重人生伦理价值与艺术品位，注重人生的自我修养与精神生活。中国传统文化，"表现在哲学、史学、教育、文学、科学、艺术等各个领域，乐以成德，文以载道，追求人的完善，追求人的理想，追求人与自然的和谐，表现了鲜明的重人文、重人伦的特色。"① 正确引导大学生接触、了解中国传统文化，对于拓展他们的知识面、培育高尚的道德情操、提升审美情趣、增强民族文化尊严都有着重要作用。因此，培养大学生人文素质，应根植于优秀传统文化的土壤。加强大学生人文素质教育，就是将中国优秀传统文化成果传授给学生，使其内化为相对稳定的气质、修养和人格。

（三）中国传统文化对大学生思想政治教育的消极影响

传统作为观念形态的东西，往往表现为特定的社会心理，表现为不自觉的行为方式和思维定式。如封建专制、封建特权、封建迷信、男尊女卑、传宗接代、光宗耀祖、纳妾，以及因循守旧、重农抑商、厚古薄今、"不为人先""不患寡而患不均"等腐朽思想观念。传统文化中的腐朽思想观念，以及"老爷""大人""奴婢""奴才""草民"等封建时代的称谓，往往通过电影、电视等现代大众传媒，对当代大学生产生多种负面影响。

第一，不利于大学生民主法制观念的培育。中国传统文化具有重德治、轻法治的特征。儒家提出"为政以德"，强调以德为立国之本，要求以道德治理国家。孔子说"为政以德，譬若北辰，居其所而众星拱之"（《论语·为政》），又说："道之以政，齐之以刑，民免而无耻；道之以德，齐之以礼，有耻且格。"（《论语·为政》）中国传统文化片面强调道德的功能，而忽视了对法制的建设，以致我国在漫长的封建社会里，既没有建立正规的立法制度，也未能建立独立健全的司法制度，皇帝的口谕、诏书就是法令。而且中国古代所谓的法律只是一种刑律，不具有现代意义的法律精神。中国历史上缺乏民主传统，占统治地位的始

---

① 张岱年，方克立. 中国文化概论 [M]. 北京：北京师范大学出版社，1994：368.

终是专制主义、家长制。传统文化的"重德轻法",对培育大学生的民主法制观念产生负面影响。

第二,不利于大学生权利意识的培植。中国传统文化是一种伦理政治型文化,道德价值具有至上性,而且传统伦理反映的是一种义务观念,而忽视人的权利,从而导致中国传统文化的权利观念的严重缺失。"关于人与人的关系,中国传统重'人伦',西方传统(尤其是近代)重'人权'。人伦观念强调人与人之间应尽的义务,人权观念强调个人应该享有自己的权利。"① 中国传统文化重视人际关系、重视做人,是将人放在伦理规范中来考虑的,不是肯定个人价值,而是肯定个人对他人、社会的意义。这固然有利于培养人的历史使命感、社会责任意识,但却忽视了人本身的权利,从而对培育大学生的权利意识产生了消极影响。中国传统文化提倡"重义轻利",固然有利于提升人的道德境界,但片面强调"义"而忽视"利",不仅违背市场经济的功利性逻辑,而且使人的正常需求欲望受到压抑,也不利于培养大学生的市场意识与正确的利益观。

第三,不利于大学生竞争意识的培育。"中国传统文化,在天人合一的基本精神指导下,十分重视宇宙自然的和谐,人与自然的和谐,特别是人与人之间的和谐。"② 儒家孔子宣称"和为贵""君子无所争";孟子提出"天时不如地利,地利不如人和";民间广为流传的"和气生财""和气致祥""家和万事兴"等谚语,都反映了以人际关系和谐为取向的社会心态。由此可见,强调人与人之间的和谐,是传统文化的显著特征。道家老子更强调"不争之德",而且在一般人的社会心理中也很少有竞争意识。中国传统文化"重和息争",固然有利于人际关系和谐与社会稳定,但由于片面强调和谐而排斥竞争,"压抑了个性的发展,助长了不求进取、反对冒尖、无所作为的保守心理,导致了民族性格中竞争与开拓意识的匮乏。"③

第四,不利于大学生的心理健康。中国传统文化是当代中国人产生心理疾患的重要文化原因之一。精神分析社会文化学派的代表人物霍妮认为,产生神经症的个人内心冲突,虽然有个人的因素,但在本质上却来源于一定社会的文化环境影响。有研究者指出,当代中国人心理疾患的产生既来源于现代文化所固有的矛

---

① 张岱年. 文化与哲学 [M]. 北京:中国人民大学出版社, 2006: 61.
② 吴灿新. 中国伦理精神 [M]. 广州:广东人民出版社, 2007: 52.
③ 郭莹. 中国传统处世之道的文化性格 [J]. 学术月刊, 2001 (07): 78-84.

盾和缺陷，也与我国传统文化密切相关，具有显著的中华文化特征。中国传统文化的最基本特征之一是它的社会取向，即个体服从整体，淹没于整体。中国传统文化的社会取向又可具体分为家族取向、关系取向、权威取向和他人取向等四个方面。中国传统文化的基本特征直接影响到中国人早期社会化的内容和方式。在传统文化的指导下，中国人的早期社会化经历依赖、求同、自抑等方面的训练和塑造，神经症中的强迫症、抑郁症、焦虑症的形成便与此有直接或间接的关联。①

（四）中国传统文化影响下的大学生思想政治教育的对策

中国传统文化是一个复合体，既有大量积极的、有价值的思想观点，也有大量消极的、腐朽的思想观点。因此，我们必须合理解析传统文化中的精华和糟粕，并在现实的基础上批判地继承和弘扬传统文化的精华，剔除其封建性的糟粕，进一步丰富大学生思想政治教育的文化资源，切实增强大学生思想政治教育的实效性。

第一，发挥大众传媒作用，弘扬优秀传统文化。在现代社会，大众传媒以其信息量大、传播速度快、覆盖面广和吸引力强形成了对人们具有深刻影响的舆论环境。我们要用好现代传媒手段，牢牢地把握思想政治教育的主动权。大众传媒是弘扬优秀传统文化的有效平台。

就学校而言，选择广播、电视、报纸、杂志等各种载体，通过通俗易懂、具体生动的电影、电视、文献读物等，对大学生进行优秀传统文化教育。在大众传媒发达的背景下，弘扬优秀传统文化、认识历史的主要途径就是观看电影、电视剧。"具有'史'的品格和'剧'的魅力的历史正剧更要承担起优秀传统文化、培养民族精神的重任。"② 大学生观看有关反映传统文化或重大历史题材的影视剧，有助于学生树立正确的审美观与价值观。同时，学校还要有计划地组织相关老师引导大学生阅读"四书五经"、中国古典名著等，因为"名著对人类存在的各种问题，包括现代生活中我们面临的各种问题都做了完美的解释"③。此外，还要引导学生学习相关的传统文化读物，如李泽厚的《论语今读》、林语堂的《老子的智慧》等。大学生阅读传统文化读物，不仅能够拓宽知识面，增加自身

---

① 李强. 中国人心理疾患与传统文化 [J]. 江西社会科学, 2001 (Z1): 44-47.

② 鹏英. 历史正剧如何承载民族精神——从《贞观长歌》看历史正剧的民族精神担当 [N]. 中国教育报, 2007-09-21.

③ 李曼丽. 通识教育——一种大学教育观 [M]. 北京: 清华大学出版社, 1999: 89.

的文化内涵，而且能够丰富精神生活，陶冶情操，提升自身的道德境界。

第二，建构校园思想政治教育网站，弘扬优秀传统文化。美国未来学家阿尔温·托夫勒指出，谁掌握了信息，控制了网络，谁就拥有整个世界。21世纪以来，网络已经成为高校思想政治教育工作的一个新的重要阵地。高校可加强校园网络阵地建设，建设有特色、有吸引力、有影响力的思想政治教育网站（又称"红色网站"）。在校园思想政治教育网站中，可以开辟专门的优秀传统文化栏目，并通过网络平台进行广泛的讨论与交流，或者引导学生查找、下载有关传统文化的资料，或者有选择性地通过校园网络平台播放一些反映历史文化传统的经典影视剧等。建构校园思想政治教育网站将中国传统文化的精华，通过文字、图像、声音和动画，打破时间与空间的限制，使抽象的理论与形象的感官刺激相结合，变枯燥为乐趣，使学生身临其境，从中感受到传统文化的魅力，不断提高大学生的文化自觉度，明白中华文化的由来、形成过程、内在结构、基本特征、价值体系和发展趋势。同时，还要建立起一支既懂思想政治教育艺术、精通传统文化，又懂信息网络技术的新型思想政治教育工作队伍，引导大学生充分利用红色网站或网络资源学习传统文化，完善大学生的知识结构，不断提高大学生的人文素质。

第三，把弘扬优秀传统文化与时代精神结合起来。对大学生加强优秀传统文化教育，是加强和改进大学生政治教育的重要环节。继承和发扬传统文化的积极、合理的因素，扬弃传统文化的消极、腐朽的因素，并把传统文化的积极、合理因素与社会主义市场经济结合起来，进行创造性转换，赋予时代内涵。如把传统的重义轻利伦理观改造成为义利统一伦理观，把个人利益与社会利益、经济效益与社会效益、发财致富与合法经营相结合，做到义利兼顾；把"重和息争"观念转化为竞合精神等。

时代精神反映了当代中国社会的发展方向，引领时代进步的潮流，是被全社会成员普遍认同和接受的思想观念、价值取向和行为方式，反映了当代中国社会崭新的精神风貌。在大学生思想政治教育中，要把弘扬优秀传统文化与弘扬以爱国主义为核心的民族精神和以改革创新为核心的时代精神有机结合起来，着力培养学生的竞争意识、效率意识、效益意识、法治精神、合作精神、诚信品质与时间观念等。同时，还要引导大学生用社会主义市场经济的思维去考察、分析、思考中国优秀传统文化，将它与时代精神相结合，帮助大学生通过对传统文化的批判和辩证思考，逐渐学会独立地、科学地、创造性地解决自己人生价值观中的各种问题，树立正确的人生观、价值观和荣辱观。

第四，把弘扬优秀传统文化与社会主义先进文化结合起来。社会主义先进文化，集中反映了历史潮流，体现着时代精神，代表人类文化的未来，是社会文明进步的重要航标。弘扬优秀传统文化结合起来。弘扬优秀传统文化是发展社会主义先进文化的根基，有助于推进社会主义先进文化建设。社会主义先进文化是主导性文化，对弘扬优秀传统文化与借鉴外来文化具有价值导向与规范作用。因此，把弘扬优秀传统文化与社会主义先进文化结合起来，有助于确保弘扬优秀传统文化的正确价值取向。

在大学生思想政治教育中，把弘扬优秀传统文化与社会主义先进文化（主要是社会主义核心价值体系）结合起来，有利于增强大学生鉴别和抵御各种腐朽落后思想文化的能力，有利于提高大学生的科学文化素质和思想道德素质，有利于培育大学生的人文精神与科学精神，能够引导大学生认同和接受社会主义基本经济制度和政治制度，以全面的、辩证的、发展的眼光看待发展中的中国特色社会主义，树立正确的世界观、人生观和价值观，坚定对中国特色社会主义的信念，增强民族自尊心、自信心和自豪感。

——（原文刊登于《北京青年政治学院学报》2008 年第 3 期，收录本书时略加修改或补充，本人是第一作者）

三、论西方文化与大学生思想政治教育

从社会形态看，西方文化是资本主义性质的文化，是精华和糟粕并存的矛盾文化体系。改革开放以来，西方文化再度登陆中国。以美国文化为中心的西方政治文化、个人主义文化、消费主义文化、拜金主义文化、西方网络文化及西方文化制品等对我国大学生思想政治教育产生了多维的影响。面对西方文化的多维影响，我们应该采取积极而有效的对策，用社会主义核心价值体系引导大学生，帮助大学生树立正确的价值观，消解西方文化的负面影响；弘扬中华优秀传统文化，增强大学生的民族自尊心和自信心，抵制西方文化的侵略；加强形势与政策教育，提高大学生思想政治素质，弱化西方文化的负面影响。

（一）西方文化概念诠释

关于西方文化的界定，学术界有多种解释。有的学者认为，西方文化是"西方人为适应自然与人文环境所创造出来的生活方式的总和，其功能在确保西方人的生存和发展"①。西方文化以欧洲文化为其源头和主体，欧洲文化的政治理念、科学成就、艺术创造、哲学思想和宗教信仰等，自希腊时代起即向外传播并产生影响。有研究者认为，"西方文化指的是欧美文化，从内容上讲，就是指以古希腊罗马文化为传统，以基督教为基础而形成的独具特色的文化。"② 也有研究者认为，"西方文化是指以欧洲及欧洲化了的北美大陆为主要地域界限，以古希腊罗马文化、中世纪基督教文化为基础，以近代资本主义世界体系的兴起、扩张、危机、调整并动态发展着的资本主义社会的观念形态为基本特质的文化体系。"③

从时间维度看，西方文化主要包括古希腊罗马文化、文艺复兴时期的意大利文化、16世纪后的英国文化、20世纪以来的美国文化等。从当代西方文化的现实表现形态来看，西方文化包括西方政治文化、西方经济文化、西方哲学文化、西方伦理道德文化、西方宗教文化、西方科技文化、西方个人主义文化、西方消费主义文化、西方拜金主义文化、西方网络文化及西方文化制品等。美国文化是当代西方文化的中心范式。从社会形态看，当代西方文化在本质上是一种资本主义性质的文化，是精华与糟粕并存的矛盾文化体系。

（二）西方文化对大学生思想政治教育的影响

当代西方文化，从性质来说，属于资产阶级文化，体现了资产阶级的世界观、人生观和价值观。改革开放以来，以美国为首的西方国家以经济和技术优势，将其文化强势渗透于我国，对我国进行文化侵略与扩张，不仅对我国的文化产业构成了冲击，而且恶化了我国的文化生态环境，对我国广大民众尤其是青少年的世界观、价值观和人生观产生了不可忽视的影响。具体而言，改革开放以来，以当代美国文化为中心范式的西方政治文化、个人主义文化、消费主义文化、拜金主义文化、西方网络文化及西方文化制品等对我国大学生思想政治教育产生了多维影响。

第一，西方政治文化对大学生的民主观与自由观的影响。西方资产阶级的政治文化主要是由资产阶级的政治心理倾向、政治价值观念和政治意识形态等构成的，是以自由、民主、平等、人道、人权、三权分立和多元主义等为主要内容

---

① 王曾才．西方文化要义［M］．南京：江苏教育出版社，2006：12.

② 孟节省，林雪原．西方文化漫谈［M］．北京：红旗出版社，2000：4.

③ 董娅，邓力．困惑与超越——西方文化与经济转型期的中国青少年问题研究［M］．北京：人民出版社，2006：5.

的。在当代，西方资产阶级不仅宣扬政治民主及其议会制、普选制、两党制和多党制的优越性，而且提出精英民主、多元民主、经济民主、社会民主等思想，以便更好地为资产阶级服务。"民主"一词起源于古希腊，意为"多数人的统治""多数人的管理"，是人民当家作主的意思。"自由"通常指政治自由，主要是公民在法律范围内参与国家政治生活的一种权利。"民主"是政权的一种构成形式，"自由"是政权给予公民的一种权利。但西方民主制度在本质上是资产阶级少数人的民主，具有虚伪性和欺骗性。"自由""平等""博爱""天赋人权"是资产阶级民主的固有内涵，尽管具有阶级性、局限性，但批判地借鉴西方政治文化的民主制度，有利于增强大学生的民主意识。

在人类历史上，民主制度的形成和发展，是伴随着商品经济和市场经济的兴起和发展的步伐的。西方社会民主政治比较发达，公民民主意识比较强。借鉴西方近代以来的民主思想的优秀成果，既是社会主义市场经济发展的内在要求，又是社会主义民主政治制度建设的客观要求。但资本主义国家对资产阶级自由与民主的渲染和粉饰，对所谓人权的宣扬与重视，致使部分大学生误认为资本主义国家最强调民主，最重视自由，社会主义国家没有自由或不重视自由，不讲人权或不重视人权。有的大学生"称赞西方是自由世界，自由天堂，认为西方资本主义国家的自由没有限制"[①]。事实上，社会主义民主与资产阶级民主有着本质的区别，资本主义国家的民主自由强调的只是资产阶级的民主与自由；而社会主义国家强调的民主与自由则是无产阶级和广大劳动人民的民主与自由，而且所强调的民主与自由比资本主义民主更加具有广泛性与真实性。由于对资本主义民主、自由的片面理解或绝对理解，部分大学生中出现无政府主义和自由主义倾向，他们盲目崇拜西方资本主义国家的政治制度，怀疑甚至否定社会主义国家政治制度的优越性。

第二，西方个人主义对大学生的自我意识与道德行为的影响。个人主义是西方资本主义社会的核心价值观。从伦理学角度看，个人主义是资产阶级最核心的伦理道德原则，其基本理论是个人本位、个人中心和个人至上；从社会意识形态角度看，个人主义是资产阶级整个意识形态的最集中的表现，也是资产阶级的政治法律思想、经济财产思想及文化思想的基础。西方个人主义主张个人价值、个

---

① 董娅，邓力. 困惑与超越——西方文化与经济转型期的中国青少年问题研究 [M]. 北京：人民出版社，2006：11.

人独立、个人权利等思想。中国传统文化在权利与义务的关系上，更多的是强调义务而比较忽视权利。这导致了权利观念的缺位与个人独立性的丧失。无疑，西方个人主义对深受传统文化影响的中国民众而言，确实具有一定程度的启迪作用。改革开放以来，"个性"与"自我"等词汇在青年大学生中使用频率较高。大学生自我意识显著增强，乃至产生了崇尚"自我设计""自我实现""自我完善"与"自我奋斗"的思想观念。从积极的角度看，个人主义思潮激发了人的主体性、张扬了人的个性，凸现了较强的进取意识。由此可见，西方个人主义文化对增强大学生的自我意识和张扬个性具有一定的积极作用。

但西方个人主义文化对大学生思想政治教育产生了多方面的消极影响。西方个人主义价值观与社会主义集体主义价值观是根本对立的。西方个人主义是从人性的自私性、自利性和自保性出发的，强调个人在社会中的优先地位，强调个人价值、个人自由和个人利益的重要性，并把个人利益置于集体利益之上，本质上就是利己主义。社会主义集体主义，强调以集体利益为主体，保护正当的个人利益，坚持个人利益与集体利益的有机统一。"随着世俗化的高歌猛进和科技发展带来的物质诱惑，原本的理性主义的个人主义逐渐蜕变为非理性主义的个人主义，并使利己主义泛滥流行。"① 改革开放以来，西方个人主义的盛行，破坏了集体主义的感召力，导致集体主义价值观的教育苍白无力，对部分大学生进行价值判断和道德选择教育失去了指导意义。西方个人主义的渗透和社会上个人主义现象的盛行，刺激了部分大学生个人主义思想和行为的膨胀，并最终引发大学生利己主义行为的增多。实际情形确实如此，部分大学生不能正确地认识自己，也就不能正确评价自我，而是过分强调个人自我价值，片面追求自我设计、自我满足、自我实现的成才之路，渴望个人实现的自我满足，但却忽视对社会、对他人应承担的责任。

第三，西方消费主义对大学生的消费观念与消费行为的影响。一般而言，消费主义是一种价值观念和生活方式，它激发人们的消费热情，刺激人们的购买欲望。消费主义是资本主义生产方式发展到当代的必然产物，它不仅内在包含着享乐主义的观念意识，而且其核心是消费至上。在消费主义文化的导向下，人们把幸福和自由的体验完全寄托于商品的消费中，从而失去了判断的标准，最终导致消费异化。人们消费不是为了实用，而是为了追求具体消费以外的某些符号表

---

① 钟明华，李萍. 马克思主义人学视域中的现代人生问题［M］. 北京：人民出版社，2006：166.

征。消费主义在我国社会转型期，在一定范围内造成了一种消费至上、享乐至上的社会心理氛围。在消费上，当代大学生的消费观念既受大众流行影响，也直接影响社会大众。大学生的消费观念、消费行为与社会流行是相互影响、相互联系的。

西方消费主义在观念上，只注重物质消费，追求炫耀消费、奢侈消费、攀比消费，将消费与享乐视为人生最高目的和生活价值观。在消费观念上，部分大学生把消费多少、消费档次的高低当作身份、地位的标志，把高消费视为人生的终极目标和追求。在消费行为上，部分大学生把购买高档商品或洋品牌视为自豪和荣耀，认为这样才能在同学们面前显得有"面子"与"地位"。由于受西方消费主义的影响，有些大学生以新潮、变异、炫耀为特征的物质消费取向，使他们陷入了盲目的"冲动消费""从众消费""攀比消费"及"超前消费"等非理性消费的泥潭。由此可见，消费主义的盛行，导致部分大学生消费观念的扭曲与消费行为的异化。

第四，西方拜金主义对大学生的人生目的与人生理想的影响。拜金主义是一种把获取金钱视为人生最根本的生活目的和原则的思想观念，它集中表现为"金钱至上"和"一切向钱看"。马克斯·韦伯在《新教伦理与资本主义精神》一书中指出，在现代经济秩序中，只要干得合法，赚钱就是职业美德和能力的结果与表现。也就是说，把赚钱看作美德与能力，是以"干得合法"为前提的。市场经济具有功利性特征，追求效益，多赚钱，只要手段正当，途径正确，不仅无可非议，而且还应受到鼓励。但改革开放以来，随着我国经济转型和市场经济的确立，拜金主义在社会各阶层呈扩散之势，对青年大学生产生了显著的负面影响。

拜金主义把金钱看作人生的主要目的甚至是唯一目的，不仅将丰富的人生片面化，而且将人变成金钱的奴隶。一方面，它导致部分大学生价值观向金钱倾斜，使得部分大学生对金钱有着浓厚的兴趣，目光短浅，缺乏远大的理想与志向；另一方面，它强化了大学生的功利主义倾向。在奉献与索取之间，多数大学生选择"多奉献，多索取"信条，希望在付出后能够得到相应的回报，体现出鲜明的功利色彩。随着市场经济的确立和发展，大学生的就业价值取向由过去的理想主义转变为务实主义。他们把"收入高"或"待遇好"放在第一位。"到有钱的单位去""到经济文化发达的大都市去""到外资企业去"等，成为大学生择业的首要标准。当代大学生的职业价值取向由过去注重社会地位与政治地位向注重经济地位和自我发展转化，彰显了浓厚的功利主义倾向。

第五，西方网络文化对大学生的知识结构与文化观的影响。当今，人们既生活在由自身所组成的现实社会之中，又生活在由网络技术所构成的虚拟社会中。网络文化是信息时代的特殊文化，是人类社会发展到信息社会的产物。它对人们的思想观念、价值取向、道德意识和行为方式等产生着重大而深远的影响。网络已经成为当代大学生开阔视野、完善知识结构的重要渠道。网络文化蕴含着政治、经济、军事、外交、科技、文化、教育、金融、体育、医疗卫生、游戏、娱乐等丰富的文化信息。因此，网络可谓是一部"社会百科全书"，满足了人们对知识的需要和娱乐需求。从知识信息角度看，西方网络文化，有利于丰富大学生的业余生活，拓宽大学生的知识面，优化大学生的知识结构。

但网络文化是一把"双刃剑"，它的发展和运用在给社会带来进步的同时，又不可避免地带来许多负面影响。以美国为首的西方国家利用手中所掌握的网络控制权和信息发布权，利用英语的文化语言优势，在有限的时空中投放密集的信息容量，实行"信息霸权"，推行"文化帝国主义"。西方国家通过互联网向全世界全方位、全时空推销它们的意识形态、价值观念、文化观念与生活方式。西方文化"在网上不断挤压、排斥我们的民族文化，淡化我们特别是青年一代的民族意识，最终造成本国优秀传统文化的扭曲和流失"①。久而久之，大学生就会对西方价值观和西方文化产生亲近感、信任感，从而造成大学生文化观的偏差，即大学生对民族传统文化缺乏了解，认同感不够；对主流文化表示怀疑乃至否定。有研究者指出："以用美国硅谷芯片、看美国大片、吃麦当劳、听欧美流行音乐、过西方洋节等为时尚，一定程度上折射出大学生缺乏清醒的文化自觉和对传统文化价值的自我认同。"②

第六，西方文化制品对大学生的精神生活与婚恋行为的影响。改革开放以来，数量众多的西方文化制品进入我国文化市场，成为广大青少年文化消费的重要选择对象。广义的西方文化制品主要指包括所有文化类型在内的制品。狭义的西方文化制品主要指以文学艺术为主要内容，满足大众审美和娱乐需要的大众文化制品。改革开放以来，西方文化制品在我国文化市场上的销售量大幅度上升。

---

① 周长春. 新形势下大学生思想政治教育探索［M］. 北京：北京工业大学出版社，2005：206.

② 覃萍，卢红. 多元文化背景下大学生的文化困惑与文化导向［J］. 学校党建与思想教育（上半月），2008（10）：73-74.

无疑，优秀的西方文化制品对丰富大学生的情感和陶冶大学生的情操具有良好的熏陶和感染作用。西方文化制品在商业化和大众化的表象下，总是直接或间接地反映着西方国家主导的政治思想、社会理想和价值观念，带有浓厚的意识形态性。它对接触此类文化制品的大学生产生潜在的负面影响，造成大学生生活理想低俗化和生活方式享乐化。宣传色情淫秽和暴力行为的西方文化制品，则导致部分大学生形成一种低级的精神需求和嗜好，甚至信奉纵欲主义、性解放思想观念及普遍的婚前性行为等。

（三）西方文化影响下的大学生思想政治教育的对策

改革开放以来，以美国为首的西方国家不断地对我国进行文化的渗透与扩张，影响了我国当代大学生的世界观、人生观和价值观。因此，面对西方文化的渗透和扩张，我们应采取切实有效的对策，抵御西方文化的侵略，消解西方文化的负面影响，增强大学生思想政治教育的实效性，就成为当前大学生思想政治教育面临重大的研究课题。

第一，用社会主义核心价值体系引导大学生，帮助大学生树立正确的价值观，消除西方文化的负面影响。社会主义核心价值体系，以马克思主义指导思想、中国特色社会主义共同理想、以爱国主义为核心的民族精神和以改革创新为核心的时代精神、社会主义荣辱观为主要内容。社会主义核心价值体系是社会主义先进文化的核心内容，也是社会主义意识形态的本质体现。随着全球化进程的日益加深，西方文化思潮和价值观念冲击着大学生的思想，某些腐朽落后的生活方式侵蚀着大学生的心灵。因此，加强对大学生价值观的引导显得十分重要。要把社会主义核心价值体系贯穿于高校大学生思想政治教育全过程，帮助大学生树立正确的世界观、人生观和价值观，使之转化为大学生的自觉追求。

马克思主义指导思想是社会主义核心价值体系的灵魂。加强马克思主义理论教育，不仅要提高大学生的马克思主义理论素养，增强他们明辨是非的能力，而且要引导大学生运用马克思主义立场、观点和方法来审视西方文化，既要抵御西方腐朽文化的侵蚀，又要善于吸收和借鉴世界各民族的优秀文化成果，做到"洋为中用"。加强中国特色社会主义共同理想教育，就是从理论高度使大学生认识到中国特色社会主义共同理想的科学性，在情感上和世界观上接受和认同中国特色社会主义的价值目标，牢固树立中国特色社会主义共同理想，以消解西方国家政治意识形态的影响。加强以爱国主义为核心的民族精神和以改革创新为核心的时代精神教育，增强大学生的民族自信心和自豪感，培养大学生与时俱进、开拓进取、求真务实的时代品格，培养大学生勇于创新和实践的勇气。加强以"八荣八耻"为主要内容的社会主义荣辱观教育，规范大学生的道德行为与情操，教育大学生坚持集体主义价值取向，坚决摒弃个人主义的价值观。

第二，弘扬优秀传统文化，增强大学生的民族自尊心和自信心，抵御西方文化的侵蚀。文化是一个国家、民族全部智慧和文明的集中体现，也是一个国家和民族的精神纽带。任何一个民族要自立于世界民族之林，须有民族自尊心和自信心，否则，就是一个没有希望的民族。从某种意义上说，民族自尊心首先表现为对民族文化尊严的捍卫，民族自信心首先表现为对民族文化生命力的信赖，民族自豪感首先表现为对民族文化的崇尚。

中国传统文化有别于西方文化。西方文化最显著的特征是强调人与自然的对立，主张战胜自然、克服自然；肯定个人的独立性，乐于人与人之间的竞争。而中国传统文化具有天人合一的自然观、舍己利人的群己观、重义轻利的义利观、以和为贵的人际观、崇俭抑奢的消费观，以及自强不息、厚德载物的文化价值和人文精神等。国学大师张岱年先生指出，"刚健自强"与"以和为贵"的思想，是中国文化优秀传统的核心，可以称为中国文化的基本精神。由此可见，中国传统文化体现着中华民族共同的理想信念和价值追求。在西方文化的冲击下，对大学生加强优秀传统文化教育，弘扬中华民族优秀的文化理念和价值观，有助于增强大学生对民族文化的信心，能够校正媚外的弱势心态。国学大师张岱年先生进一步指出："只有站在本国文化优秀传统的坚固基础上，才能有效地吸取外国文化的先进成就。"① 可见，加强优秀传统文化教育，不仅有利于抵御西方文化霸权主义，而且有助于借鉴西方文化的先进成果。

第三，加强形势与政策教育，提高大学生政治素质，弱化西方文化的负面影响。形势与政策课是高校思想政治理论课的重要组成部分，是对大学生进行形势与政策教育的主要路径，是每个大学生的必修课。形势与政策观是大学生思想政治素质的有机组成部分。改进和加强形势与政策教育，是我党总结历史经验、应对当前国际国内形势发展、培养高素质人才的重要举措。形势与政策教育的目的就是通过大学生不断地认知时事、认同政策、认清大局和大趋势，使大学生树立

---

① 张岱年全集（第7卷）［M］．石家庄：河北人民出版社，1996：214.

科学的形势与政策观，学会运用马克思主义的立场、观点和方法观察形势，从总体上把握改革开放和社会主义现代化建设的大局，从本质上认清以美国为首的西方国家对我国实行"西化""分化"的图谋，进一步提高大学生的政治素质和辨别是非的能力，不断增强大学生的政治敏锐性。

形势与政策教育包括国内政治经济形势与政策教育和国外政治经济形势与政策教育。形势与政策教育，对帮助大学生了解国内外重大时事，全面认识和正确理解党的基本路线、重大方针政策，认清形势和任务，激发爱国主义热情，增强社会责任感，珍惜和维护国家稳定大局具有重大意义。教育实践证明，形势与政策教育是对大学生进行爱国主义、集体主义、社会主义教育的有效途径，有助于引导大学生正确认识国情，正确理解党的路线、方针和政策；有助于坚定大学生树立中国特色社会主义的理想信念，增强民族自尊心和自信心；有助于大学生进一步认清以美国为首的西方国家打着"人权高于主权"旗号，干涉别国内政，推行强权政治和霸权主义的本质，从而弱化西方文化的负面影响。大学生只有具备马克思主义的形势观、政策观，才能正确把握国内外形势大局，才能在多元文化相互激荡和多种社会思潮的冲击下，保持清醒的头脑，既尊重差异、包容多样，又能抵制各种错误和腐朽思想文化的影响。

—— （原文刊登于《河南理工大学学报》（社会科学版）2009 年第 1 期，收入本书时略加修改或补充，本人是第一作者）

四、论当代中国文化格局与高校校园文化建设

改革开放以来，中国文化呈现出多元并存发展的态势，体现出多样性、复杂性和异质性等特征。主导文化、精英文化、大众文化鼎足而立，构成当代中国文化的基本格局。高校校园文化是一种特殊的文化现象。当代中国文化格局对高校校园文化建设具有重要的意义：一是大力弘扬主导文化，确保高校校园文化建设的方向性和时代性；二是着力培育精英文化，体现高校校园文化建设的审美性和批判性；三是用心提炼大众文化，实现高校校园文化建设的娱乐性和多样性。

（一）当代中国文化格局解读

当代中国文化发展呈现出多元与融合的态势。改革开放之前的中国社会，基

本上是一个一体化社会，方方面面都体现着严格的政治一元性或浓厚的意识形态性，政治、经济和文化被高度强制地整合在一起，文化的一元性具有显著的排他性和垄断性，社会上不存在其他异质文化成分。改革开放以来，中国社会发生了翻天覆地的巨大变迁，作为政治、经济反映形态的文化也处于剧烈转型的过程之中。社会存在决定社会意识、经济基础决定上层建筑，随着经济体制发生转型和政治体制变革，文化作为上层建筑的意识形态必然随之发生转型，只是此种转型或相对滞后或间接地表现出来。因此，伴随着改革开放，社会的主导文化、民族传统文化、精英文化、大众文化、西方文化等纷纷登上文化舞台"各领风骚"。当前，我国的思想文化是社会转型期经济、政治的折射，反映着一定的经济取向和政治诉求，也体现出一定的社会价值和道德要求。哲学家张岱年指出："从世界文化史来看，每一民族每一时代的文化，既须确立一个主导思想，又须容许不同流派的存在，才能促进文化的健康发展。"[①] 因此，多元文化的并存发展，既是文化发展的客观需求，又是文化发展的基本规律。所谓文化格局，是指在一个社会中各种文化形态的构成状况及其地位和作用。主导文化、精英文化和大众文化鼎足而立，构成当代中国文化的基本格局。

（二）高校校园文化诠释

校园文化是学校在长期发展过程中积淀形成的一种文化形式，它包括物质文化、精神文化、行为文化、组织文化和制度文化等多方面内容。高校校园文化是高校师生员工在长期的教育教学过程中共同创造的富有时代特色和校园特点的物质文化和精神文化的总和。它具体表现形式有两部分：一部分是包含校园建筑、教学设备、学生社团等在内的硬件设施，一部分是由校训、校风、教风、学风及各种规章制度等构成的软件部分。校园精神文化是大学的目标和灵魂，反映了学校个性和师生风貌，体现了师生所认同的价值取向和教育理念，给师生提供了精神支柱和思想动力。

高校校园文化是一种特殊的文化现象。它以中国特色社会主义为根基，以学校文化活动为主体，旨在营造良好的文化环境，以达到"环境育人"的目的。从某种意义上说，高校校园文化就是大学师生员工共同学习、工作及生活的精神氛围和物质环境。马克思认为，环境的改造与人的活动是统一的，"既然人的性

---

① 张岱年全集（第 7 卷）[M]. 石家庄：河北人民出版社，1996：451.

格是由环境造成的，那就必须使环境成为合乎人性的环境。"① 因此，营造一个良好的文化环境是高校校园文化建设的必然要求。高校校园文化作为一种环境文化，其教育作用在于创造一种文化氛围，去感染或熏陶师生员工，起到"润物细无声"的效应。相对于高校思想政治理论课和相关的一些哲学社会科学类的显性课程而言，高校校园文化是一种隐性课程，其独到之处在于"以暗示性或无意识的方式，使学生认同在无形当中传授的思想观点，使学生于无形中找到道德回归生活和实践之路"②。加强校园文化建设，营造良好的育人环境，是促进大学生健康成长的重要途径。对大学生而言，良好的校园文化环境是一种重要的潜在教育力量，对大学生的思想品德、行为方式、价值取向及心理素质产生着潜移默化的影响，可以实现对人的精神、心灵和人格的塑造。

（三）当代中国文化格局对高校校园文化建设的意义

主导文化、精英文化、大众文化三足鼎立，构成当代中国文化格局。它们对高校校园文化建设具有不同的影响或不同的意义。

第一，大力弘扬主导文化，确保高校校园文化建设的方向性和时代性。主导文化是指一个社会或某个时代在国家意识形态中居于主导地位、产生主要影响的文化。主导文化作为一种政治文化，对其他社会文化具有制约和规范的功能。不同的社会、不同的时代乃至不同的民族国家，都有不同的主导文化。我国现阶段的主导文化就是中国特色社会主义文化。在当代中国，发展社会主义先进文化，就是建设中国特色社会主义文化。

高校校园文化建设是社会主义先进文化建设的重要组成部分。主导文化代表当代中国文化建设的前进方向，是居于社会主导地位的文化价值观。社会主义先进文化就是把高尚的精神需求与时代的价值取向、弘扬民族精神与时代精神、继承民族传统文化的精华与借鉴外来文化的优秀成果有机地统一起来，体现了"一元主流文化"与"多元异质文化"的和谐共生共存。在高校校园文化建设中，要大力弘扬社会主义先进文化。高校在培育人才的文化实践中，要始终以先进文化的传播与弘扬为主导，用先进文化改造大学生的思想，丰富他们的精神世界，提升他们的文化品位。因此，高校校园文化建设，不仅要以社会主义先进文化为

---

① 马克思恩格斯全集（第2卷）[M]．北京：人民出版社，1957：167．
② 邱柏生．高校思想政治教育的生态分析 [M]．上海：上海人民出版社，2009：218．

价值导向，而且还应把社会主义先进文化融入校园文化建设全过程。社会主义核心价值体系是建设和谐文化的根本，是社会主义意识形态的本质表现，用社会主义核心价值体系引领社会思潮和高校校园文化建设，将社会主义核心价值体系转化为大学生的自觉追求，是新时期大学生德育的价值目标所在。在校园文化建设中，社会主义核心价值体系首先要融入学校德育的全过程，即社会主义核心价值体系在大学生素质教育中起统率作用，使大学生坚定马克思主义信仰，树立中国特色社会主义的共同理想，发扬民族精神和时代精神，用社会主义荣辱观来规范自己的行动。在多元文化并存的当代中国，社会主义核心价值体系坚持中国特色社会主义的价值导向，巩固社会主义意识形态阵地。因此，高校校园文化建设以社会主义核心价值体系为价值导向，不仅有助于消解大众文化的负面影响，而且能够抵制西方文化或错误思潮的侵蚀，从而确保高校校园文化建设的正面育人功能和正确前进方向。

第二，着力培育精英文化，体现高校校园文化建设的审美性和批判性。一般而言，精英文化是指一定社会中的人文科技知识分子所精心创造、传播和分享的文化。著名作家冯骥才先生说，相对于民间文化而言，精英文化是一种"父亲文化"，给我们以精神和思想；而民间文化则是一种"母亲文化"，赋予我们情感和血肉。也有学者认为，相对于大众文化而言，精英文化属于"高雅文化"范畴，而大众文化则属于"通俗文化"范畴。精英文化作为知识分子文化的主要表现形态，是"经典"和"正统"的解释者和传播者，是民族文化的集中体现。有学者指出："一个民族的学术思想，是一个民族的精神之光，特定时代学术精英的活动，往往蕴藏着超越时代的最大信息量。"[1] 精英文化是一种自觉的文化，在学术上提倡纯正性和规范性，在文艺创造上倡导审美理想，在人文关怀上呼唤人文精神，在现实层面上提倡价值批判和启蒙精神等，从而体现出对社会的历史使命和对社会价值理想的关怀。改革开放以来，随着大众文化的崛起，精英文化退守到边缘地带，失去了往日的社会价值评判和中心话语权力的位置。

尽管精英文化在当下处于边缘化状态，在高校内却有着自己独特的生存和发展空间。从某种意义上说，高校知识分子是精英文化的主要创造者和大力传播者。教育家蔡元培说："大学为纯粹研究学问之机关……学者当有研究学问之兴

---

① 刘梦溪. 中国现代学术要略［M］. 北京：生活·读书·新知三联书店，2008：5.

趣，尤当养成学问家之人格。"① 高校中云集的人文科技知识分子，致力于学术研究，其学术活动有学术报告会、学术讲座、学术研讨会、著书立说及发明创造等，既营造出浓浓的学术氛围和学术气象，又发扬光大了大学精神。同时，高校知识分子的思维方式、情感方式、行为方式的高层次性，使得校园文化对形形色色的社会文化具有一定鉴别力和批判精神。有学者指出，知识分子的使命感，"最主要的或最重要的表现就是它对社会所承当的批判。反过来，知识分子每每是或必然是以批判的方式来表白他对时代的关切和己任。"② 因此，高校校园文化建设在坚持方向性的同时，还要注重对各种文化思想进行科学的批判和改造，在批判和改造各种文化实践中更好地坚持正确的文化发展方向。相对于主导文化、大众文化而言，"精英文化是灵魂，是精华，是本质，是当代中国审美文化的真正价值所在，也是主导文化、大众文化之所以还是文化的存在根据。"③ 因此，高校校园文化建设，理所当然地要把精英文化纳入自身建设的全过程，着力培育精英文化。高校校园文化建设以精英文化为审美观照，不仅能够增强校园文化建设的纯正性和规范性，而且有助于弘扬人文精神和科学精神。对大学生来说，培育和传播精英文化，不仅能够培养大学生的鉴赏能力和正确的审美观，而且具有启蒙作用，促进大学生批判意识的觉醒和创新意识的激活。培养大学生的批判意识和创新能力，是高等教育价值取向之所在。同时，"精英文化在精神上与中国传统的士大夫一脉相承，'为天地立心，为生民立命，为往圣继绝学，为万世开太平。'以天下为己任，承担着社会教化的使命，发挥价值规范的功能。"④ 因此，把精英文化纳入高校校园文化建设中，还有助于培养和增强大学生的使命感与责任感。

第三，用心提炼大众文化，实现高校校园文化建设的娱乐性和多样性。一般而言，大众文化是工业社会以来与现代都市及大众群体相伴而产生的，以现代信息技术和传媒技术为物质依托的，受市场经济规律支配的，平面化、市场化、模式化的文化产品形式。它涵盖工业文化、媒体文化、消费文化、视听文化、娱乐文化、网络文化、电子文化等多种文化形态，具有商业性、世俗性、娱乐性、时

① 蔡元培. 新人生观：蔡元培随笔 [M]. 北京：北京大学出版社，2010：94.

② 邵建. 知识分子与人文 [M]. 北京：中国社会出版社，2009：47.

③ 杨凤城. 20 世纪的中国——走向现代化的历程（思想文化卷1949—2000）[M]. 北京：人民出版社，2010：525.

④ 韩大强. 大众文化的狂欢与精英文化身份的焦虑 [J]. 信阳师范学院学报（哲学社会科学版），2006（06）：111-115.

尚性及功利性等多方面的特征。它既不同于主导文化，也不同于精英文化，是伴随着改革开放和商业文化环境而发展起来的一种消费文化，在短短的时间里，便迅速壮大为与主导文化、精英文化并驾齐驱的社会主干性文化形态。

大众文化，既是一种文化的现时代的存在方式，也是当代人的一种新的存在方式。从某种意义上说，大众文化更贴近大学生群体的日常生活，是高校校园文化建设无法回避的现实文化资源。把大众文化纳入高校校园文化建设中，既顺应大众文化的发展趋势，又符合大学生日常生活的客观需求。"享乐的合理性"是马克思所提倡的精神生活的必要内容。在校园生活中，大学生总是渴望轻松和快乐，而大众文化追求广义上的愉悦效果，使得大学生在消费的过程中获得轻松愉快的满足。比如，流行歌曲、流行服装及情感电视剧等，在一定程度上能够缓解学习、考试及人际关系紧张等所带来的压力，使大学生获得直接而简单的感性快乐，从而达到心理上和情绪上的放松和娱乐。但大众文化对大学生的世界观、人生观和价值观的影响是深刻而多维的。因此，把大众文化纳入高校校园文化建设中，要以先进文化的价值取向来引领大众文化的走向，还要以精英文化的学术喂养来提升大众文化的品位。在高校校园文化建设过程中，要用心提炼大众文化，既要善于进行抑恶扬善的审美观照，又要防止大众文化的庸俗化和浅薄化的非理性主义负面影响，阐发其正面意义。

主导文化、精英文化与大众文化，具有不同的理论内涵和价值取向，在高校校园文化建设中各自发挥着应有的和独特的功能。在高校校园文化建设中，一要吸纳各种不同的文化，并通过各种不同文化之间的对话、沟通、相互影响，不仅使高校校园文化异彩纷呈，而且也使自身能够不断获得丰厚的发展资源。二要坚持"和而不同"的原则，大力弘扬主导文化，着力培育精英文化，用心提炼大众文化，和谐整合主导文化、精英文化、大众文化三者之间的关系，使它们之间保持合理的张力，在满足大学生精神文化需求的同时，努力培养大学生正确的文化意识和优秀的文化品格，并且为高校师生营造一个独具特色的精神家园。

——［原文刊登于《北京教育》（高教版）2012 年第 1 期，收入本书时略加修改或补充］

专题三　新时代大学生思想政治教育的德性维度

重视思想道德教育和思想政治教育历来是我们党和国家的优良传统。思想政治教育与思想道德教育是教育问题的两个方面，二者有着显著的区别。一是教育的性质不同。思想道德教育是人的素质教育，属于国民素质教育；思想政治教育是人的政治信念教育，属于国家意识形态教育。二是解决的问题不同。思想道德教育要解决的是如何做一个有道德的人，如何正确处理个人与他人、集体、国家之间的关系问题；思想政治教育要解决的是个体社会成员的思想政治意识问题，如何确立正确的政治信仰和提升政治素质问题。但二者也有着内在的关联，无论是思想政治教育还是思想道德教育，都是整个教育的重要组成部分，二者相互渗透、相辅相成，都是落实立德树人根本任务的教育路径，其教育目标指向即是培养德智体美劳全面发展的社会主义事业建设者和接班人。作为社会主义事业的建设者和接班人，既要讲政治，有坚定正确的政治信念，又要讲道德，有良好的道德品质。注重道德教育是中华文化的优良传统，中华民族历来把德性或道德品质作为人的培养的重要内容，把德育视为育人的重中之重。因此，高校既要加强思想政治教育，也要注重思想道德教育，着力培养具有正确的政治信念和良好的德性或道德品质的人。

随着改革开放的深化、社会主义市场经济的发展及各种社会文化思潮的相互激荡，人们的思想意识、道德观念、价值取向，以及生活方式、行为方式等也随之发生了巨大的变化，于是在当代中国社会急剧转型过程中出现了所谓"道德滑坡""道德冷漠""信仰危机""精神危机"等各种问题，"德育无用论""德育次要论"也占有一定的市场。诸如此类的思想道德方面的新情况、新问题层出不穷，无疑它们对大学生的道德意识和道德行为产生了不可避免的负面影响。2016年12月，习近平总书记在全国高校思想政治工作会议上发表的重要讲话中指出：

"用社会主义核心价值观教育学生，引导他们扣好人生的第一粒扣子，是高校思想政治工作的使命所在。"① 坚持不懈加强社会主义核心价值观教育，引导青年大学生做社会主义核心价值观的坚定信仰者、积极传播者和模范践行者，进而不断提升大学生的道德境界。加强大学生思想道德教育，涵养其道德品质，提升其道德境界，是大学生思想政治教育的重要价值目标。

一、五四精神与新时代大学生良好德性的培育

以"爱国、进步、民主、科学"为主要内涵的五四精神具有深远的价值意义。新时代大学生是实现中华民族伟大复兴中国梦的生力军，其德性品质、精神素质直接关系着国家的前途和民族的命运。现代新儒家梁漱溟先生曾提出"精神陶炼"理念，所谓"精神陶炼"，"就是要启发我们每个人的志气愿力。"② 他说："中国民族复兴也要靠中国教育、中国精神陶炼。"③ 又说："民族精神是我们讲精神陶炼的核心。"④ 因此，对新时代大学生进行"精神陶炼"，加强中国精神教育或民族精神教育，提升其"志气愿力"，是非常必要的。五四精神作为中华民族精神的重要内容，我们高校教师应立足实现中华民族伟大复兴中国梦和时代精神，充分发掘五四精神的丰富内涵和时代价值，将其融入新时代大学生思想政治教育，培育其良好的德性。

（一）五四精神诠释

五四精神是五四运动的产物。习近平总书记在纪念五四运动 100 周年大会上发表的重要讲话中指出："五四运动是一场以先进青年知识分子为先锋、广大人民群众参加的彻底反帝反封建的伟大爱国革命运动，是一场中国人民为拯救民族危亡、捍卫民族尊严、凝聚民族力量而掀起的伟大社会革命运动，是一场传播新

---

① 中共中央文献研究室. 习近平关于社会主义文化建设论述摘编［M］. 北京：中央文献出版社，2017：131-132.
② 梁漱溟. 教育与人生：梁漱溟教育文集［M］. 北京：当代中国出版社，2012：59.
③ 梁漱溟. 教育与人生：梁漱溟教育文集［M］. 北京：当代中国出版社，2012：64.
④ 梁漱溟. 教育与人生：梁漱溟教育文集［M］. 北京：当代中国出版社，2012：81.

思想新文化新知识的伟大思想启蒙运动和新文化运动。"① 经过五四运动，中国先进分子自觉选择了以马克思主义为指导。毛泽东在《民众的大联合》中所言："我们知道了！我们觉醒了！天下者我们的天下。国家者我们的国家。社会者我们的社会。我们不说，谁说？我们不干，谁干？刻不容缓的民众大联合，我们应该积极进行！"② 爱国主义是五四精神的核心和灵魂。

从文化视角看，五四精神是中国自近代以来在反帝反封建运动基础上的中西文化碰撞与交锋、会通和融合的颇为壮观的交响乐章，也是对中华传统文化精神的批判继承与时代超越，促进中华民族精神的现代转型。五四时期，在陈独秀、李大钊等人的影响下，中国思想文化界特别是进步知识分子对马克思主义学说产生了极大的兴趣，并促使马克思主义在中国的广泛传播，从而使得新文化运动的主流发生了根本的变化，即从之前宣传资产阶级民主主义转变为传播马克思主义，由此极大地提升五四精神的品质，使其闪烁着真理性的光辉。马克思主义与中国工人运动相结合，促使了伟大的中国共产党诞生，并担负起领导人民实现民族独立、人民解放和国家富强、人民幸福的历史重任。习近平总书记指出："经过五四运动洗礼，越来越多中国先进分子集合在马克思主义旗帜下，1921 年中国共产党宣告正式成立，中国历史掀开了崭新一页。"③ 从中国革命的历史进程看，五四运动标志着旧民主主义革命的结束和新民主主义革命的开端，也就是说，中国革命将在无产阶级先锋队即中国共产党的领导下通过新民主主义革命，建立新民主主义社会，然后过渡到社会主义，最终实现共产主义。由此可见，如果没有五四运动和五四精神，就不会有马克思主义和社会主义思想在中国的广泛传播，也就不会有中国共产党的诞生，进而也就不会有中国革命性质的变化、中国文化的现代转型和中国社会的发展进步。五四精神具有深远的历史意义和鲜明的时代价值。

（二）弘扬五四精神与新时代大学生良好德性培育

加强思想道德教育，是新时代大学生的必修课，引导大学生修身立德在本质上是对其精神世界的塑造。习近平总书记在纪念五四运动 100 周年大会上发表的重要讲话中指出："青年要把正确的道德认知、自觉的道德养成、积极的道德实

---

① 习近平. 在纪念五四运动 100 周年大会上的讲话 [N]. 人民日报，2019-05-01.
② 毛泽东. 毛泽东早期文稿 [M]. 长沙：湖南出版社，1990：390.
③ 习近平. 在纪念五四运动 100 周年大会上的讲话 [N]. 人民日报，2019-05-01.

践紧密结合起来，不断修身立德，打牢道德根基，在人生道路上走得更正、走得更远。"① 我们高校教师应立足实现中华民族伟大复兴中国梦实践和时代精神，充分发掘五四精神的丰富内涵和时代价值，将其融入新时代大学生思想政治教育，对于引导新时代大学生涵养爱国主义情操、践行社会主义核心价值观、树立积极奋斗品质等德性，都具有重要的现实意义。

第一，弘扬五四精神，引导新时代大学生涵养爱国主义情操。爱国主义精神，是五四精神最本质的内涵。由青年学生率先发起的五四爱国运动已经超越中国古代爱国主义的范畴，它是一场以彻底地、不妥协地反对帝国主义和封建主义为取向的爱国主义运动。在爱国主义精神的烛照下，最初由青年学生、知识分子自觉发起的五四运动逐步走向了工农相结合的正确道路，极大地影响中国社会的历史进程和时代走向。五四的爱国主义，就是要热爱祖国，热爱中国人民，热爱中华民族；就是要维护国家主权，争取民族独立，促进国家进步；就是要发扬民主、振兴科学。从一定意义上讲，追求进步是人类的天性。但只有把自己的进步与社会的进步、国家的进步、民族的进步结合起来，才能真正实现自己的发展。五四时期的中国先进分子逐步认识到民主精神与科学精神对于挽救中国革命、根治国民劣根性及重构民族精神的价值意义。陈独秀在《新青年》撰文认为，只有"德先生"（Democracy，民主）和"赛先生"（Science，科学），"可以救治中国政治上、道德上、学术上、思想上一切的黑暗"②。简言之，"进步""民主""科学"都涵括于爱国主义精神中。爱国主义精神是"五四"精神的核心和灵魂。

在当今经济全球化深入发展的时代背景下，世界范围内的各种思想文化相互激荡和意识形态领域的斗争日益加剧，同时西方敌对势力的"西化""分化"图谋也更加猖獗。不过需要特别指出的是，当今世界的各种矛盾冲突乃至局部战争并不是产生于文化的差异或文明的不同，而是根源于新霸权主义和国家利益或民族利益的对抗。无疑，应对经济全球化进程中各种思想文化冲突和意识形态安全挑战，抵制新霸权主义，捍卫国家利益，维护国家主权，保障文化安全等，仍然需要爱国主义的精神支撑。弘扬爱国主义精神不仅没有过时，反而更加凸显其时代价值。在当代中国，弘扬爱国主义要与拥护社会主义制度统一起来。历史证

---

① 习近平. 在纪念五四运动 100 周年大会上的讲话［N］. 人民日报，2019-05-01.

② 陈独秀文章选编（上）［M］. 北京：生活·读书·新知三联书店，1984：318.

明，只有社会主义才能救中国；现实证明，只有中国特色社会主义才能发展中国。习近平总书记说："实现中华民族伟大复兴的中国梦，是当代中国爱国主义的鲜明主题。"① 由此可见，坚持中国共产党领导，拥护社会主义制度，建设中国特色社会主义，实现中华民族伟大复兴中国梦，是新时代爱国主义的主题。

弘扬爱国主义精神，必须把爱国主义教育作为永恒主题。爱国主义是新时代公民的一项基本道德原则，也是新时代大学生思想政治教育的主要内容。在新时代大学生思想政治教育中，高校教师要把弘扬五四精神与拥护社会主义制度结合起来，与坚持中国特色社会主义的道路自信、理论自信、制度自信和文化自信结合起来，以中国梦激扬青春梦，为学生点亮理想的灯、照亮前行的路，着力引导新时代大学生把个人理想融入决胜全面建成小康社会和中国特色社会主义共同理想中，从中涵养爱国主义情操。哲学家张岱年先生指出："我们现在正在进行现代化建设，现代化建设的核心就是民主化、科学化，如果真正爱国，就应该发扬民主，就要振兴科学，这是现代化建设的关键。"② 高校教师要把弘扬五四精神与加强社会主义民主精神和科学精神教育相结合。发展社会主义民主，培育民主精神；发展科学技术，培育科学精神，这是建设社会主义现代化的内在要求，也是建构中国精神的时代内容。把弘扬五四精神与培育民主精神和科学精神相结合，是新时代爱国主义教育的内在要求。弘扬五四精神，引导新时代大学生涵养爱国主义情操，是其固有的德性品质。

第二，弘扬五四精神，引导新时代大学生践行社会主义核心价值观。五四运动，是中国人民和中华民族的一次伟大的价值觉醒，开辟了中国历史的新纪元。中国自鸦片战争以后的近百年历史，依次经历了从技术层面的洋务运动，到制度层面的戊戌变法和辛亥革命，再到价值观层面的五四新文化运动的价值逻辑演进过程。也就是说，五四运动是中国人民和中华民族的价值觉醒的起点，中国先进分子自觉地从价值观层面探讨如何"救亡图存"，如何解决"中国向何处去"的问题。其中，在激烈地批判中国传统文化的过程中，特别是马克思主义在中国的广泛传播以及被中国先进分子所接受，逐步实现了以儒家"三纲五常"为核心的中国传统价值观向以倡导民主、科学为核心的现代价值观的现代转型。五四精

---

① 中共中央文献研究室. 习近平关于社会主义文化建设论述摘编［M］. 北京：中央文献出版社，2017：127.

② 张岱年全集（第6卷）［M］. 石家庄：河北人民出版社，1996：534.

神所蕴含的核心价值观，与我们今天倡导的社会主义核心价值观具有相通性和同构性。

　　国无德不兴，人无德不立。道德对于个人的健康成长，对于建构社会的良好秩序，都具有基础性的作用。习近平总书记指出："要持续深化社会主义思想道德建设，弘扬中华传统美德，弘扬时代新风，用社会主义核心价值观凝魂聚力，更好构筑中国精神、中国价值、中国力量，为中国特色社会主义事业提供源源不断的精神动力和道德滋养。"[①] 习近平总书记还强调，中国特色社会主义的道路自信、理论自信、制度自信，说到底是要坚定文化自信。而文化自信的核心是价值观自信，抑或说价值观自信是文化自信的核心和灵魂。所以说，坚定中国特色社会主义的道路自信、理论自信、制度自信、文化自信更离不开价值观自信。社会主义核心价值观，其实是一种德，既是个人的德，也是一种大德，也就是国家的德、社会的德。由此可见，坚定价值观自信也就是要坚定道德自信。价值观自信、道德自信，都是文化自信的具体体现。社会主义核心价值观是当代中国精神的集中体现，是凝聚中国力量的道德基础，也彰显着全国人民共同的价值追求。把社会主义核心价值观教育贯穿到国民教育和精神文明建设全过程，不断巩固社会的思想道德基础，不断坚定人们的价值观自信，是新时代思想教育、政治教育、道德教育和价值观教育的共同目标。

　　加强社会主义核心价值观教育，既是推进社会主义道德建设的应有之义，也是新时代大学生思想政治教育的主要内容。对新时代大学生而言，加强社会主义核心价值观教育，就是要不断夯实其思想道德基础，不断提升其思想道德境界，不断坚定道德自信和价值观自信。在新时代大学生思想政治教育中，高校教师应该把弘扬五四精神与社会主义核心价值观教育结合起来，一方面在意识形态层面，引导新时代大学生认识到坚持马克思主义指导思想与践行社会主义核心价值观的良性互动关系，帮助其树立马克思主义信仰，坚定社会主义核心价值观自信；另一方面在道德实践层面，引导新时代大学生着力从"勤学""修德""明辨""笃行"等方面积极践行社会主义核心价值观，使其内化为大学生的精神追求，外化为大学生的自觉行动，不断养成高尚品德。弘扬五四精神，引导新时代大学生践行社会主义核心价值观，是其应有的德性品质。

----

　　① 中共中央文献研究室. 习近平关于社会主义文化建设论述摘编［M］. 北京：中央文献出版社，2017：146.

第三，弘扬五四精神，引导新时代大学生树立积极奋斗的品质。以"爱国""进步""民主""科学"为主要内涵的五四精神，实际上还彰显着青年学生、知识分子和工人群众为实现民族独立和民族振兴而积极奋斗的品质。他们以自主、自立、自强的独立意识和革新思想、革新文化、革新政治的创新要求，展现出奋发有为、开拓进取、刚健自强的积极奋斗精神。既是五四先驱也是中国共产党主要创始人的陈独秀、李大钊二人，都提倡青年人要有积极奋斗品质。陈独秀在《敬告青年》一文中说："新鲜活泼之青年，有以自觉而奋斗耳！"① 李大钊在《奋斗之青年》一文中也强调，青年学子，"奋斗勇战，以启今日之盛运。"② 这是两位五四先驱对青年学生所寄予的厚望，就是要求青年学生具有历史担当精神和积极奋斗品质，为实现民族独立、国家富强作出应有的时代贡献。毛泽东曾指出，青年学习五四就是要继承五四的不懈奋斗精神，并说："中国的青年运动有很好的革命传统，这个传统就是'永久奋斗'。我们共产党是继承这个传统的，现在传下来了，以后更要继续传下去。"③ 不过需要明确指出的是，五四精神所蕴含的积极奋斗品质，还是对中华传统美德艰苦奋斗精神的继承和弘扬。要奋斗，就要保持昂扬向上的精神状态和革命斗志；要奋斗，就要不怕流血牺牲，不畏艰难险阻；要奋斗，就要冲锋在前，吃苦在前。五四精神将永远激励着中国人民和中华民族为促进民族进步，实现国家富强而不懈奋斗。

"奋斗"有"艰苦奋斗""矢志奋斗""励志奋斗""砥砺奋斗""永久奋斗""努力奋斗""顽强奋斗""誓死奋斗""伟大奋斗""不懈奋斗""接续奋斗"等不同的词语表达，它们都是奋斗精神或奋斗品质的不同层面或不同视角的表达。从"夸父逐日""女娲补天""愚公移山""精卫填海"等神话故事，到建筑万里长城、修建都江堰、开凿大运河等古代工程，都鲜明地体现了中华民族所具有的艰苦奋斗品质。艰苦奋斗既是中华民族的传统美德，也是中国共产党的优良传统和政治本色。艰苦奋斗才能成就伟大事业。五四运动后，中国共产党领导中国人民进行革命、建设、改革的近百年历史，实际就是一部艰苦奋斗史。2013 年 5 月 4 日，习近平总书记在同各界青年优秀代表座谈时说："我们的国家，我们的民族，从积贫积弱一步一步走到今天的发展繁荣，靠的就是一代又一代人的顽强

① 陈独秀文章选编（上）［M］. 北京：生活·读书·新知三联书店，1984：73.

② 李大钊文集（上）［M］. 北京：人民出版社，1984：209.

③ 毛泽东文集（第 2 卷）［M］. 北京：人民出版社，1993：190.

拼搏，靠的就是中华民族自强不息的奋斗精神……实现我们的发展目标，需要广大青年锲而不舍、驰而不息的奋斗。"① 习近平总书记在纪念五四运动 100 周年大会上发表的重要讲话中指出："新时代中国青年要勇于砥砺奋斗。奋斗是青春最亮丽的底色。""今天，我们的生活条件好了，但奋斗精神一点都不能少，中国青年永久奋斗的好传统一点都不能丢。"②

加强中华优秀传统道德教育和实现中华民族伟大复兴中国梦教育，也是新时代大学生思想政治教育的重要内容。在新时代大学生思想政治教育中，高校教师应该把弘扬五四精神与中华传统优秀道德教育结合起来，使学生认识到五四精神也是对"自强不息""修身、齐家、治国、平天下""大道之行也，天下为公""利济苍生""天下兴亡，匹夫有责"等优秀传统道德理念的历史继承和时代提升，使中华优秀传统道德成为滋养五四精神的重要源泉，从中培育大学生的积极奋斗品质。高校教师要把五四精神与实现中华民族伟大复兴中国梦结合起来，使大学生认识到，中国共产党"从来都支持青年在人民的伟大奋斗中实现自己的人生理想"③，引导新时代大学生为实现中华民族伟大复兴中国梦而积极奋斗，以此培养其积极奋斗品质，进而创造美好的生活，创建美好的青春。弘扬五四精神，引导新时代大学生树立积极奋斗品质，是其必有的德性品质。

（三）弘扬五四精神培育新时代大学生良好德性的基本路径

青年学生是五四运动的先锋，五四是青年的节日，纪念五四运动，弘扬五四精神，重在对青年特别是在校大学生进行思想政治教育。大学生思想政治教育，是高校思想政治工作的重要组成部分。立德树人是高等教育的根本任务。高校教师要不断拓展教育路径，把五四精神融入新时代大学生思想政治教育活动中，着力培育新时代大学生的良好德性。

第一，把五四精神融入高校思想政治理论课教学中。就学校教育而言，相对于其他教育方式，课堂教学更具有组织性、基础性和系统性。在大学生思想政治教育过程中，我们把"课程思政"和"思政课程"有机地结合起来，充分发挥课堂教学的育人价值。习近平总书记指出："要用好课堂教学这个主渠道，思想

---

① 习近平谈治国理政［M］. 北京：外文出版社，2014：52.
② 习近平. 在纪念五四运动 100 周年大会上的讲话［N］. 人民日报，2019-05-01.
③ 习近平谈治国理政［M］. 北京：外文出版社，2014：50.

政治理论课要坚持在改进中加强，提升思想政治教育亲和力和针对性，满足学生成长发展需求和期待，其他各门课都要守好一段渠、种好责任田，使各类课程与思想政治理论课同向同行，形成协同效应。"① 其中，高校思想政治理论课教学是高校大学生思想政治教育的主渠道，也是落实立德树人根本任务的关键性课程，在大学生思想政治教育中发挥着主导作用。无疑，高校思政课对培养德智体美劳全面发展的社会主义事业的建设者和接班人，具有不可替代的作用和功能。因此，高校思政课教师要自觉地把五四精神融入高校思政课教学中。通过思政课教学，用理论照亮学生，用真理感染学生，用事实说服学生，让大学生在理论熏陶中领略五四运动的风采，感悟五四精神的力量，以培育大学生的良好德性。

第二，把五四精神融入大学生日常思想政治教育中。与高校思想政治理论课的主渠道相比而言，大学生日常思想政治教育则是新时代大学生思想政治教育的主阵地。课堂的"主渠道"与日常的"主阵地"，应该相辅相成、相得益彰，形成大学生思想政治教育的协同效应。从教育载体看，大学生日常思想政治教育主要以党团组织、社团活动、班级工作、社会实践、心理健康教育与咨询及校园网络等为载体。从教育内容看，大学生日常思想政治教育，就是要立足马克思主义的生活世界理论，从大学生的日常生活出发，关注他们的现实生活，关注他们的现实问题如情感问题、心理问题、生活问题、人际交往问题等，也就是从他们的生活世界出发去引导他们发现生活中的真善美，指导他们寻求人生的意义和价值，进而提高大学生的思想认识，培养大学生正确的审美意识和良好的道德素质，端正大学生的行为方向。高校老师把五四精神融入大学生日常思想政治教育中，引导大学生在日常学习和生活中自觉地践行五四精神，将五四精神内化为自己的意志和信念，并外化为自觉的行为，以培育大学生的良好德性。

第三，把五四精神融入校园文化活动中。文化育人是落实立德树人根本任务的重要途径，也是加强和改进大学生思想政治教育的应然要求。校园文化是大学文化的重要组成部分，开展形式多样、健康向上、格调高雅的校园文化活动在大学生思想政治教育中也占有十分重要的地位。从价值功能来说，开展高校校园文化活动，有助于发挥学生的主体性作用，有助于丰富文化育人的内涵，有助于大学生快乐健康成长，进而有助于高等教育价值目标的实现。五四运动在本质上是以青年学生为主体的一种文化现象，五四精神作为中华民族精神的重要内容，它

① 习近平谈治国理政（第2卷）［M］．北京：外文出版社，2017：378.

蕴含着鲜明而丰富的道德观、价值观、文化观及国家观等。各高校应该加强包括校园网络文化在内的校园文化建设，充分发掘学校的文化积淀，梳理学校精神、办学传统、校训、校风、教风、学风等精神文化内涵，借助校园网络平台，传承大学精神，实现其与五四精神的对接，或将五四精神融入校园文化建设中，着力丰富校园文化育人的内涵，提升校园文化育人的品质。简言之，高校教师要自觉地把五四精神融入高校校园文化活动中，通过对大学生的道德取向、价值观念、文化理念及精神塑造等方面的积极引导，来实现其对大学生良好德性的培育。

第四，把五四精神融入社会主义核心价值观教育中。帮助大学生树立正确的世界观、人生观、价值观和道德观，是高等教育的应然价值目标。培育和践行社会主义核心价值观，是新时代大学生思想政治教育的主题。社会主义核心价值观是一种德，既是个人的德，也是一种大德，就是国家的德、社会的德。以爱国、进步、民主、科学为核心的五四精神，在本质上也是一种德。在新时代，我们要把"爱国"精神与建设中国特色社会主义和实现中华民族伟大复兴中国梦相结合；把"进步"精神转化为"五位一体"总体布局即"全面推进经济建设、政治建设、文化建设、社会建设、生态文明建设，实现以人为本、全面协调持续的科学发展"；把"民主"精神转化为以人民当家作主为核心的中国特色社会主义民主；把"科学"精神转化为以马克思主义哲学思想为指导的科学精神与人文精神的有机结合。也就是说，社会主义核心价值观与五四精神是相通相融的。因此，高校教师应把五四精神自觉融入践行社会主义核心价值观教育中，引导大学生修身立德，做到"明大德、守公德、严私德"，以培育大学生的良好德性。

第五，把五四精神融入大学生社会实践活动中。实践育人是高校人才培养体系中的重要组成部分，在大学生良好德性培育中发挥着重要作用。马克思、恩格斯认为，人们的思想、观念和意识的产生最初是直接与人们的物质活动，与人们的物质交往，与现实生活的语言交织在一起的。马克思说："社会生活在本质上是实践的。凡是把理论导致神秘主义的神秘东西，都能在人的实践中以及对这个实践的理解中得到合理的解决。"① 从一定意义上讲，现实生活或实践活动，既是人的思想认识、价值观念及道德品质形成的基础，也是巩固和提升人的价值信仰和道德品质的基石。实践性是大学生思想政治教育最显著的特征。社会实践活动是大学生思想政治教育的空间拓展和课堂教学的延伸。高校教师要自觉把五四

---

① 马克思恩格斯选集（第 1 卷）［M］. 北京：人民出版社，1995：60.

精神融入大学生的社会实践活动中，如参加社会调查、生产劳动、科技文化服务、军政训练、勤工俭学、志愿者服务、公益活动等，在社会实践活动中，拓宽视野，增长知识；陶冶情操，提升道德境界；同时在社会实践活动中，要引导学生加深对五四精神的理解，激发他们奉献社会的热情，锻炼他们的毅力品质，增强他们的社会责任感，真正做到知行合一，以培养大学生的良好德性。

——（原文刊登于《高校辅导员学刊》2020 年第 3 期，收入本书时略加修改或补充）

二、中国共产党革命精神与大学生的良好德性培育

中国共产党革命精神是中国共产党及其领导的广大人民群众在长期的革命、建设和改革实践中孕育和发展起来的精神，它蕴含着底蕴深厚的伦理精神品格与特色鲜明的道德价值取向。弘扬中国共产党革命精神对大学生德性培养具有重要的现实意义，即有利于帮助大学生坚定理想信念、提高爱国主义品质、提升集体主义价值观境界、涵养艰苦奋斗美德及养成求真务实品格等。要把弘扬共产党革命精神与大学生德性培育落到实处，须通过理论教育与实践教育相结合，才能把革命精神内化为大学生精神世界的有机组成部分，外化为大学生的德性素质和自觉行为。

（一）中国共产党革命精神的核心内涵

人无精神不立，党无精神不强。一个人总是要有一点精神的，一个政党也是要有一点精神的。中国共产党是一个富有创造性的马克思主义政党，领导中国人民在波澜壮阔的革命、建设和改革实践中，铸就内涵丰富、底蕴深厚的革命精神。

从抽象角度讲，"中国共产党革命精神就是指中国共产党人在马克思主义的科学指导下，在为实现自己的最低乃至最高纲领而不懈奋斗的历程中所表现出来的主体精神状态。"① 从广义的革命概念看，中国共产党革命精神是指中国共产

① 杨少华 . 邓小平对中国共产党革命精神的创新发展 [J] . 中共云南省委党校学报，2015（01）：13-16.

党及其领导的广大人民群众在长期的革命、建设和改革实践中孕育和发展起来的革命精神。其中，在新民主主义革命时期，培育了以不怕牺牲为核心的红船精神、苏区精神、井冈山精神、长征精神、延安精神及西柏坡精神等革命传统精神；在社会主义革命和建设时期，培育了以艰苦奋斗为核心的北大荒精神、红旗渠精神、大庆精神、雷锋精神、焦裕禄精神及"两弹一星"精神等建设精神；在改革开放时期，培育了以改革创新为核心的98抗洪精神、抗击非典精神、孔繁森精神及载人航天精神等时代精神。它们之间，既有共性又有个性，既一脉相承又与时俱进，集中展示了中国共产党及其领导的广大人民群众的精神风貌和精神气质，它们是以爱国主义为核心的中华民族精神的历史再现和时代提升。

从生成机制看，中国共产党革命精神，是以马克思主义为指导，在革命、建设和改革实践的基础上，对中华优秀传统文化和外来文化的先进成果进行综合创新的结晶，是中国共产党的性质和宗旨的最本质体现，"集中体现中国共产党人政治觉悟、意志品质、思想道德和工作作风的一系列优良传统和革命风范。"①

从伦理道德审视，中国共产党革命精神蕴含着底蕴深厚的伦理精神品格与特色鲜明的道德价值取向，它集中表现为坚定的革命理想信念、高尚的爱国主义情操、团结互助的集体主义价值观、革命乐观主义情怀、密切联系群众的思想作风、实事求是的思想路线、艰苦奋斗美德及改革创新品格等伦理道德品质。

总之，中国共产党革命精神是中国共产党弥足珍贵的精神财富和坚如磐石的政治品格，也是中华民族永续发展的精神支柱和内在动力。习近平总书记指出，实现中国梦需要弘扬中国精神。无疑，中国共产党革命精神是中国精神的重要组成部分。在当今文化自觉和文化自信的语境中，弘扬中国共产党革命精神具有重要的现实意义。

（二）弘扬中国共产党革命精神对大学生德性培育的重要作用

所谓德性，即道德品质，是一个社会的道德原则和道德规范在个人思想和行为中的体现，是指一个人在一系列的道德行为中体现出来的比较稳定的特征和倾向，它是由道德认识、道德情感、道德意志、道德信念及道德行为构成的。所谓大学生德性培育，是指大学生的思想政治品德的培育，它不仅包括道德品质的培

---

① 王炳林，房正．关于深化中国共产党革命精神研究的几个问题［J］．中国高校社会科学，2016（03）：4-15+155.

育，还包括思想和政治方面素质的培育，因而，大学生德性培育也包括理想信念或价值信仰培育在内。中国共产党革命精神，是加强大学生思想道德教育，提升大学生德性水平的极好素材。

第一，坚定大学生的理想信念。从哲学审视，人既是物质性的存在，也是精神性的存在。作为物质性存在的人，需要解决衣食住行等物质生活问题；作为精神性存在的人，则需要解决伦理道德、理想信念等精神生活问题。物质生活是人生存和发展的基础，而精神生活则是人生存和发展的提升。对青年大学生而言，树立正确的理想信念具有重要的价值导向意义。

一是树立正确的理想信念是大学生健康成长和成就人生价值的内在要求。从大学生的理想信念现状看，多数"00后"大学生能够把理想信念建立在科学理性认同的基础上，例如，能够认识到实现中国梦是当代大学生应该树立的远大理想；能够把读书学习与建设中国特色社会主义共同理想结合起来；能够把自己的职业理想与社会理想结合起来等。但是，不可否认，由于功利主义、享乐主义和历史虚无主义的影响，部分大学生的理想信念存在着不可忽视的问题：其一，理想信念淡化，亦即少数大学生对中国特色社会主义共同理想和共产主义信念的淡化。其二，理想信念功利化，也就是有些大学生把"谋利""赚钱"作为人生的目的。其三，理想信念蜕化。可以说，无论是坚定大学生的正确理想信念，还是消解部分大学生理想信念存在的问题，客观都需要加强大学生理想信念教育。

二是加强理想信念教育是大学生思想道德教育的核心内容，也是时代的最强烈呼唤。丹尼尔·贝尔在《资本主义文化矛盾》论著中指出："现代性的真正问题是信仰问题。用一个不时兴的话来说，它是精神危机，新的支撑点已经被证实是虚幻的，而旧的铁锚也已经沉落水底。如此情形将我们带回到虚无主义；没有过去或未来，只有无尽虚空。"① 作者所提出的"信仰问题"或"精神危机"，尽管是对以美国为首的西方社会的文化批判，但在当代中国社会急剧转型的过程中也有所表现。诚如有的学者所言："当今，中国社会正经历着深刻的社会转型，社会理想信念有所弱化，理想信念动摇是最危险的动摇，理想信念滑坡是最危险的滑坡。对此我们要进行批判和反思。"② 面对精神危机或信仰迷失、精神空虚

---

① ［美］丹尼尔·贝尔. 资本主义文化矛盾［M］. 严蓓雯，译. 北京：人民出版社，2010：28.
② 姜益. 重视和加强理想信念教育——论理想信念是中华民族精神的"钙"［J］. 毛泽东邓小平理论研究，2014（12）：32-36+86.

等精神问题，对全体国民特别是青少年加强理想信念教育显得尤为迫切。

崇高的理想信念，是中国共产党革命精神的内在灵魂。中国革命、建设和改革取得胜利，其根本的精神动力，就在于党具有坚定的理想信念。在中国革命、建设和改革的伟大实践中，无数共产党员为党和人民，或自强不息，或英勇献身，支撑他们的就是"革命理想高于天"的精神力量。正是用理想信念铸就了金刚不坏之身，才让我们有了从胜利走向胜利的力量。当前，加强大学生理想信念教育，就是要立足中国共产党革命、建设和改革实践中有关理想信念的理念和事实，引导大学生坚定马克思主义信仰，胸怀共产主义远大理想，牢固树立中国特色社会主义共同理想。习近平总书记指出："距离实现中华民族伟大复兴的目标越近，我们越不能懈怠、越要加倍努力，越要动员广大青年为之奋斗。"① 实现中华民族伟大复兴中国梦是青年大学生为之奋斗的历史使命。因此，加强对大学生的理想信念教育也是历史使命的强烈呼唤。

三是坚定理想信念是中国共产党革命精神的核心内容。理想信念是中国共产党人的政治灵魂，是中国共产党革命精神的核心内容。中国共产党革命精神则是对大学生加强理想信念教育的极具典型的红色文化资源。因为中国共产党革命精神，"具有理想高远、紧贴实际、科学理性、人文关怀等鲜明特点，从根本上体现着党的性质和宗旨。"② 弘扬中国共产党革命精神，加强理想信念教育，不仅能够帮助大学生树立正确的理想信念，而且有助于矫正或消解大学生理想信念存在的问题。

第二，提高大学生的爱国主义品质。爱国主义是中华民族的优良传统。儒家经典《大学》篇提出"修身、齐家、治国、平天下"的"内圣外王"人生境界，折射出中华民族自觉地把个人、家庭与国家的命运连在一起，有着强烈的"天下兴亡，匹夫有责"的责任感。家与国、公与私发生矛盾冲突而不能两全，往往能够激发人们强烈的爱国主义情感。爱国主义是中华民族精神的核心与灵魂，热爱祖国是每个公民最起码的道德品质。毋庸置疑，在当代中国，热爱社会主义中国是绝对的主流。爱国也是当代大学生的首要品德，绝大多数大学生有着深厚的爱国主义情感，并在学习和日常生活中积极践行爱国主义精神。

---

① 习近平谈治国理政 [M]．北京：外文出版社，2014：167.
② 任理轩．论中国共产党的伟大精神——写在中国共产党成立 90 周年之际 [N]．人民日报，2011-06-11.

一是加强对大学生的爱国主义教育，是确保大学生健康成长与维护国家民族利益的迫切要求。近年来，由于受自由主义、民族分裂主义及历史虚无主义思潮的影响，确有少数大学生在爱国方面出现了问题：其一，爱国意识模糊，情感淡化。在经济全球化、政治多极化和文化多元化的时代背景下，有人宣扬"爱国主义过时论"。美国著名未来学家阿尔温·托勒夫说："许多高科技社会的人们很难理解极端民族主义者的动机。他们狂热的爱国主义激情令人费解。形成鲜明对比的是，民族主义者也无法理解有些国家怎么竟然允许其他国家侵犯其神圣的独立。然而，第三次浪潮推动的商业和金融的'全球化'，经常穿透新民主主义者视为无上神圣的国家'主权'。""当经济落后地区的诗人和知识分子还在创造国歌的时候，第三浪潮的诗人和知识分子已经在讴歌'无国界世界'和'星球意识'的理念了。"① 阿尔温·托勒夫对民族国家的爱国主义激情感到"费解"，且赤裸裸地讴歌"无国界世界"和"星球意识"。他们认为，经济全球化已经消除民族、国家的界限，大家都是"世界公民"了，无所谓"爱国与不爱国的"。结果，少数大学生受此影响，导致爱国意识模糊、爱国情感淡化。

其二，少数大学生出现了非理性的爱国行为。其实，爱国主义是一种建立在理性基础上的情感认同，表现为个人情感生活的价值选择。近年来，针对日本挑战中国钓鱼岛主权问题，有的人打着爱国的旗号，出现了打砸日本在华开办的公司，殴打购买日货的同胞等不法行为，貌似爱国，实则是一种非理性的行为，既无济于问题的解决，也造成不良的国际影响。少数大学生受此影响，也掺杂其中。

其三，极个别大学生充当国外间谍，出卖民族、国家利益，成为中华民族的败类。由此可见，什么是爱国，为何爱国，如何爱国等问题，既需要理论上的澄清，也需要实践上的指导。加强对大学生的爱国主义教育，需要用中国的历史与现实告诉每一位大学生，不但要爱自己的祖国，而且要爱得正大光明、理直气壮。

二是加强爱国主义教育是大学生思想道德教育的主要内容。爱国主义精神是党领导人民取得中国革命、建设和改革胜利的精神动力。历史证明，从新民主主义革命的胜利到社会主义改造的胜利，从社会主义建设到今天的改革开放和建设

① [美]阿尔温·托勒夫，海蒂·阿尔温.创造一个新的文明[M].陈峰，译.上海：三联书店，1996：19.

中国特色社会主义所取得举世瞩目的成就，中国共产党始终高举爱国主义伟大旗帜。中国革命、建设和改革的胜利告诉我们：以民族、国家利益为重，敢于自我牺牲与无私奉献的爱国主义情怀，是党领导广大人民群众取得革命、建设和改革胜利的内在驱动力。从现实看，当代爱国主义要求全体国民充分肯定自己国家发展的成就，坚持中国特色社会主义的理论自信、道路自信、制度自信和文化自信。爱国主义是当代中国公民应该确立的首要的道德原则。

三是爱国主义精神是中国共产党革命精神的固有内容。运用中国共产党革命精神中的爱国主义精神，是加强大学生爱国主义教育的一种有效的文化资源。弘扬中国共产党革命精神，加强爱国主义教育，引导大学生将中国历史、红色文化和国家民族的前途命运整合到自己的人生价值与生活意义建构中，不仅有助于矫正少数大学生非理性的爱国行为，而且有助于强化大学生的爱国主义情感，激发大学生建设中国特色社会主义和实现中华民族伟大复兴中国梦的热情，从而提高当代大学生的爱国主义品质。

第三，提升大学生的集体主义价值观境界。集体主义是当代中国社会主义道德建设的原则，也是思想政治教育的主旋律。一是集体主义价值观是当代中国最主要和最重要的社会伦理精神，是指导人们行为选择的主导性原则。利益是道德的基础，而"利"有"大利""小利"之分。其中，"大利"亦即"义"，指的是国家利益、民族利益或集体利益；"小利"即个人的私利。在如何对待和处理"大利"与"小利"，或集体利益与个人利益的关系上，存在两种对立的价值观，即个人主义价值观与集体主义价值观。与西方文化强调以个人为本不同，"中国文化的以人为本，不是主张以个人为本，而是强调以群体为本，所以在价值上群体是高于个人的。"① 中国传统儒家认为，群体价值高于个人价值，群体力量大于个体力量。从马克思主义中国化看，社会主义集体主义价值观，是马克思主义价值观与传统儒家"群体主义"价值观合理成分融合创新的结晶，也是对个人主义的历史批判与本质超越。与社会主义道德核心即"为人民服务"道德观相对应，集体主义价值观是当代中国最主要和最重要的社会伦理精神，是指导人们行为选择的主导性原则，也是我们时代的主旋律。社会主义集体主义价值观，是大学生处理个人利益与集体利益、国家利益之间关系的道德准则。

---

① 陈来. 中华文明的核心价值：国学流变与传统价值观［M］. 北京：生活·读书·新知三联书店，2015：54.

然而，改革开放以来，由于拜金主义、功利主义和竞争主义的影响，特别是西方极端个人主义人生哲学的盛行，确有部分"00后"大学生受此影响而集体主义观念淡化，在行为上表现为自私自利、唯利是图乃至损人利己等。法国著名的历史学家、政治学家托克维尔曾说，个人主义由于只顾自己，使每个人与同胞、大众、亲朋好友疏远，从而必将导致社会公德源泉枯竭，久而久之便会打击与毁灭其他一切美德。① 也就是说，极端个人主义是损害善德、滋生恶德的祸根。由此可见，无论是弱化部分大学生的极端个人主义思想和行为，还是增强大学生的集体主义价值观念，客观上都需要加强集体主义价值观教育。

二是加强集体主义价值观教育，是大学生思想道德教育的重要内容。党领导人民进行的革命、建设和改革伟业，不仅是弘扬中华传统爱国主义精神的伟大壮举，也是践行集体主义价值观的实际行动。团结互助的集体主义精神，在中国共产党领导的革命、建设和改革实践中主要体现为四个方面：一是加强全国各族人民的团结。二是加强军民团结互助，共渡难关。三是加强党和民主党派之间的团结合作。四是善于解决党内的各种矛盾，实现全党的大团结。历史已充分地证明，团结互助的集体主义精神是中国革命、建设和改革事业取得胜利的重要因素；只有全国人民团结起来，顾全大局，才能形成强大的凝聚力和向心力。

现实证明，只有坚持社会主义集体主义价值观，将国家利益、集体利益和个人利益统一起来，才能充分调动社会各方面开拓进取、勇于创新、顽强拼搏的精神，从而促进中国特色社会主义建设。习近平总书记指出，实现中国梦必须凝聚中国力量，也就是凝聚中国各族人民大团结的力量。"只要我们紧密团结，万众一心，为实现共同梦想而奋斗，实现梦想的力量就无比强大，我们每个人为实现自己梦想的努力就拥有广阔的空间。"② 弘扬和践行社会主义集体主义价值观，是建设中国特色社会主义和实现中华民族伟大复兴中国梦的客观要求。对大学生而言，是否认同和践行社会主义集体主义价值观，还将会直接影响到个体良好德性的养成与提升，进而还会影响其与他人、社会的和谐关系之建构。

三是社会主义集体主义价值观，是中国共产党革命精神的特有内容。党领导广大人民群众在长期的革命、建设和改革实践中形成的团结互助的集体主义精神，是对大学生进行集体主义价值观教育不可或缺的文化资源。弘扬中国共产党

---

① ［法］托克维尔. 论美国的民主（下卷）［M］. 董果良，译. 北京：商务印书馆，1988：625.
② 习近平谈治国理政［M］. 北京：外文出版社，2014：40.

革命精神，加强集体主义价值观教育，促使大学生在个人主义与集体主义的博弈中作出正确的选择，消解或扼制其极端个人主义的思想和行为，增强大学生集体主义价值观念，努力超越"小我"而达到"大我"，不断提升大学生的集体主义价值观境界。

第四，涵养大学生的艰苦奋斗美德。艰苦奋斗既是中华民族的传统美德，也是中国共产党的优良传统和作风。一是艰苦奋斗是中华民族的传统美德，它在消费观念和消费行为上集中表现为崇尚勤劳节俭。《左传·宣公十二年》云："民生在勤，勤则不匮。"儒家经典《易专·否》云："君子以俭德辟难。"墨家墨子云："俭节则昌，淫佚则亡。"（《墨子·辞过》）道家老子云："我有三宝，持而保之：一曰慈，二曰俭，三曰不敢为天下先。"（《老子·第六十七章》）由此可见，中国传统儒家、道家及墨家都倡导勤劳节俭精神，发扬艰苦奋斗精神。改革开放以来，随着中国经济的崛起，居民收入急剧增长，人们的消费意识不断增强；政府为了拉动经济增长，鼓励居民消费，人们的消费意识与日俱增；西方消费主义文化借鉴商品、广告、媒体的时尚视觉叙事等对社会产生了巨大的影响，强烈冲击人们的消费意识，激发人们的消费欲望。由此，当代中国也悄然地步入"消费社会"，中国人的消费观念与消费方式发生显著的变化。

二是部分大学生存在着非理性的消费行为。在校的"00后"大学生，由于受西方消费主义文化与人们消费行为的影响，相当一部分存在着非理性的消费行为。无疑，大学生非理性的消费行为，即是一种奢侈浪费行为，与中华民族艰苦奋斗的传统美德是相背离的。1970年，法国社会学家鲍德里亚在《消费社会》论著中指出，在消费社会里，消费主义者的目的不是满足实际需要，而是不断地追求被制造出来、被刺激出来的欲望的满足。也就是说，人们所消费的，不是商品和服务的使用价值，而是商品和服务的"符号价值""文化精神特性"及"形象价值"。事实证明，消费主义文化或奢靡之风的盛行，会导致人生价值观的偏失，催生伦理道德观念的变异等系列社会问题。由此可知，非理性的消费行为，也是导致大学生德性问题的一个重要因素。在消费主义文化盛行的背景下，对大学生加强艰苦奋斗美德教育势在必行。

三是加强艰苦奋斗精神教育，是大学生思想道德教育的重要内容。在中国革命的征途中，在党的领导下，广大人民群众发扬"一不怕苦、二不怕死"的革命英雄主义精神，克服了一个又一个困难，战胜了一个又一个艰难险阻，最终取得了革命和建设的胜利。艰苦奋斗是中国共产党人的政治本色。中国革命胜利告诉我们：艰苦奋斗是革命、建设取得胜利的不竭动力，一个民族，一个国家，一个政党，一支军队，只有发扬艰苦奋斗精神，才能战胜各种苦难而成就事业，进而创造辉煌。从现实角度看，中国是一个人均自然资源短缺的发展中国家，与西方发达国家相比，还有较大的差距，还会面临着难以预测的各种艰难困苦。

习近平总书记在纪念红军长征胜利 80 周年大会上发表的重要讲话中指出，在改革开放和社会主义现代化建设新时期，"我们还有许多'雪山''草地'需要跨越，还有许多'娄山关''腊子口'需要征服，一切贪图安逸、不愿继续艰苦奋斗的想法都是要不得的。"① 由此可见，建设中国特色社会主义，搞社会主义现代化建设，实现中华民族伟大复兴中国梦，仍然需要弘扬艰苦奋斗精神。

古人说："静以修身，俭以养德。"从人生修养看，苦难是人生的老师，是一笔巨大的财富。苦能培养品德，修身养性，锻炼意志，增长才干。对大学生而言，提倡艰苦奋斗精神，不是要求大学生过着"衣不蔽体，食不果腹"的苦日子或苦行僧式的生活，而是要求大学生有学习上勤奋刻苦、生活上厉行节约、人生态度上积极进取等精神品质。

艰苦奋斗精神是中国共产党革命精神的最显著内容。中国共产党革命精神中的艰苦奋斗精神，是对"00 后"大学生进行艰苦奋斗精神教育的一种最生动的文化资源。弘扬中国共产党革命精神，加强艰苦奋斗精神教育，倡导科学、文明、健康的消费方式或理性的消费行为，不仅有助于弱化西方消费主义文化的影响，而且能够矫正大学生非理性的消费行为，进而涵养大学生艰苦奋斗美德。

第五，养成大学生求真务实的品格。求真务实既是中华民族的传统性格，也是马克思主义科学世界观和方法论的体现。一是求真务实是中华民族的固有性格。中华民族性格朴实无华，立身行事，重视实际，讲求实用，从日常生活和人伦关系中表达自己的愿望，实现自身的价值，而鄙视华而不实的作风。宋朝理学家陆九渊也说："古人皆明实理，做实事。"（《陆九渊集》卷三十四）近代大儒曾国藩也讲："多做实事，少说空话。"（《曾文正公全集·杂著》卷三）

其一，从精神品格看，求真务实与诚实守信是相互联系、相互包含的。中华民族特别讲诚信，儒家将诚信视为"敬德修业之本""立政之本"和"立人之本"。诚信，即是诚实不欺、恪守信用之意。中华民族提倡脚踏实地做事，实实

① 习近平. 在纪念红军长征胜利 80 周年大会上发表重要讲话［N］. 人民日报，2016-10-22.

在在地做人，讲求信用实效，反对假大空。其二，从中华文化传统审视，求真务实品格包括：（1）做人要讲诚信；（2）做事要讲实效；（3）治学要讲"修辞立其诚"；（4）从商要做到"童叟无欺"；（5）修德要做到言行一致。然而，改革开放以来，由于功利主义的盛行和竞争主义的弥漫，社会上出现虚假浮夸、欺诈欺骗的不良风气，违背诚信美德的现象屡见不鲜，如假冒伪劣产品、假文凭、假档案、假政绩等。诚信缺失、虚假浮夸，已经成为人们普遍关注的一个社会道德问题。其三，从大学生的德性现状看：多数"00后"大学生能够遵守诚实守信的基本要求，能够认识到做人讲诚信、做事求务实的可贵性。不过，诚信缺失、虚假浮夸之风，在"00后"大学生中也时有表现：（1）考试作弊，欺骗学校与家长；（2）谈情说爱，视作儿戏；（3）人际交往，不讲诚信；（4）消费攀比，爱好虚荣；（5）求职履历表造假，欺骗用人单位；（6）择业好高骛远，见异思迁等。部分大学生的种种不良表现，是对中华民族诚实守信传统美德的背弃，也是对中华民族求真务实品格的背离。

二是培养大学生求真务实品格与诚实守信美德，是大学生思想道德教育的时代内容。实事求是精神，是党领导中国革命、建设和改革取得胜利的思想基础。中国革命和建设成功的经验告诉我们，实事求是是党领导革命、建设和改革取得胜利的根本路线保证；何时坚持实事求是，我们的事业就能取得胜利；何时违背实事求是，我们的事业就会遭到失败或挫折。

从政治上看，实事求是是中国共产党人的政治品格；从学风上看，实事求是是中国哲人的一种治学态度，亦即"修辞立其诚"；从做人上看，实事求是表现为诚实守信的做人品德；从做事上看，实事求是表现为实干务实的态度；从哲学上看，实事求是体现了马克思主义的世界观与方法论，是唯物论、辩证法与认识论的统一。由此可见，实事求是是一种内涵丰富、外延宽广的精神理念。从伦理道德来看，诚实守信美德、求真务实品格是实事求是的核心精神和旨趣。

实践证明，建设中国特色社会主义和实现中华民族伟大复兴中国梦需要一种实干务实精神，来不得半点虚假浮夸。当代大学生肩负着建设中国特色社会主义和实现中华民族伟大复兴中国梦的历史使命，具有求真务实的精神品格，至关重要。习近平总书记语重心长地告诫青年，养成和践行社会主义核心价值观，要在"勤学""修德""明辨""笃实"四个方面下功夫。其中，所谓"笃实"，就是要"扎扎实实做事，踏踏实实做人"。

三是实事求是是中国共产党革命精神在思想路线上的实质内容。中国共产党倡导的实事求是精神，是培育大学生诚实守信美德与求真务实品格的一种丰厚的文化资源。弘扬中国共产党革命精神，倡导实事求是精神，引导大学生诚信做人，务实做事，矫正大学生中虚假浮夸的思想和行为，促进大学生良好德性的形成与巩固，进而养成大学生诚实守信美德和求真务实品格。

（三）弘扬中国共产党革命精神，培育大学生良好德性的路径

精神的力量是无穷的，道德的力量也是无穷的。实践证明，文化精神或民族精神可通过教育路径转化为人的精神素质，丰富人的精神生活，提高人的精神品格。"教育在人类精神进步过程中所表现的作用非常明显，它通过浓缩的方式，将人类积累起来的精神文明的成果（知识）传递给下一代，并构筑起下一代精神世界，使下一代能在继承的基础上开创新的历史。"① 中国共产党革命精神作为一种文化理念，要将其转化为大学生的德性素质，不仅需要理论教育，还需要实践教育。只有把理论教育与实践教育相结合，才能把中国共产党革命精神内化为大学生精神世界的有机组成部分，外化为大学生的德性素质和自觉行为。

第一，全面解读中国共产党革命精神的深刻内涵与时代价值。弘扬中国共产党革命精神，提升大学生的德性水平，需要解决两个问题：一是认知层面，使大学生获得中国共产党革命精神的理论知识。二是认同层面，大学生在掌握中国共产党革命精神的理论知识的基础上，把理论知识内化为自己的价值理念，外化为道德行为。其中，解决第一个问题，需要通过理论研究或学术探讨，充分发掘中国共产党革命的深刻内涵和时代价值，这是弘扬中国共产党革命精神，提升大学生德性水平的逻辑起点。只有充分发掘其深刻内涵和时代价值，才能为大学生德性培育提供坚实的学术支撑。

第二，系统讲解有关中国革命、建设和改革实践中的感人故事。故事是传承人类文明，弘扬时代精神的重要载体。"在技术理性全球化的时代，人们从故事中寻求真善美、心灵的安居之所及生命固有的神圣性。在此情况下，故事成为维持人类生存、与技术理性相抗衡的重要文化形式。"② 由此可见，在工具理性盛行，价值理性式微的时代背景下，面对大学生讲故事，有助于彰显价值理性，弱

---

① 王坤庆．论精神与精神教育——一种教育哲学视角的当代教育反思 [J] ．华中师范大学学报（人文社会科学版），2002（03）：18-25.

② 李西顺．故事：一种德育课程 [J] ．教学与管理，2011（28）：3-6.

化工具理性，进而有助于丰富大学生的心灵世界，满足大学生的精神需求。一般而言，故事中蕴含着动人的曲折情节、丰满的人物形象，以及优美的艺术语言等，对培养大学生的审美意识和道德情操具有不可忽视的教育意义；而彰显中国共产党革命精神的故事，则又蕴含着真、善、美的价值理念，对大学生良好的心理品质、思想品德及精神品格的养成，都有其独特价值。总之，讲解有关中国革命、建设和改革实践中的感人故事，有助于增强大学生德性培育的实效性和针对性。

第三，组织大学生观看有关中国革命、建设和改革题材的影视剧。电影或电视剧，是兼容戏剧、文学、音乐、舞蹈、绘画、造型等艺术诸元素而形成的现代艺术样式。它弘扬真善美，贬斥假恶丑，给人们以教育或警示的作用，在一定程度上起着社会价值观导向的作用。而反映中国共产党革命精神的影视剧，彰显着中国共产党人的价值诉求，承载着中华民族的传统美德，体现着中国人民前赴后继、自强不息的精神品格。有所选择地播放反映中国共产党领导人民进行革命、建设和改革的影视剧，是加强和改进大学生思想道德教育不可或缺的重要举措。引导大学生观看相关的电影或电视剧，亦即通过艺术的或审美的形式，再现中国共产党领导人民进行革命、建设和改革实践的情景，有助于培养大学生健康的审美意识、正确的价值选择能力及深厚的爱国主义情感等，进而有助于增强大学生德性培育的亲和力和针对性。

第四，要把弘扬中国共产党革命精神与高校思想政治理论课教学相结合。思想政治理论课是高校意识形态工作的重要组成部分，也是高校宣传思想工作的主渠道，它承担着思想道德教育与思想政治教育的双重任务。加强大学生思想道德教育，是高校思想政治理论课顺应"育人为本、德育为先"教育理念的时代要求。习近平总书记在全国高校思想政治工作会议上强调，要充分发挥高校思想政治理论课的主渠道作用，"要办好思想政治理论课，发挥好哲学社会科学育人功能。"[①] 高校思想政治理论课具有知识教育与信仰教育的双重属性。中国共产党革命精神是马克思主义中国化的产物，也内含知识属性与信仰属性。因此，把弘扬中国共产党革命精神融入高校思想政治理论课教学中，不仅能够增长大学生有关中国共产党革命精神的知识，还能帮助大学生确立马克思主义信仰。就德性培

---

① 习近平. 把思想政治工作贯穿教育教学全过程　开创我国高等教育事业发展新局面［N］. 人民日报，2016—12—09.

育与信仰教育的关系而言，德性培育是信仰教育的重要内容，信仰教育则是德性培育的内在支撑；没有信仰教育或信仰教育弱化，德性培育就会失去心灵支撑。因此，大学生德性培育的一项基础性工程，就是要加强信仰教育。由此可见，把弘扬中国共产党革命精神融入高校思想政治理论课教学中，为加强大学生德性培育奠定坚实的知识基础和信仰支撑。

第五，要把弘扬中国共产党革命精神与大学生践行社会主义核心价值观相结合。中国共产党革命精神与社会主义核心价值观具有内在的关联，中国共产党革命精神是社会主义核心价值观的重要源泉，社会主义核心价值观则是中国共产党革命精神的时代体现。习近平总书记指出，社会主义核心价值观是一种德，既是国家的德、社会的德，也是个人的德，它"体现了古圣先贤的思想，体现了仁人志士的夙愿，体现了革命先烈的理想，也寄托着各族人民对美好生活的向往"①。加强大学生思想道德教育，目的在于引导大学生学习和践行社会主义核心价值观，也就是要求大学生积极投身崇德向善的道德实践，讲道德、尊道德、守道德，追求高尚的道德理想，不断提升自己的道德精神境界。因此，要把引导大学生践行社会主义核心价值观与弘扬中国共产党革命精神有机结合起来，充分利用社会主义核心价值观蕴含的丰富的思想道德资源，使其成为涵养大学生德性的重要源泉。

第六，要把弘扬中国共产党革命精神与参观爱国主义教育基地相结合。爱国主义精神是中国共产党革命精神的核心内容和集中体现。加强爱国主义教育，是弘扬中国共产党革命精神的内在要求。爱国主义教育基地，既是中华民族爱国主义历史文化的重要载体，也是中国共产党革命精神的物化表现；既是社会主义核心价值观和社会主义思想道德建设的主阵地，也是青少年思想道德建设的重要阵地。各类爱国主义教育基地，将革命历史、革命传统和革命精神，通过实物、图片、表格、模型、雕塑、全景画等形式集中展现出来，是进行爱国主义教育和革命传统教育的宝贵资源。引导大学生参观爱国主义教育基地，通过形象、生动、直观、可信的实物展品或文物资料，再现中国共产党领导人民进行革命、建设和改革实践的情景，使大学生有更加真切的认识和体会，有助于激发爱国热情、培育中国精神、建构价值信仰，进而增强大学生德性培育的基础性和现实性。

第七，要把弘扬中国共产党革命精神与校园思想政治教育网络平台相结合。

---

① 习近平谈治国理政［M］．北京：外文出版社，2014：181．

当今时代，可谓是信息化时代、网络化时代及知识经济时代。其中，互联网已经走进千家万户，"00后"大学生已成为使用新媒体的主要群体。因此，高校大学生思想政治教育工作者必须认真研究信息网络化时代如何更好地发挥网络虚拟载体的作用，以增强思想政治教育的时代性和实效性。打造校园思想政治教育网络平台，既是顺应时代发展的客观要求，也是改进思想政治教育的时代要求。其一，大数据时代，要善于运用互联网开展思想政治教育工作，推动大学生思想道德教育传统优势与现代新媒体技术的高度融合，不断增强时代感和吸引力，着力建构网络教育平台。其二，高校要把思想道德教育网络平台作为校园网络文化建设的重点，善于运用网络传播规律，改进和创新校园网络文化宣传，把弘扬中国共产党革命精神融入校园网络文化建设中，着力发展健康向上的校园网络文化，形成校园网上正面舆论强势，为弘扬中国共产党革命精神打造一个坚实而富有正能量的平台。

第八，要把弘扬中国共产党革命精神与大学生日常生活相结合。高校思想道德教育要坚持"以人为本"的教育原则，确立"以学生为本"的教育理念。而要确立"以学生为本"的教育理念，就需要充分发挥大学生的主体性或主观能动性。教育实践证明，只有在课堂教学之外，大学生的主体性才能得到最充分的发挥。日常生活是人之为人的最基本的生存方式。一个人的德性水平，主要是在日常生活世界中形成的，且在日常生活行为中体现出来。故加强和改进大学生思想道德教育，就必须摒弃传统工作的思维方式和教条主义，转向大学生的日常生活世界或现实生活世界，关注他们的现实问题，从他们的日常生活世界出发去引导他们寻求人生的价值和意义，提升其德性水平。因此，要高度重视课堂教学之外的大学生日常生活，使之与课堂教学形成有效互动和互补，从而拓展大学生德性培育的时间和空间。习近平总书记指出："要注意把我们所提倡的与人们日常生活紧密联系起来，在落细、落小、落实上下功夫。"[①] 只有把弘扬中国共产党精神融入日常生活中，让大学生在日常生活实践中感知它、领悟它，才能将其转化为大学生的自觉行为或内在素质。

总之，中国共产党革命精神，是培育大学生良好德性的宝贵文化资源。我们要以文化自觉和文化自信的心态，把弘扬中国共产党革命精神与时代精神结合起来，并将其融入大学生思想道德教育中，充分展示中国共产党革命精神的独特魅

---

① 习近平谈治国理政［M］．北京：外文出版社，2014：165.

力和时代价值，不断提高大学生的德性水平。习近平总书记说："道德之于个人、之于社会，都具有基础性意义，做人做事第一位的是崇德修身。"① 因此，高等教育要牢固树立"立德树人"的根本使命，着力围绕"培养什么样的人、如何培养人以及为谁培养人"的根本性问题，以中国共产党革命精神为主题，开展切实有效的专题教育活动，把中国共产党革命精神的时代价值与德育价值充分表现出来，为提升大学生德性水平和促进精神成长提供丰富的红色文化资源。

——（原文刊登于《中共云南省委党校学报》2017 年第 6 期，收入本书时略加修改或补充）

三、论中华优秀传统文化与高职院校学生德育

中华传统文化博大精深，涵盖哲学、伦理学、历史学、政治学、社会学、管理学及文学等多种理论形态，散发出迷人的思想文化光辉，蕴含着丰厚的人文精神底蕴，启发着立德树人的伦理智慧。《大学》云："大学之道，在明明德，在亲民，在止于至善。"从一定意义上说，中华文化是一种以伦理道德或人伦教化为精神特质的人文文化。文化是教育的内核，文化育人是教育的应有之义。在高职院校学生德育中加强中华优秀传统文化教育具有"补偏救弊"的作用，不仅彰显出人文关怀的德育取向，而且为高职院校学生德育提供丰富的伦理文化资源，对帮助高职学生树立人生理想、塑造优秀品格及提升综合素质具有重要意义。因此，在高职院校德育中弘扬中华优秀传统文化具有必要性和重要性。

（一）弘扬中华优秀传统文化对高职院校学生德育的意义

中华传统文化源远流长，博大精深，蕴含着丰富的德育资源。批判继承和积极弘扬中华优秀传统文化，并结合时代精神予以创造性转换，不仅为高职院校学生德育提供丰富的伦理文化资源，而且有助于提升学生的思想道德品质、培育学生的爱国主义情操、激发学生积极进取的人生态度、培养学生勤劳节俭的精神品

---

① 习近平谈治国理政［M］.北京：外文出版社，2014：173.

格及增强学生的民族自尊心和自信心。

第一，弘扬中华优秀传统文化有助于提升学生的思想道德品质。中华传统文化重视伦理规范和道德教化，形成了一种以"求善"为旨趣的伦理型文化，有别于西方文化以"求真"为目标的知识型文化。中华传统文化作为一种伦理型文化具有丰富的德育理念。例如，儒家提倡的"民为邦本""协和万邦""仁者爱人""以和为贵""义以为上""和而不同""己欲立而立人，己欲达而达人""己所不欲，勿施于人""自强不息""厚德载物""生于忧患，死于安乐""养浩然之气"等伦理理念；道家提出的"道法自然""尊道贵德""唯道是从""上善若水""抱朴守拙""宁静致远""以道修身""少私寡欲"等伦理理念；墨家倡导的"兼爱""非攻""节俭""为天下兴利除害"等伦理理念。此外还有儒家、道家、佛家等提倡的"内圣外王"的道德境界，它不仅成为传统文化的根本宗旨，还泛化为一种普遍的社会心理和民族性格。现代新儒家钱穆先生说："中国的文化精神，要言之，则是一种人文主义的道德精神。无论是社会学、政治学、法律学、经济学、军事学、外交学，一切有关道德之学，则全该发源于道德，全该建基于道德，也仍该终极于道德。"① 由此可见，继承和弘扬中华优秀传统文化，让学生汲取中华优秀传统文化的思想精华和道德精髓，并运用于高职院校学生德育实践中，有助于提升高职院校学生的思想道德品质。

第二，弘扬中华优秀传统文化有助于培育学生的爱国主义情操。习近平总书记强调，实现中国梦，需要弘扬中国精神即以爱国主义为核心的民族精神和以改革创新为核心的时代精神。对中华民族而言，爱国主义精神具有悠久的历史，是从古至今贯穿中华民族精神的一条极其鲜明而清晰的主线。《尚书·大禹谟》云："奄有四海为天下君。"早在远古时代中国人就有胸怀国家的思想观念。中华优秀传统文化蕴含着丰富的爱国主义资源。从"大禹治水十三年，三过家门而不入"，到屈原的"路漫漫其修远兮，吾将上下而求索"；从岳飞的"精忠报国"，到陆游的"位卑未敢忘忧国"；从范仲淹的"先天下之忧而忧，后天下之乐而乐"，到顾炎武的"天下兴亡，匹夫有责"；从林则徐的"苟利国家生死以，岂因祸福避趋之"，到孙中山的"振兴中华"；从周恩来的"为中华之崛起而读书"，到邓小平的"我是中国人民的儿子，我深深地爱着我的祖国和人民"；等等，无不充满着强烈的爱国主义精神。爱国主义是中华民族的"民族魂"，是中

① 钱穆. 历史与文化论丛 [M]. 北京：九州出版社，2012：83.

国的"国魂"。爱国主义精神是中华民族精神的核心。团结统一精神、爱好和平精神、自强不息精神及勤劳勇敢精神，都是以爱国主义精神为轴心的，从不同侧面或角度体现着爱国主义精神的价值取向。总之，继承和弘扬中华优秀传统文化，并运用于高职院校学生德育实践中，让学生吸收丰富的爱国主义养料，有助于培育高职院校学生的爱国主义情怀。

第三，弘扬中华优秀传统文化有助于激发学生积极进取的人生态度。不同的人具有不同的人生态度。而不同的人生态度则决定着不同的人生道路，进而释放出不同的人生能量。因此，帮助高职学生树立正确的人生态度具有重要的现实意义。中华传统文化有着丰富的人生观资源。自强不息是中华传统文化的精华，也是中华民族精神风貌的突出表现。《周易·象传》明确提出"天行健，君子以自强不息"的经典命题。自强不息在人生态度上体现积极进取的奋发有为精神。从中国文化历史上看，自强不息精神不仅体现为孔子的"知其不可而为之""发愤忘食，乐以忘忧，不知老之将至"的积极进取精神，而且体现为"富贵不能淫，贫贱不能移，威武不能屈"的坚强不屈品质；不仅体现为"女娲补天""夸父逐日""精卫填海""大禹治水""愚公移山"的不屈不挠精神，还体现为"革故鼎新""苟日新，日日新"的与时俱进品质。在中国近现代史上，从洋务运动，到戊戌变法和辛亥革命，从五四新文化运动，到中国共产党领导的新民主主义革命等，都是中华民族践行自强不息精神的历史见证。对个人生活而言，自强不息就是努力前进，永不休止；对中华民族而言，自强不息就是坚持民族的独立性和主体性，反抗外来侵略，表现了顽强不屈的革命精神。总之，继承和弘扬中华优秀传统文化，并运用于高职院校学生德育实践中，让学生汲取古人的人生理念与人生智慧，进而有助于激发学生积极进取的人生态度。

第四，弘扬中华优秀传统文化有助于培养学生勤劳节俭的精神品格。勤劳节俭是中华民族最古老、最显著的精神品格。勤劳指的是人们对待劳动的态度与品格；节俭指的是人们对待个人生活欲望的态度，它要求人们节制自己的生活欲望，约束自己的消费行为，做到生活俭朴。早在远古时代人们就把勤俭看作修身、齐家、治国、平天下的必备品质和基本要求。中华祖先笃信"克勤于邦，克俭于家"（《尚书·大禹谟》），"民生在勤，勤则不匮"（《左传·宣公二十年》），认为恪守勤劳与节俭，为人必正，理家必富，治国必成。勤劳是中华祖先的一种人生信念和立身原则。《易传·象传》云："君子以俭德避难。"《国语·鲁语》云："今先君俭而君侈，令德潜矣。"《左传·庄公二十四年》云："俭，德之共也，侈，恶之大也。"老子说："治人事天莫若啬"（《老子·五十九章》），又说："我有三宝：一曰慈，二曰俭，三曰不敢为天下先。"（《老子·六十七章》）其中所谓"啬""俭"，就是指节俭不奢，爱惜财物，节制过分的物质享受欲望。墨子说："俭节则倡，淫佚则亡。"（《墨子·辞过》）司马光在《训俭示康》中云："众人皆以奢靡为荣，吾心独以俭素为美。"由此可见，中华民族向来以勤俭节约为美德，以奢侈浪费为耻辱。古人云："历览前贤国与家，成由勤俭败由奢。"例如，春秋战国时期，齐桓公、晋文公、秦穆公等霸主都曾为增强国力而极力主张节俭、摒弃奢华。汉文帝躬修节俭，轻徭薄赋，使百姓得以休养生息，从而开创"文景之治"的盛世局面。唐朝从"贞观之治"到"开元盛世"，也是统治者崇尚节俭、力避奢靡的结果。而唐玄宗后期，骄奢淫逸酿成"安史之乱"，从而使唐王朝迅速走向衰落。由此可见，勤劳节俭是一切事业成功的保证，是兴家之宝，立国之本。总之，弘扬中华优秀传统文化，并运用于高职院校学生德育实践中，让学生吸取中华祖先勤劳节俭的美德，有助于培养学生勤劳节俭的精神品格。

第五，弘扬中华优秀传统文化有助于增强学生的民族自尊心和自信心。文化是民族的血脉，是人民的精神家园。古人云："国有与立。"一个国家必有立国的基础。中华文化的优秀传统就是中华民族屹立于世界民族之林的基础。中华传统文化是中华民族的"根"，也是国家的"魂"，如果抛弃传统、丢掉根本，就等于割断了自己的精神命脉。博大精深的中华文化，积淀着中华民族最深沉的精神追求，包含着中华民族最根本的精神基因，代表着中华民族独特的精神标识，不仅为中华民族生生不息、发展壮大提供了丰厚滋养，也为人类文明进步作出了独特的贡献。当然，中华传统文化是精华与糟粕并存的矛盾文化体系，需要我们积极"扬弃"，吸取其精华，剔除其糟粕。从人与自然的关系来看，中国文化提倡"天人合一"，强调人与自然的和谐；西方文化主张"天人相分"，强调人与自然的对立。"天人合一"作为一种伦理理念，为解决当代世界的环境污染和生态问题提供一种伦理智慧，此乃中华文化对人类文明的一个重大而独特的贡献。中国近现代文化史证明，只有正确认识自己民族传统文化的缺点，才能舍旧取新、继续前进；只有正确认识自己民族传统文化的优良传统，才能保持高度的民族自信心和自尊心。总之，继承与弘扬中华优秀传统文化，增强学生的文化自觉和文化自信，进而有助于增强学生的民族自尊心和自信心。

（二）中华优秀传统文化运用于高职院校学生德育过程的有效途径

弘扬中华优秀传统文化，必须以社会主义先进文化为指针，坚持批判继承与古为今用的原则，并结合时代精神予以创造性转换，使之与建构社会主义和谐社会、与现代文明相协调，兼具民族性与世界性、传统性与时代性、继承性与创新性，为高职院校学生德育提供伦理文化资源支撑。在高职院校学生德育中，通过课堂教学、校园文化建设及社会实践活动等有效途径，着力发掘中华优秀传统文化的德育资源，充分发挥中华优秀传统文化的德育功能，不断增强德育的实效性和针对性。

第一，在课堂教学中融入中华优秀传统文化。高校承担着文化传承与创新的历史使命。文化是课堂教学的养料，没有文化内涵，课堂教学就成为无源之水、无本之木。从文化角度看，课堂教学，就是教育者向受教育者传递人类文化先进成果的动态过程，它不仅具有传授文化知识的功能，而且具有文化育人的功能。文化育人的过程，实际上就是通过文化精神的传承与创新来培育人、养育人的过程。课堂教学是弘扬或传播中华优秀传统文化的主要途径。高校教师通过课堂教学在弘扬中华优秀传统文化方面负有不可推卸的责任。对高职院校而言，课堂教学可分为专业课教学与基础课教学。在专业课教学中，教师可结合专业课程向学生讲解一些中华科技文化史知识和历史上杰出的科学家故事等。在基础课教学特别是思想政治理论课教学中，可将教材的基本原理、基本概念根植于中华优秀传统文化中，或者运用中华优秀传统文化解读马克思主义基本原理，实现马克思主义与中华优秀传统文化的融合或对接，不断增强中华优秀传统文化的感染力和影响力。更为重要的是，学校要鼓励教师或思政课教师专门开设中华优秀传统文化讲座，系统地向学生讲授中华优秀传统文化的科学内涵、精神特质、价值理念及历史发展等，不断增强学生的文化自觉与文化自信；或者指导学生进行"经典阅读"，它能够给学生提供实实在在的精神养料和人文知识，在阅读的基础上指导学生撰写有关传统文化的论文或读后感等。总之，把中华优秀传统文化有机地融入课堂教学中，充分发挥中华优秀传统文化的德育功能，激发学生热爱民族优秀文化，在中华优秀传统文化的感染熏陶中，不断提升自己的道德品质。

第二，在校园文化建设中融入中华优秀传统文化。校园文化是社会文化大系统中的一个子系统，是一种具有自身特色的亚文化形态。每所高校都有着自身特色的校园文化。校园文化是一种环境教育力量，反映了一所学校的"软实力"，加强校园文化建设，其目标就在于营造一种积极氛围，以陶冶学生情操，建构学生健康人格，全面提高学生素质。教育实践证明，以社会主义核心价值体系引领大学校园文化建设，对大学生正确的世界观、人生观及价值观的形成和确立具有潜移默化的作用。校园文化由物质文化、制度文化和精神文化构成，高职院校要从物质文化、制度文化及精神文化三个层面加强校园文化建设。其中，在校园物质文化与制度文化层面，要结合自己学校的办学特色和职业教育特点，自觉地把中华优秀传统文化精华或优秀的价值理念渗透到学校的规章制度、校园建筑、雕塑壁画、教学设施及各种人文景观的设计和建造中，从而起到"润物细无声"的作用；在校园精神文化层面，要注重把中华优秀传统文化与高职院校的学校精神、办学理念、校风校训及师德师风等有机地对接起来。更为重要的是，要充分利用现代新兴媒体，建立"中华优秀传统文化专题网站"，开办移动客户端和官方微博、微信等网络新媒体，把文字、图像、音响等元素融为一体，让学生在欣赏或阅读中感受中华优秀传统文化的魅力。总之，加强校园文化建设，把中华优秀传统文化蕴含的人生理想、价值理念、伦理规范及审美取向等，通过启迪、感染熏陶、潜移默化而转化成学生的思想品德和行为规范。

第三，在社会实践中融入中华优秀传统文化。古人云"行是知之始，知是行之成"，实践是进步的起点，更是成长的试金石。习近平总书记指出："我们的学习应该是全面的、系统的、富有探索精神的，既要抓住学习重点，也要注意拓展学习领域；既要向书本学习，也要向实践学习；既要向人民群众学习，向专家学者学习，也要向国外有益经验学习。"① 社会实践活动是课堂教学的延伸和拓展，是实现理论教育与实践教育相结合的一种教学形式，它是"化理论为德性""化理论为方法"的有效途径。在社会实践中融入中华优秀传统文化，最为重要的是将高职院校学生培育和践行社会主义核心价值观与弘扬中华优秀传统文化有机地结合起来。把中华优秀传统文化融入社会实践中，也就是将优秀传统文化理念外化为行动准则，以增强高职院校学生德育的实效性。中华优秀传统文化及其精神理念往往通过一定的载体如历史遗存和自然物、历史事件及杰出历史人物等体现出来。历史遗存和自然物如黄河、泰山、万里长城、故宫博物院、侵华日军南京大屠杀遇难同胞纪念馆等；历史事件如屈原投江、王安石变法、戊戌变法、辛亥革命、万里长征等；杰出历史人物如古代的孔子、孟子、屈原等，近现代杰

① 习近平谈治国理政［M］．北京：外文出版社，2014：404．

出人物如康有为、梁启超、孙中山、鲁迅、方志敏等。因此，从中华优秀传统文化的载体出发，开展高职院校学生德育实践，应该有条不紊地安排学生，或考察历史遗迹，或参观爱国主义教育基地，或走访杰出历史人物的故里，或游览名胜古迹，或者在传统民俗节假日和爱国纪念日组织学生参与活动等，让学生在社会活动中增强体验感，激发学生的民族感情和爱国热情。

（三）结语

中华优秀传统文化是中华民族的根和魂，既是涵养社会主义核心价值观的重要源泉，也是我们在当今世界多种文化思潮相互激荡中站稳脚跟的坚实根基。高校是优秀文化传承的载体和思想文化创新的高地。文化育人是高校肩负的重要使命，也是加强和改进大学生思想政治教育的应然要求。高职院校具有高等教育与职业教育的双重属性，绝大多数属于理工农医类的专科院校，基本上没有哲学社会科学类的院系设置。立足高职院校学情，加强中华优秀传统文化教育，是实现文化育人的内在要求，对于提升高职院校学生的人文文化素质，增强他们的文化自觉和文化自信，提升他们的思想道德品质具有重要意义。

（——原文刊登于《职大学报》2014 年第 6 期，收入本书时略加修改或补充）

四、论社会主义核心价值观与大学生素质教育

素质教育是当代中国的一种教育思想。社会主义核心价值观是当代中国的一种先进文化价值理念。素质教育与价值观教育是密切相关的。高校把社会主义核心价值观与大学生素质教育有机结合起来，对培育和提高大学生的道德素质、法律素质、情感素质及身心素质等素质具有根本性的意义。把社会主义核心价值观与大学生素质教育有机结合起来，是高校实现素质教育在理论和实践上的重大创新。

（一）前言

素质教育是当代中国的一种教育思想。"素质教育是一种教育思想，是体现

中国特色、中国优秀传统文化的一种教育思想，是体现我国教育方针的教育思想。"① 所谓素质教育是指"德智体美全面协调可持续发展的教育"，"注重以人为本的情感教育、心理教育和人文教育"，"以培育品德为内在灵魂的知识教育、能力教育与人格教育"，"旨在引导'学会做人'与'学会做事'的教育"。② 其中，思想道德素质教育是素质教育的灵魂，文化素质教育是素质教育的基础，科学素质教育是素质教育的本领，情感素质教育是素质教育的根基，身心素质教育是素质教育的本钱。全面性、协调性、可持续性，是素质教育的内在品格。简而言之，素质教育就是培育学生既有丰富知识与多种能力，又有良好品德与健全人格的全面而和谐发展的教育。高校实施素质教育，是促进大学生全面健康发展的客观要求。

社会主义核心价值观是当代中国的一种先进文化价值理念，它凝结着社会主义先进文化的精髓，是全面建成小康社会和实现中国梦的价值引领。社会主义核心价值观，在国家层面倡导"富强、民主、文明、和谐"，即国家层面的价值目标；在社会层面倡导"自由、平等、公正、法治"，即社会层面的价值导向；在个人层面倡导"爱国、敬业、诚信、友善"，即个人层面的价值准则。实施素质教育是当代中国教育改革发展的战略主题，也是高等教育的重要举措。帮助大学生树立正确的世界观、价值观和人生观，是高等教育的总体性目标。其中，价值观教育与大学生素质教育是密切相关的。从素质教育来审视，社会主义核心价值观蕴含着知识、思想、道德、心理、审美及文化等多种素质教育的内涵。由此可见，社会主义核心价值观蕴含着丰富的素质教育内容。引导大学生学习和践行社会主义核心价值观，高校实施素质教育，二者是并行不悖的，是相辅相成、相互促进的。

（二）社会主义核心价值观与大学生素质教育的融合

引导大学生学习和践行社会主义核心价值观是高校大学生思想政治教育的核心内容。实施素质教育是高等教育改革发展的战略主题。坚持以人为本，全面提升大学生的综合素质，是高等教育的根本价值取向。把社会主义核心价值观教育与大学生素质教育有机结合起来，对培育和提高大学生的道德素质、法律素质、文化素质、情感素质及身心素质等素质具有根本性的意义。

---

① 周远清. 我的素质教育情怀［J］. 中国高教研究，2015（04）：8-11+16.
② 迟成勇. 素质教育内涵之我见［M］//欧红秀. 中国素质教育论坛——与素质教育同行. 北京：现代教育出版社，2014：12-13.

第一，社会主义核心价值观与大学生道德素质教育。注重道德教育，是中国传统教育的最显著特征。重视道德教育，塑造理想的人格，培养高尚的品德，是中国传统道德教育的价值目标。当代中国的道德教育，是对中华传统道德教育的继承和超越。立德树人是我国教育的根本任务。对大学生加强道德素质教育，是对我国传统德育的继承与超越。"育人为本，德育为先"，是当代中国教育的价值取向。道德素质是大学生综合素质中的核心要素和内在灵魂。如果没有良好的道德素质，其他的如知识素质、科学素质、能力素质及文化素质等素质将会失去应有的价值意义。德是一个人立身处世的根本所在。人生在世所做的事情，可谓多如牛毛，然而概括起来莫过于做人与做事。做事要先做人，因为道德品质或人格境界的高低决定了做事的空间与成败；做人要先做事，因为人的知识、能力等各种素质，只有在做事中才能得到体现和锻炼。因此，对一个成功的人来说，做人与做事往往是"合二为一"的。社会实践证明，人与人之间竞争到最后不是财富、地位、能力、知识、美貌，而是一个人的品德或人格境界。因此，从素质教育来审视，大学生既要提高做人的素质，又要提高做事的素质。而做人的素质集中体现为道德素质，做事的素质则集中体现为知识素质、能力素质等。高校加强大学生思想道德品质教育，取得了可喜的成绩，也积累了丰富的经验。从大学生品德现状看，当代大学生的道德品质是良好的，如具有强烈的爱国热情、积极进取的人生态度及助人为乐的道德品质等，但也有不尽如人意的地方，如自我意识强烈而集体观念淡化、功利意识膨胀而理想信念萎缩、追求享乐而好逸恶劳、炫耀消费而不注重节约等。面对大学生的道德品质状况，无论是巩固良好的道德品质，还是抑制不良的道德现象，客观上都需要加强对大学生的思想道德品质教育。

改革开放以来，从加强社会主义精神文明建设，到倡导公民道德基本规范，到践行社会主义荣辱观，再到建设社会主义核心价值体系，最后到培育和践行社会主义核心价值观，其着力点在于提高公民的思想道德素质。其中加强青少年道德教育，提高青少年思想道德素质，是社会主义道德建设的重点。从总体上看，当代中国大学生的世界观、人生观、价值观、道德观及法制观是积极向上的、健康良好的，但也确有实用主义、个人主义及诚信缺失等道德问题，甚至"道德冷漠"现象在大学生身上也有所体现。大学生是中国社会未来的主体，是推进改革开放和实现中华民族伟大复兴中国梦的生力军，其道德素质状况直接决定着中国社会的未来和现代化建设的成败。因此，对大学生加强社会主义核心价值观教育，提高其道德素质，既是高等教育的应有职责，也是社会发展和国家建设的客观需要。社会主义核心价值观，是一种德，既是个人的德，也是国家的德、社会的德。这即是说，社会主义核心价值观，浓缩了当代中国社会主义和谐社会的道德理想，体现了中国特色社会主义道德文化的价值理念，反映了全国各族人民共同的伦理价值诉求。社会主义核心价值观是真善美的有机统一体。把社会主义核心价值观与大学生道德素质教育融合起来，就是要引导大学生辨别什么是真善美、什么是假恶丑，不断坚定大学生的社会主义道德信仰和社会主义价值信念，不断增强大学生正确的价值选择力和道德判断力，进而不断提高大学生的思想道德素质。从伦理价值观类型来看，社会主义核心价值观包括经济伦理价值观、政治伦理价值观、文化伦理价值观、社会伦理价值观及生态伦理价值观等多方面的伦理价值观。从道德层次性来看，社会主义核心价值观涵盖国家层面的德、社会层面的德及个人层面的德。其中，国家层面的德指明了建设社会主义现代化国家的道德标准，社会层面的德表征了现代化社会赖以存在和发展的基本道德原则，个人层面的德体现了个人立身处世的一般道德准则。习近平总书记指出："道不可坐论，德不能空谈。于实处用力，从知行合一上下功夫，核心价值观才能内化为人们的精神追求，外化为人们的自觉行动。"[①] 社会主义核心价值观的生命力在于它的实践性。因此，教育工作者要坚持理论教学与实践教学相结合、言教与身教相结合，引导大学生学习和践行社会主义核心价值观，不断促进大学生思想道德素质的全面提高，多层面、立体式培养大学生的思想道德素质。引导大学生学习和践行社会主义核心价值观，是提高大学生思想道德素质的根本所在。

第二，社会主义核心价值观与大学生法律素质教育。思想道德素质与法律素质是当代中国公民的基本素质。道德与法律是调节人们思想行为、协调人际关系、维护社会秩序的重要手段。法律和道德是相互联系、相辅相成的。从某种意义上说，法律是成文的道德，道德是内心的法律，二者都是治国理政的重要手段。法治是指依法而治，依靠的是法律的理性和权威，强调法律在国家和社会治理中的至上性。推进社会主义法治，不仅需要"良法"即法律的制定要体现社会主义伦理道德的要求，而且需要"善治"即法律的实施应以社会主义核心价值观为指南。改革开放40多年来，经过社会主义法制教育的普及，大学生的法

---

① 习近平谈治国理政［M］．北京：外文出版社，2014：173．

律意识显著增强，法律素质相应地有所提高，能够比较自觉地遵守法律，依法维护自己的合法权益，其违法犯罪现象有所减少。但是大学校园里仍然有极少数"天之骄子"，由于法制意识淡薄、意志力薄弱及价值判断能力差等，不良现象乃至违法犯罪现象时有发生。时下有人说："智育失误，学校出的是次品；体育失误，学校出的是废品；德育失误，学校出的是危险品。"其中，德育失误的后果，显然也包括法律教育失误的后果。从素质教育内容来看，法律素质是大学生文化素质教育的重要内容；从培育健全人格视角来看，道德素质与法律素质是大学生健全人格的内在要素。道德素质是大学生健全人格的"柔性要素"，没有道德素质的人格是僵硬的、无耻的；法律素质是大学生健全人格的"刚性要素"，没有法律素质的人格是软弱的、危险的。培育健全人格，就是培育大学生的"尊德守法"品格和精神。总之，面对大学生法律素质现状，适应依法治国和培育健全人格的客观需要，高校应该对大学生加强社会主义法制教育，以提高大学生的法律素质。

法治是社会主义中国的基本价值目标。把法治作为社会主义核心价值观内容之一，要求我们必须坚持中国法治道路，加快建设社会主义法治国家；将法治确立为社会主义核心价值观内容之一，是国家治理转型的价值追求，是现代国家实现善治的必然要求。法治作为当代中国的核心价值理念，也是新时期培育和践行社会主义核心价值观的客观要求。从伦理与法律的关系看，社会主义核心价值观是社会主义法治在国家政治伦理层面的集中体现。习近平总书记指出，政策制度、法律规范、社会治理都要体现社会主义核心价值观要求，使符合核心价值观的行为得到鼓励、违背核心价值观的行为受到制约。建设法治中国，需要公民具备法律意识和法治素质。因此，适应建设法治中国的需求，高校实施素质教育，就要把社会主义核心价值观与大学生法律素质教育结合起来。首先，把社会主义核心价值观融入校园文化建设中。加强校园文化建设，凸显社会主义法治文化宣传，发挥法治文化培育和传播社会主义核心价值观的积极作用，使大学生在校园法治文化的熏陶感染中，不断增强法律意识，不断提高法律素质。其次，把社会主义核心价值观融入高校思想政治理论课教学过程中。《思想道德与法治》课程是高校思想政治理论课课程体系的重要组成部分，该课程主要是针对大学生成长过程中面临着的思想道德和法律问题，有效地开展马克思主义的世界观、人生观、价值观、道德观和法律观教育，是帮助大学生提高思想道德素质和法律素质的重要课程。一方面通过理论教学或定期举办法律讲座，以提高大学生法律知识素质；另一方面通过实践教学引导大学生践行社会主义核心价值观，使法律理念外化为自己的行为素质或自觉行为习惯。总之，要引导大学生自觉学习和践行社会主义核心价值观，不断加强思想道德修养和法律修养，不断提高思想道德素质和法律素质。最后，把社会主义核心价值观教育融入社会主义普法教育过程中。大学生法律素质教育是一个综合性的系统教育工程，需要形成家庭教育、社会教育和学校教育的合力。通过举办系列法制宣传教育活动、挖掘和宣传典型事迹等形式大力抓好以宪法为核心的中国特色社会主义法治体系的宣传教育，不断养成大学生的法律素质。学校、家庭紧密配合社会普法宣传教育，使大学生在社会主义普法教育中，不断增强法律意识，不断提高法律素质。

第三，社会主义核心价值观与大学生文化素质教育。文化具有鲜明的育人价值。"大学培养高素质人才，必须要有'文化育人'理念的真正落实。"① 从某种意义来说，大学实施素质教育，主要是强调对大学生进行文化素质教育。所谓文化素质教育，主要指文史哲学科的基础知识、艺术修养及古今中外的民族文化精华。文化素质教育与思想道德素质教育、知识素质教育、能力素质教育、情感素质教育及身心素质教育等是相互联系、相互渗透、相互促进的。高等教育是人类文化传承与创新的圣地，是科学文化与人文文化向社会辐射转化的基地。因此，文化素质教育是高校实施素质教育的应然内容。人类的知识是由人文社会科学知识和自然科学知识构成的。因此，教育也相应地涵盖人文社会科学教育和自然科学教育。

社会主义核心价值观是社会主义先进文化的精髓和核心。从文化类型来看，社会主义核心价值观内含丰富的政治文化、经济文化、历史文化、哲学文化、社会文化、道德文化、法律文化及生态文化等文化内容。从文化精神来看，社会主义核心价值观是民族精神与时代精神、人文精神与科学精神、伦理精神与法治精神的有机结合。从道德文化来审视，社会主义核心价值观内含中华优秀传统道德文化、革命传统道德文化、社会主义道德文化及西方道德文化的先进成果等，它是以社会主义先进道德文化为主导的革命传统道德文化、中华优秀传统道德文化、西方道德文化优秀成果等综合创新的理论结晶。核心价值观是文化的精髓或灵魂。"社会主义核心价值观以人为价值主体与目标，肯定人自身的利益需求，

---

①　张岂之. 大学如何践行"文化育人"［J］. 中国高教研究，2011（09）：4-5.

尊重人的价值和权利，促进人的全面发展，体现了人文关怀的价值内核。"① 毋庸置疑，高等院校实行文化素质教育，客观上需要进行社会主义核心价值观教育，使人文教育或人文精神教育受到应有重视。高等院校实施素质教育，把社会主义核心价值观教育与文化素质教育有机地融合起来。具体而言，首先，要把专业教育与社会主义核心价值观教育结合起来，全面提高大学生的科学素质和人文素质。其次，要把弘扬中华优秀传统文化与社会主义核心价值观教育结合起来。中华优秀传统文化是社会主义核心价值观的母体性和根源性的文化资源。因此，培育和践行社会主义核心价值观，要以中华优秀传统文化为根基，增加文化的历史传统底蕴，彰显文化的时代精神旨趣，努力做到"以文化人""以文育人"。最后，把大学生思想政治教育与社会主义核心价值观教育结合起来。学习和践行社会主义核心价值观，是大学生思想政治教育的核心内容。在大学生思想政治教育实践中，充分发掘社会主义核心价值观的文化意蕴和人文理念，以实现"以理服人"和"以文育人"的教育目标。总之，对大学生加强社会主义核心价值观教育，充分发掘社会主义核心价值观的文化内涵或文化意蕴，以不断提高大学生的文化素质。

第四，社会主义核心价值观与大学生情感素质教育。人的全部认识活动包括知、情、意三种相对独立的心理活动。与此对应的人的心理综合素质也相应分为相对独立的认知素质、情感素质和意志素质。情感是人类的特有品质。朱小蔓教授认为："关注人的情感发展是教育中的一个本源性、根基性的问题。"② 人有喜爱与仇恨、喜欢与厌恶、愤怒与悲哀等复杂的情感；人有亲情、友情、爱情等积极的情感。中国古代儒家特别注重人的情感教育。孔子说："夫仁者，己欲立而立人，己欲达而达人"（《论语·宪问》），"己所不欲，勿施于人"（《论语·颜渊》）；孟子说："亲亲而仁民，仁民而爱物"（《孟子·尽心章句上》）；北宋哲学家张载说："民，吾胞也，物，吾与也"（《西铭》）。爱自己、爱亲人、爱国家、爱民族、爱社会、爱人类乃至爱天下万物，是人之为人的应有情感。其中，爱自己、爱亲人是人之为人的最基本情感；爱国家、爱民族、爱社会、爱人类是人之为人的崇高情感；爱天下万物则是人之为人的博爱情感。情感教育是教育的本真内涵，没有情感的教育，也就没有真正意义的教育。因此，从一定意义来

---

① 王冬云. 社会主义核心价值观的人文关怀［J］. 广西师范大学学报（哲学社会科学版），2014（04）：52-56.

② 朱小蔓. 儿童情感发展与教育［M］. 南京：江苏教育出版社，1998：6.

说，情感素质教育是教育本质的真正回归，体现了教育的人文关怀的内在品格。情感教育是素质教育中的应有之义。从大学生的情感现状来看，一是大学生的情感需求多样性与情感满足复杂性的并存，二是大学生的情感表达的理性与非理性的并存，三是大学生的情感体验的内向型与外向型的并存，四是大学生的情感发展的不平衡性与片面性的并存。从目前高校大学生情感素质教育的现状来看，一是高校比较重视知识素质、能力素质的培养而轻视情感素质教育，二是高校情感素质教育注重说教而轻视体验，三是高校情感素质教育只注重部分学生而忽视了面向全体学生。由此可见，无论是大学生的情感发展现状，还是高校的情感素质教育现状，客观上都需要加强情感素质教育。情感素质教育应以满足大学生情感需要为重点，既包括与生理需要相联系的低级情感，又包括与精神需要相联系的高级情感。情感素质教育在大学生素质教育中具有特殊且重要的价值。对大学生实施情感素质教育，不仅有助于拉近师生之间的心理距离，而且有利于丰富大学生的内心体验，构建大学生的健康情感世界和培养健全的道德人格，进而促进大学生全面健康发展。

　　情感是人对客观事物是否满足自己的需要而产生的态度体验。价值是客体能够满足主体的某种需要。从情感与价值的关系来看，情感是个体对客观事物的价值评判后而产生的内心体验，价值则是个体对客观事物产生某种情感而形成的评判标尺；情感总是体现着一定的价值，价值也包含相应的情感；价值是情感的基础，情感对价值具有反作用。因此，人的情感的变化和发展能够在一定程度上影响到人对外界事物的价值判断。情感素质的高低取决于人对于价值关系的主观反应与实际情况相吻合的程度，它包括对价值的情感认知、情感体验、情感敏锐及情感认同等多方面的能力。从某种意义上说，情感认同是教育者信念形成的强化机制。朱小蔓教授认为："在人的成长过程中，人在全部道德行为、履行道德义务、发展道德自我的背后，必须有强大的自我肯定的情感来支持自己。"[①] 因此，以大学生的情感素质教育为切入点开展社会主义核心价值观教育具有重要意义。社会主义核心价值观蕴含着丰富的情感因素。其中的中国特色社会主义共同理想、爱国主义情怀、和谐友善的传统美德、公平正义的价值诉求及社会主义荣辱观的价值判断等，孕育着丰富的社会道德情感和价值情感。道德情感与价值情感，不仅是社会主义核心价值观的固有内涵，而且是人们学习和践行社会主义核心价值观的情感机制，对人的行为产生重要影响。故通过情感素质教育，有助于

---

　　① 朱小蔓. 情感德育论 [M]. 北京：人民教育出版社，2005：47.

大学生形成对社会主义核心价值观坚定的、牢固的内心信念，促使其坚定不移地践行社会主义核心价值观。社会主义核心价值观教育与情感素质教育，是相互联系、相互影响的。具体而言，一是加强社会主义核心价值观教育，需要"动之以情"即最大限度地发挥情感效应。教育心理学证明，情感认同对于学生的认知与接受产生重要的影响。只有在师生之间产生积极的情感效应或情感认同，才能取得理想的教育教学效果。故教育工作者要做到"动之以情"，在师生之间的友好对话和良性的互动中，在解决大学生的学习、生活等实际问题中，激活和强化核心价值观的情感共鸣和情感认同，进而在情感体验中激发大学生追求道德完善的主动性和积极性。二是加强社会主义核心价值观教育，需要"动之以理"即用社会主义核心价值观之"理"来培育大学生之"情"，即不断丰富大学生爱国家、爱社会、爱人民、爱世界乃至爱天下万物的情感世界，进而提高大学生的情感素质。三是加强社会主义核心价值观教育，需要"导之以行"即要求大学生从自我做起，从小事做起，自觉遵守基本道德原则和道德规范，在日常生活中和具体行动中践行社会主义核心价值观，不断丰富大学生的情感体验，进而不断提高大学生的情感素质。

第五，社会主义核心价值观与大学生身心素质教育。身心素质是身体素质和心理素质的总称。身体素质是指一个人应达到的健康体质标准，包括健全的体格、充足的体力及合理的生活习惯等；心理素质是指一个人应达到的正常的智力、良好的性格、较强的心理适应能力、健康的心态、积极的情感及适当的行为表现等。良好的身体素质是生活、学习和工作的生理因素，具有基础性的作用；健康的心理素质是生活、学习和工作的心理因素，具有关键性的作用。一个人只有达到良好的身体素质与健康的心理素质的和谐统一，才有可能建构自己美好幸福的人生。在高校实施素质教育中，思想道德素质教育是大学生素质教育的灵魂，文化素质教育是大学生素质教育的重点，身体素质教育是大学生素质教育的本领，心理素质教育是大学生素质教育的关键。从身心素质与民族的独立发展来看，健康的体魄和良好的心理素质，是一个民族屹立于世界民族之林的固有本钱，而当代中国青年大学生的身心素质对中华民族屹立于世界民族之林则更具有根本性的意义。培养大学生良好的身心素质具有重要的现实意义：其一，良好的身心素质是大学生顺利完成学业的基本保证；其二，良好的身心素质是大学生综合素质发展的客观需要；其三，良好的身心素质是大学生将来成就人生价值的内在条件。从目前来看，大学生的身心素质存在较多的问题，例如，有的学生当学习强度增大时，会感到头晕或恶心；多数学生由于不经常参加体育锻炼而体力较差；还有的学生体能不达标等；有的学生耐挫力和承受力较差；有的学生自我调控能力较差，情绪波动较大；有的学生沉溺于网络阅读，导致思维能力弱化；甚至还有少数学生有逆反心理或依赖性较强的心理等。重视大学生身心素质教育，是高校实施素质教育的应有内容。从身体素质教育来看，体育锻炼与科学养身，是提高身体素质的基本路径。多数学校坚持晨练，加强体育课程教学，同时还注重改善学生的食物营养结构，以增强学生的体能，促进学生身体素质的提高；从心理素质教育来看，心理教育与先进文化滋养，是提高心理素质的基本路径。多数高校开设大学生心理健康教育课程，以提高大学生的心理品质，或者成立心理咨询室，及时解决大学生的心理问题等，以提高大学生的生活适应能力等。

　　社会主义核心价值观教育与大学生身心素质教育是相互联系、相互影响的。一是良好的身心素质对大学生社会主义核心价值观教育的积极影响。首先，良好的身心素质是大学生学习和践行社会主义核心价值观的基本条件。其中，良好的身体素质是大学生学习和践行社会主义核心价值观的生理条件。学习和践行社会主义核心价值观，既是一个脑力劳动的过程，也是一个体力劳动的过程，客观上都需要良好的身体素质作保证。其次，良好的心理素质是大学生学习和践行社会主义核心价值观的心理条件。引导大学生学习和践行社会主义核心价值观，实质上是个体文化心理结构的筛选、认同和内化的过程即将其转化为个体文化心理结构的组成部分，进而使社会主义核心价值观内化为自己的内心信念。二是学习和践行社会主义核心价值观有助于大学生身心素质的发展。首先，社会主义核心价值观为大学生身心素质教育提供了鲜明的价值导向和理想信念即为实现中华民族伟大复兴中国梦而奋斗。良好的身心素质是大学生参与改革开放和实现中国梦的最大本钱。其次，社会主义核心价值观为大学生锻炼身心素质提供了世界观和方法论的指导。社会主义核心价值观体现了马克思主义辩证唯物主义和历史唯物主义的世界观和方法论，具有科学性与人文性、传统性与时代性、继承性与创新性等理论品质，能够使大学生认识到身心素质培育的重要性，知道如何保健，注意膳食营养；知道如何劳逸结合，动静交替；知道如何科学用脑，发展思维能力；知道如何调节自己的情绪，保持良好的心境等，从而达到锻炼身心素质的目的。最后，社会主义核心价值观有助于大学生身心素质的提高。培育和践行社会主义核心价值观必须坚持理论学习与实践活动结合，以理论引导实践，以实践深化理论。一方面要引导大学生学习社会主义核心价值观。通过理论学习，不仅能够提高大学生的文化知识素质，而且能够提高大学生的思想道德素质；另一方面要引导大学生践行社会主义核心价值观。如通过参观爱国主义教育基地、参与社会考察及社会公益活动等社会实践活动，不仅能够深化大学生对核心价值观的理解和认同，而且能够使大学生身心素质得到锻炼和提高，进而使其身体和心理达到健康水平。

（三）结语

社会主义核心价值观教育与大学生素质教育是相互联系、相互影响的。社会主义核心价值观是高校实施大学生素质教育的行动指南，它有力地促进了高校素质教育的贯彻落实。高校实施素质教育是引导大学生学习和践行社会主义核心价值观的有效机制，通过实施素质教育，使社会主义核心价值观内化为大学生的精神追求，外化为大学生的自觉行动。把社会主义核心价值观融入大学生素质教育过程中，不仅促进社会主义核心价值观"进教材、进课堂、进头脑"，而且拓展或延伸了培育和践行社会主义核心价值观的时间和空间；把大学生素质教育融入培育和践行社会主义核心价值观中，不仅丰富了大学生素质教育的内涵，而且促进了大学生综合素质的提高。总之，把社会主义核心价值观教育与大学生素质教育有机地融合起来，是高校实施素质教育在理论和实践上的重大创新。

—— （原文刊登于《山东高等教育》2015 年第 9 期，收入本书时略加修改或补充）

五、新媒体对大学生德育的影响与对策分析

新媒体是一把"双刃剑"，它对大学生德育具有积极与消极的多重影响：有利于大学生的自我教育和自我成长，但也极易弱化大学生的道德判断力；有利于激发大学生的道德思维和提高大学生的道德认知能力，但也极易模糊大学生的道德意识；有助于大学生正确的人生观、价值观的形成及文化素质的提升，但也极易分散大学生对主流文化的关注；有助于增强大学生对德育内容的认知、认同，但也极易化解大学生德育的实效性。高校要采取切实有效的对策，如净化新媒体环境与打造德育文化网站相结合；核心价值观教育与德育相结合；理论灌输与正

面引导相结合；学校德育与家庭教育、社会教育相结合等，充分发挥新媒体的积极作用，弱化或化解其消极影响。

（一）前言

新媒体是相对于报纸、杂志、广播、电视等传统大众传媒之后的新兴媒体。它是利用数字技术、网络技术、移动技术，通过互联网、无线通信网、有线网络等渠道，以及电脑、手机、数据电视等终端，向客户提供信息和娱乐的传播形态和媒体形态。新媒体是现代科技文明的产物，它承载着人类有史以来所创造的一切文化信息，具有强大的辐射力、渗透力和影响力。互联网的兴起对人类社会的发展与进步起到了不可估量的作用。互联网已经走入千家万户，新媒体已经被广泛应用，不仅给人们的学习、工作和生活方式等带来了深刻的影响，而且对人们的伦理道德、价值观念、审美取向及行为模式等也产生不可忽视的影响。

（二）新媒体对大学生德育的多种影响

新媒体日益成为青年大学生日常生活新空间、获取信息新渠道、文化学习新平台。事实证明，新媒体已成为青年大学生获取信息的最主要渠道，与学校、家庭、同辈群体相比较，它对青年大学生及其思想品德的影响是最深刻的。新媒体的迅速发展与广泛运用，极大地改变了高校大学生德育的生态环境。新媒体作为一种教育环境，可以自发地、潜移默化地影响大学生，对大学生道德品质和心理素质的形成、发展和变化产生重大影响。加强思想道德教育，提升大学生的道德素质，是成就其人之为人的根本。道德教育是我国培养社会主义建设者和接班人的重要途径。因此，探讨新媒体对大学生德育的影响具有重要的现实意义。

第一，新媒体为大学生提供了自主性的学习环境，有利于大学生的自我教育和自我成长，但也极易弱化大学生的道德判断力。尊重和发挥受教育者的主体性，是教育孜孜以求的价值目标。大学生德育坚持以人为本，就是要尊重大学生的主体地位，满足大学生的道德希望和价值期盼，促进大学生的自我教育与自我完善。教育家叶圣陶曾说"教是为了不教"，自我教育是教育的最高境界。而新媒体的出现与发展则为大学生的自主性学习、自我教育提供了广阔的、宽松的、多彩的学习环境。互联网具有信息量大、方便快捷及跨越时空的特点，它通过文字、音频、视频、图像等改变了传统媒体的传播模式，越来越受到大学生的青睐。大学生以手机、电脑为平台，通过微信、微博及博客等路径，不受课程教材、教学进度、教学目标等约束，完全可根据自己的兴趣爱好，自主地选择学习内容。由此可见，新媒体作为一种开放性的教育平台，改变了过去"先生讲、学生听"的"填鸭式"单向灌输的德育模式，创建了一种主体型的自我教育德育模式，不仅赋予当代大学生自主性的学习环境，而且赋予其自主性的文化选择权和信息选择权，有利于大学生主体性、能动性的发挥，进而有利于大学生的自我教育、自我建构、自我完善和自我成长。

在社会生活中，人们总是依据一定的道德标准对各种行为作出善恶判断，进而指导自己的行为选择。实践证明，面对新媒体呈现的错综复杂的社会现象或"道德两难问题"，如果没有良好的道德判断力，就有可能迷失方向，丧失自我。在虚拟世界中，新媒体所承载的道德文化信息，其内容往往好坏并存，其中如历史虚无主义、享乐主义、消费主义、拜金主义及极端个人主义等各种错误思潮，或者其他负面的道德信息充斥着新媒体，与主流道德文化的价值取向、教育目标形成巨大张力，由此引发价值判断的错位和道德标准的混乱。由于大学生的道德心理和道德认知并没有完全成熟，缺乏独立思考和正确判断能力，在自主性学习环境中，对各种错误思潮或道德信息的选择往往缺乏甄别力，对不良信息也不能作出及时的鉴别和筛选。正如有研究者所指出的："从传播学角度来看，这些信息对大学生的影响主要停留在感情和身体层面，即使他们对信息作出愉悦或者抗拒的情绪性反应，但他们缺乏对信息进行深度思考的能力，很难进入认知层面。"① 总之，大学生在多样化的道德信息或多样化的道德标准面前，往往是"跟着感觉走""人云亦云"甚至"无所适从"。可以说，新媒体弱化了大学生的道德判断力。

第二，新媒体为大学生拓展了开放式的对话空间，有利于激发大学生的道德思维和提高大学生的道德认知能力，但也极易模糊大学生的道德意识。自由、开放是网络之魂，自由性、开放性是新媒体最显著的特征。新媒体作为一种自由而开放的对话空间，大大突破了传统媒体的交往视域，可以让不同年龄、不同生活经历、不同学历层次、不同身份地位乃至不同族别的人在一起诚恳地敞开心扉，畅所欲言，相互表达思想观点，唤醒各人潜在的道德意识。网络虽然是虚拟世界，但承载的信息却是人们思考乃至深思熟虑的结果，抑或是对现实社会的一种

① 邱柏生．高校思想政治教育的生态分析［M］．上海：上海人民出版社，2009：116．

能动反映。美国人类学家玛·米德曾说："真正的交流应该是一种对话。"① 事实证明，开放式对话能够直接生成人的道德体验。从道德哲学来审视，对话既是一种道德情感的交流与表达，也是各种道德观点的融合与交锋；它不仅能增强人们的道德情感体验，而且能够提高人们的道德认知能力。实践证明，只有道德认知达到一定的水平，个体才具有反思、产生自我道德选择的能力，才能进行道德策略和方法的建构。大学生以手机或电脑为载体，通过多种途径，可以与各种人展开广泛的交流对话，有利于大学生在与他人的对话互动中，宣泄自己的道德情感，表达自己的道德观点，激发自己的道德思维，进而提高自己的道德认知能力。

但是，网络世界具有虚拟性、复杂性、隐蔽性和不可控性，而且储存的信息往往好坏并存，其中充满着色情暴力、种族歧视、宗教仇恨、网络谣言、网络赌博、网络诈骗等灰色内容，它们彰显着与主流道德文化相悖的人生观、价值观、道德观，极大地冲击着高校大学生德育的道德主题和精神厚度，进而极易瓦解大学生在学校接受的正统道德教育理论，模糊大学生的道德意识，使其道德认识浅薄、道德情感淡化、道德意志薄弱、道德信念动摇等，从而导致有些大学生在特定情境中出现败德、恶德及无德的现象。尤其是在东西方文化相互激荡的时代背景下，一些非马克思主义思潮在新媒体上的渗透和蔓延，诱发了极端个人主义、拜金主义、享乐主义、消费主义、功利主义等观念的滋长，对大学生形成正确的道德意识产生负面影响，也相应地导致了道德世俗化、多元化发展倾向。同时以新媒体为载体的网络文化在本质上是一种大众文化，而大众文化具有的商业性、娱乐性、消费性等特征所体现出来的是对物质欲望和感官快乐的追求，与大学生德育所坚持的思想性、政治性、理想性、人文性、审美性及教育性等价值目标具有明显的疏离性和消解性，由此冲淡了主流道德文化的教育功能，使得大学生的人生理想、价值诉求、审美取向、民族精神及传统美德等精神价值变得模糊乃至淡化。

第三，新媒体为大学生提供多样性的文化资源，有助于大学生正确的人生观、价值观的形成及文化素质的提升，但也极易分散大学生对主流道德文化的关注。在当今经济全球化和文化多元化的时代，新媒体作为一种平台，承载着历史的与现实的、外来的与本土的、进步的与落后的、积极的与颓废的各种文化信

---

① ［美］玛·米德. 代沟［M］. 曾胡，译. 北京：光明日报出版社，1988：88.

息，它们之间有吸纳又有排斥、有融合又有冲突、有渗透又有抵御。从文化类别来看，新媒体承载着传统文化与现代文化、本土文化与外来文化、世界文化与民族文化、东方文化与西方文化、精英文化与大众文化、世俗文化与宗教文化等多样性的文化；从道德文化来看，新媒体承载着马克思主义道德文化、社会主义道德文化、中华优秀传统道德文化、西方资本主义道德文化及封建主义道德文化等丰富多彩的内容。无疑，丰富多彩的道德文化资源，极大地充实和丰富了大学生德育的文化内涵。同时，大学生还可以通过新媒体了解国内外最新的伦理动态与道德景观，接触到多元道德文化构成的世界图景，使视野更加开阔、文化知识结构趋于完备，有助于正确人生观、价值观的形成及文化素质的提升。因此，高校大学生德育应因势利导，充分利用新媒体和网络所提供的文化资源充实和丰富德育内容，用最新的信息资源作为德育素材，不仅注重德育内容的丰富程度，而且注重德育内容的人文向度，进而不断增强大学生德育的实效性。

在一个社会中，道德文化有主流与非主流之分。在当代中国社会，主流道德文化即是指马克思主义道德文化、社会主义道德文化或社会主义核心价值观等，它是大学生德育首要、正面的教育资源。它不仅有利于促进大学生正确世界观、人生观与价值观的形成，而且能够抵御资本主义道德文化、封建主义道德文化中的腐朽、落后成分对大学生德性素质的侵蚀。同时，新媒体承载的大众文化又以其娱乐性、时尚性、消费性、刺激性等特点对青年大学生具有强烈的吸引力和诱惑力。在新媒体时代，大学生的兴趣点和关注点随着大众媒体的"新颖别致""奇谈怪论"而不断变动，由此分散了其对社会主流道德文化的关注和热情，长此以往，有可能造成大学生德育实践因无视主流文化的内涵和高尚精神的旨趣而走向庸俗化。

第四，新媒体为大学生提供了验证的德育素材，有助于增强大学生对德育内容的认知、认同，但也极易化解大学生德育的实效性。比较或比照，是人们在日常生活中的一种惯性思维。没有比较就没有鉴别，通过比较或比照，启发人们的思考，得出正确的结论。在现实生活中，是与非、荣与辱、正确与错误、真善美与假恶丑，总是相比较而存在，相斗争而发展。从道德哲学来看，人们只有对各种道德理论、道德现象进行比较或比照，才能明是非、识真假、知善恶、辨美丑、懂荣辱，进而才能提高道德判断力，作出正确的行为选择。新媒体为我们营造了一个复杂、多元的德育生态环境。大学生在课堂上或在校园文化活动中接受系统道德教育后，自然而然地会将学到的道德理论或伦理理念与新媒体呈现的道德理论、道德现象加以比照。如果新媒体呈现的道德信息和道德素材与课堂上或校园文化活动中的德育内容相吻合，就会强化大学生对德育内容的认知、认同，进而调动大学生德育实践的积极性、主动性。由此可见，新媒体为大学生提供了验证的德育素材，有助于增强大学生对德育内容的认知、认同。

但是，当新媒体提供的道德信息或道德素材与课堂上或校园文化活动中的德育内容不一致时，就有可能会化解大学生德育的效果，甚而导致大学生对德育的疏离和冷漠。从心理特征来看，青年大学生往往具有叛逆的性格或逆反心理，看问题具有片面性，行为上具有偏激性，因此他们对新媒体提供的负面信息或"小道信息""花边新闻"等更为敏感、更感兴趣，并用此信息来比照德育中的正面教育内容，然后质疑乃至否定德育所提供信息的可靠性和真实性。在经济全球化进程中，以美国为首的西方发达国家利用新媒体竭力兜售自己的民主观、自由观、人权观及普世价值理念等，极力对社会主义国家进行意识形态渗透，以消解其主流意识形态，这就有可能混淆当代中国青年大学生正在形成的政治价值观念，也有可能颠覆当代中国青年大学生业已认同的中国特色的政治价值观。其实，德育在本质上是一种精神陶冶或精神洗礼的过程，而过多、持久地迷恋网络上的垃圾信息、负面信息及反动信息，大学生的精神世界必然会受到污染，也会导致大学生学业的荒废、理想信念的迷失、责任意识的淡化及道德人格的缺失等。由此可见，新媒体在一定程度上化解了大学生德育的实效性。

（三）新媒体下大学生德育的对策分析

道德是一种社会现象，德性则是一种个体现象。大学生德育的价值目标在于塑造良好的德性素质，促进大学生自由而全面地发展。而个体德性的形成与发展，既受社会环境和物质生活条件的外在影响，也与个体主观努力或躬行践履有着内在的关联。德育实践证明，新媒体所承载的良好的、健康的道德文化信息可将大学生的道德认识和人生价值观导向正确方向；反之，其所承载的消极的、不良的道德文化信息会误导大学生，削弱德育效果。新媒体以其强势性和日常性，成为影响青年大学生思想道德品质的主要生态环境，这是高校大学生德育实践无法回避的现实。因此，教育者要采取切实有效的措施或对策，充分发挥新媒体的积极作用，弱化或消解其消极影响，为大学生德育实践创造一个良好的生态环境，不断增强大学生德育的实效性和针对性。

第一，净化新媒体环境与打造德育文化网站相结合。环境育人、文化育人是大学生德育实践的两个基本原理。环境能改造人、影响人和制约人，但人在环境面前不是被动的，而是主动的，人能够通过创建环境、优化环境，用美好的环境去塑造人的心灵，引导人的行为，提高人的修养境界。发展健康向上的网络文化是净化新媒体环境的内在要求，要加强新媒体建设，使新媒体成为传播主流道德文化的主阵地，不断满足大学生的精神文化需求。同时，我们还应该运用新媒体的优势，掌握网络话语权，进行"网络批判"，即对网络中的败德现象、恶德现象及各种错误思潮等进行有的放矢的批判和谴责，并通过强化舆论的道德评价，形成强大的舆论场，使网络中的精神垃圾失去市场而不断得以清除，做到习近平总书记要求的："大力培育和践行社会主义核心价值观，把握好网上舆论引导的时、度、效，使网络空间清朗起来。"① 网络已成为影响广泛、最具潜力的大众传媒，因此，在净化网络环境的同时，还要坚持加强对大学生的网络道德和法制教育，努力打造德育文化网站，唱响网上社会主义道德文化主旋律，引导大学生学会怎样上网，上什么网，并自觉筛选网上内容，从而远离垃圾信息或有害信息。打造德育文化网站，是教育主动适应新媒体环境、优化德育生态环境的创举，也是实施"文化育人"的智慧结晶。总之，要把净化新媒体环境与打造德育文化网站相结合，为大学生创建一个丰富多彩的"精神粮库"和良好的新媒体学习环境。

第二，核心价值观教育与德育相结合。一个社会的文明与进步，既需要每位社会成员的理性思考和自觉行动，也需要用科学的核心价值观来引导和规范每位社会成员遵守公共行为准则和文明的社会秩序。同样，维护新媒体秩序，促进网络文明发展，也需要相应的道德规范和价值观支撑。面对文化及其价值观多元化的时代情形，高校大学生德育还要正确处理好一元主导价值观与多元价值观并存的关系。如果没有一元主导价值观的引领，高校大学生德育就会失去正确的方向；如果没有多元价值观的存在，高校大学生德育就会失去应有的活力。因此，在新媒体时代背景下，面对文化及其价值观的多元化情形，大学生德育要旗帜鲜明地坚持一元主导价值观的引领作用，确保多元价值观健康发展并为其服务。当代中国社会的主导价值观，是社会主义核心价值观。而社会主义核心价值观是一种德，既是个人的德，也是国家的德、社会的德。习近平总书记说："人类社会发展的历史表明，对一个民族、一个国家来说，最持久、最深层的力量是全社会

---

① 习近平谈治国理政［M］．北京：外文出版社，2014：198.

共同认可的核心价值观。核心价值观，承载着一个民族、一个国家的精神追求，体现着一个社会评判是非曲直的价值标准。"① 对学校教育而言，培育和践行社会主义核心价值观，就是要坚持育人为本、德育为先，围绕立德树人的根本任务，把社会主义核心价值观融入学校道德教育中。这就要求在大学生德育实践中，善于将核心价值观教育与道德教育结合起来，用社会主义核心价值观引领高校大学生德育工作，积极引导大学生讲道德、尊道德、守道德，不断夯实大学生德育的价值观基础。具体做法是，将社会主义核心价值观教育与爱国主义教育、民族精神教育、乡土情感教育、优秀传统文化教育及心理健康教育等德育内容有机结合起来，切入新媒体中，通过新媒体的展现和潜移默化的影响，使大学生从现实切身感受出发，产生亲近与接受的内在需要，不断提高大学生德育的实效性。

第三，理论灌输与正面引导相结合。任何社会的道德教育都具有一定的道德准则和要求，而且其结果是要把道德知识转化为道德实践。无疑，要保证大学生德育的有效性，首先需要加强理论灌输或曰宣传教育。马克思说："理论只要说服人，就能掌握群众；而理论只要彻底，就能说服人。"② 理论灌输或抓好宣传教育是大学生德育的一项基础性工作，也是增强大学生德育效果的一种行之有效的方法。如果否定理论灌输，实际就隔断了高校大学生德育的前提环节，最终会导致德育实践的盲目和无序。"道不可坐论，德不能空谈"。大学生德育贵在"知行合一"。知是行的前提和基础，行是知的目的和归宿，内心认同才能自觉践行，春风化雨才能润物无声。因此，大学生德育要将理论灌输与正面引导巧妙地结合起来，不仅要向大学生明确地传达我们赞同什么，而且要明确传达我们反对什么，使其头脑中确立清晰的道德判断标准；不仅要引导大学生正确运用新媒体加强学习，而且要把其兴趣点由虚拟世界引向现实世界；不仅要引导大学生加强自身的道德修养，而且引导其加强道德实践。因为网络世界是个高度图像化、音频化、视频化的世界，极易导致人们特别是青年大学生只乐于用"看"的方式而不善于用"思"的方式来认识世界，久而久之就会忽视对事物本质的追问和思考，过多地依赖新媒体提供的信息而忽视了社会实践。因此，在新媒体时代背景下，更应强调道德实践的针对性。道德实践是养成大学生良好品行的重要环

---

① 习近平谈治国理政［M］．北京：外文出版社，2014：168.
② 马克思恩格斯选集（第 1 卷）［M］．北京：人民出版社，1995：9.

节，教育者要引导大学生做到"知行合一"，即引导大学生积极参与各种道德实践活动，在参与中学习，在实践中养成，逐步形成良好的道德行为。

第四，学校德育与家庭德育、社会德育相结合。加强大学生德育，不仅是学校肩负的职责，也是家庭和社会不可推卸的责任。大学生德育具有开放性、社会性的特征，其实质是学校德育与家庭德育、社会德育之间的联系、交流和合作。从家庭层面来看，一是父母要加强与孩子的情感交流，创建和谐的家庭氛围，满足孩子的情感需求和精神寄托；二是建构互动型、学习型家庭，父母与孩子相互学习，共同提高；三是父母或其他长辈积极引导、监督孩子上网，明确上网的具体要求；四是家庭要积极与学校沟通，了解孩子在学校的各方面表现。从学校层面来看，一要加强大学生的网络道德与网络法规教育，增强大学生健康文明上网或正确使用新媒体的自觉性；二要打造高品位的校园德育文化网站，使之成为多元、良性的道德文化信息的"中转站"和"集散地"，丰富大学生的业余生活和精神生活；三要加强大学生媒介素养教育，帮助大学生树立科学的新媒体观；四要建构师生之间、学校与家庭之间的交流平台，帮助学生及时解决生活和学习中的问题。从社会层面来看，一是加大网络法律法规体系建设，为大学生正确使用网络与新媒体提供法律保障；二是社会上的各类网站要积极开发健康向上的教育资源，增强传播的感染力和吸引力；三是多管齐下，主动与校方配合，加强网络环境的净化和管理力度，为大学生健康成长营造良好的德育生态环境。总之，学校德育与家庭德育、社会德育应紧密结合，形成一个强大的德育合力，构筑牢固的精神防线，为大学生健康成长承担起应有的责任。

——［原文刊登于《扬州大学学报》（高教研究版）2017 年第 4 期，收入本书时略加修改或补充］

六、论人类命运共同体融入大学生思想政治教育的价值与路径

构建人类命运共同体，是以习近平同志为核心的党中央为解决人类困境，推进全球治理，促进世界和平与发展而贡献的中国智慧和中国方案。构建人类命运共同体既是一个宏大深远的国际战略理念，也是一个意蕴深厚的德育文化理念。立德树人是高等教育的根本任务，加强和改进大学生思想政治教育，既是新时代发展的客观要求，也是大学生健康、全面发展的内在需求。构建人类命运共同体

蕴含丰富的思想政治教育元素，通过有效的现实路径将其融入大学生思想政治教育，具有显著的德育价值。

（一）构建人类命运共同体的时代意涵

当今世界正处在大发展、大变革、大调整时期，新一轮科技革命在加快经济全球化的历史进程中重塑世界格局，大国战略博弈全面加剧，国际体系和国际秩序深度调整，人类文明发展面临的新机遇、新挑战层出不穷，不确定、不稳定因素明显增多。以习近平同志为核心的党中央作出了"当今世界处于百年未有之大变局"的时代命题和重要判断，为推动全球治理体系建设提供了全新思路，也为推动构建人类命运共同体提供了全新指南。

人类只有一个地球，各国共处一个世界。历史昭示我们，弱肉强食不是人类共存之道，穷兵黩武无法带来美好世界。世界各国只有搁置社会制度和意识形态的对立，求同存异，齐心协力，携手共同应对全球性挑战，才能破解全球性问题或人类发展困境，进而构建一个持久和平、共同繁荣的世界。2012 年 11 月，党的十八大报告中提出"合作共赢，就是要倡导人类命运共同体意识"① 的命题。党的十八大以来，习近平总书记站在"当今世界处于百年未有之大变局"的高度，审视当今世界的发展趋势和全球面临的重大问题，提出"对话协商""共建共享""合作共赢""交流互鉴""绿色低碳"等理念，并从政治、安全、经济、文化、生态等方面阐释了构建人类命运共同体的总体框架和实践路径，即构建一个"持久和平""普遍安全""共同繁荣""开放包容""清洁美丽"② 的美好世界。构建人类命运共同体明确地回答了"建设一个什么样的世界，怎样建设世界"这一重大时代问题。在党的十九大报告中，习近平总书记再次呼吁世界各国人民同心协力，共同"构建人类命运共同体"。从"倡导人类命运共同体意识"到"构建人类命运共同体"，是一个从理念到实践的过程。

从历史逻辑演进看，马克思认为历史向世界历史转变的根本动力在于人类社会的基本矛盾运动即生产力与生产关系、经济基础与上层建筑的矛盾运动，且把世界历史的发展分为开创性的资本主义世界历史和终极性的共产主义世界历史两个时期，而构建人类命运共同体则是世界历史逻辑即资本主义世界历史向共产主

---

① 胡锦涛文选（第 3 卷）［M］. 北京：人民出版社，2016：650.
② 习近平谈治国理政（第 2 卷）［M］. 北京：外文出版社，2017：541–544.

义世界历史逻辑演进的关键性环节。从共同价值诉求看，构建人类命运共同体作为一种文化理念，彰显了世界各国人民的共同价值诉求，体现了世界多极化、经济全球化、文化多元化和社会信息化的过程中对公平正义、和平发展、合作共赢的价值期盼。从外交战略来看，构建人类命运共同体是对中华人民共和国成立以来坚持独立自主、和平外交政策的历史继承和时代发展，也是对坚持走和平发展道路的时代回应。从世情来看，当今世界面临的新课题、新挑战与日俱增，世界经济增长动力不足，贫富分化问题日益严重，地区热点问题此起彼伏，恐怖主义、网络安全、重大传染病、气候变化等非传统安全持续蔓延，人类面临着许多共同挑战，构建人类命运共同体为解决人类困境和全球性问题贡献了中国智慧和中国方案。从世界意义审视，这对于我们在全球化背景下遏制西方中心主义、霸权主义、单边主义、极端民族主义及种族主义，探寻和把握中国与世界、和平与发展、全球化与本土化等复杂多样的关系，进而促进世界和平发展与共同繁荣，具有重要的时代意义。

（二）人类命运共同体融入大学生思想政治教育的价值

构建人类命运共同体，是习近平新时代中国特色社会主义思想的重要组成部分。从文化视角看，构建人类命运共同体是以马克思主义为指导思想，以社会主义核心价值观为价值引领，以中华优秀传统文化为价值根基，吸收借鉴外来文化的合理性因素而进行综合创新的结晶。构建人类命运共同体具有深刻的时代意涵，为大学生思想政治教育提供了丰富的价值理念和德育资源。将人类命运共同体融入大学生思想政治教育具有显著的德育价值。

第一，坚定大学生的马克思主义信仰，激励他们在建设中国特色社会主义实践中为构建人类命运共同体而不懈奋斗。坚定大学生的马克思主义信仰，客观上需要加强马克思主义理论教育。坚定马克思主义信仰，树立中国特色社会主义共同理想和共产主义远大理想，这是新时代大学生思想政治教育的核心价值目标。理想指引方向，信念决定成败。陈先达教授说："青年学子的思想要有'岸'，不能'走一站，报一站'，要以共产主义为方向，在马克思主义的指引下向着未来航行前进。"① 也就是说，青年大学生要以马克思主义为行动指南，以实现共产主义远大理想为人生奋斗目标。大学生坚定马克思主义信仰，树立共产主义远

① 陈先达.哲学与人生［M］.北京：中国青年出版社，2018：382.

大理想，才能有精神定力和精神动力。习近平总书记指出："要坚持不懈传播马克思主义科学理论，抓好马克思主义理论教育，为学生一生成长奠定科学的思想基础。"① 马克思主义理论是知识体系与信仰体系的有机统一。加强马克思主义理论教育，我们不仅要让大学生"懂马"，掌握马克思主义的基本原理及精神实质，而且还要让其"信马"，树立中国特色社会主义共同理想和坚定共产主义远大理想。

构建人类命运共同体，是以马克思主义世界观和方法论为精神旗帜，代表了人类社会的时代走向，彰显了现实主义与理想主义相融合的内在特质。马克思和恩格斯在《共产党宣言》中指出："代替那存在着阶级和阶级对立的资产阶级旧社会的，将是这样一个联合体，在那里，每个人的自由发展是一切人的自由发展的条件。"② "真正的共同体"或"自由人联合体"，亦即未来的共产主义社会，或曰人的自由全面发展的美好社会。"构建人类命运共同体根植于世界历史当代发展实践的现实之路，是通向马克思所设想的'自由人联合体'这一真正共同体的必由之路。"③ 从和平与发展的时代主题看，建设中国特色社会主义有利于促进世界的和平发展与共同繁荣，进而为构建人类命运共同体作出更大贡献，反之，构建人类命运共同体为建设中国特色社会主义营造更加有利的国际环境和提供外交战略支撑。因为"中华民族是热爱和平的民族。中国的发展不会妨碍任何人，也不会威胁任何人，只会有利于世界和平稳定、共同繁荣"④。由此可见，构建人类命运共同体与建设中国特色社会主义是同向而行、同频共振的。

坚持马克思主义指导，是构建人类命运共同体的内在要求。构建人类命运共同体的指导思想是马克思主义，其价值指向是实现人类的和平发展与共同繁荣。有研究者指出："人类命运共同体从资本主义文明超越、马克思主义理论旨趣坚守和马克思主义理论境界升华三方面型构了 21 世纪马克思主义的核心内容，成为 21 世纪马克思主义的重大命题，为整体构建 21 世纪马克思主义提供了立场、方法和原则上的启示。"⑤ 构建人类命运共同体是马克思主义中国化的最新理论

① 习近平谈治国理政（第 2 卷）［M］．北京：外文出版社，2017：377．
② 马克思恩格斯选集（第 1 卷）［M］．北京：人民出版社，1995：294．
③ 童萍．人类命运共同体思想：马克思世界历史思想的丰富与发展［N］．学习时报，2018-11-14．
④ 胡锦涛文选（第 2 卷）［M］．北京：人民出版社，2016：356．
⑤ 钟明华，缪燚晶．21 世纪马克思主义初探：基于人类命运共同体的思考［J］．探索，2020（02）：25-33．

成果，其所倡导的价值理念具有强大的道义力量，其所蕴含的文化意蕴揭示了人类文明的发展趋势。高校教师应该把马克思主义理论教育与构建人类命运共同体教育结合起来，自觉地融入大学生思想政治教育，让大学生认识到马克思主义是科学的理论、人民的理论、实践的理论和发展的理论，进而坚定大学生的马克思主义信仰，激励他们在建设中国特色社会主义实践中为构建人类命运共同体而不懈奋斗。

第二，激发大学生热爱中华优秀传统文化的情感，引导他们在构建人类命运共同体实践中不断增强文化自觉和文化自信。构建人类命运共同体，根植于中华优秀传统文化的土壤，彰显了"为天地立心、为生民立命、为往圣继绝学、为万世开太平"的宏大志愿和历史担当。用中华优秀传统文化理念来表达，人类命运共同体就是"天下一家""四海之内皆兄弟""大道之行也，天下为公""大同世界"。"凡天下之人类，乃得和合成为一大群，而相安为生。由个人而至天下，此乃中国文化理想之极致。"① 由此可见，构建人类命运共同体具有深厚的中华优秀传统文化底蕴，彰显了中华文化的最高理想。其中，中华"和"文化为构建人类命运共同体提供了思想基础和哲学智慧。人类命运共同体首先是一个和谐共同体，没有和谐精神作为价值根基，就不可能构建人类命运共同体。习近平总书记说："中华文化崇尚和谐，中国'和'文化源远流长，蕴含着天人合一的宇宙观、协和万邦的国际观、和而不同的社会观、人心和善的道德观。在5000多年的文明发展中，中华民族一直追求和传承着和平、和睦、和谐的坚定理念。"② 崇尚和谐，向往和平，注重和睦，是中华文化的基本精神，也是中华民族的性格特征。由此可见，构建人类命运共同体是对中华"和"文化的创造性转化和创新性发展。

所谓文化自觉，如费孝通先生所言："'文化自觉'是当今时代的要求，它指的是生活在一定文化中的人对其文化有'自知之明'，并且对其发展历程和未来有充分的认识。"③ 简言之，文化自觉即一个国家、民族或政党对自身文化的形成机制、发展过程及未来走向有着明确的认识和把握。所谓文化自信，是指一个国家、民族或政党对自身文化的生命价值及发展前景充满信心。就二者的关系

---

① 钱穆. 文化学大义 [M]. 北京：九州出版社，2012：178.
② 习近平. 在对外友协成立60周年纪念大会上的讲话 [N]. 人民日报，2014–05–16.
③ 费孝通. 文化与文化自觉 [M]. 北京：群言出版社，2010：326–327.

而言，文化自觉是文化自信的前提和基础，文化自信是建立在文化自觉的基础上的。没有深刻的文化自觉，就不可能有坚定的文化自信。文化自信涵盖中华优秀传统文化自信、革命文化自信和社会主义先进文化自信。中华优秀传统文化是文化自信的根基，革命文化是文化自信的支柱，社会主义先进文化是文化自信的核心和灵魂。从中华文化视角看，人类命运共同体既蕴含"和而不同""协和万邦""天下一家""大同世界"等中华优秀传统文化理念，也彰显中国共产党"为人民谋幸福，为民族谋复兴，为世界谋大同"等革命文化和社会主义先进文化精神。深刻的文化自觉是构建人类命运共同体的前提和基础，坚定的文化自信是构建人类命运共同体的深厚底蕴。由此可见，构建人类命运共同体蕴含着鲜明的文化自觉和文化自信品质。

中华优秀传统文化自信是革命文化自信、社会主义先进文化自信的源头活水。中华优秀传统文化为构建人类命运共同体提供了宝贵的思想资源。要坚定文化自信，首先要坚定中华优秀传统文化自信。继承和弘扬中华优秀传统文化，是构建人类命运共同体的内在要求。习近平总书记指出："深入挖掘中华优秀传统文化蕴含的思想观念、人文精神、道德规范，结合时代要求继承创新，让中华文化展现出永久魅力和时代风采。"① 张立文教授说："大同世界、天下为公、天下和平、民胞物与、天下一家、万国咸宁、天下和合，是中华民族往圣前贤以其对天下观的智慧卓识，为人类命运共同体提供的古代中国方案。"② 张岱年先生说："必须正确理解民族文化中的优秀传统，才能具有民族自尊心、民族自信心。有了民族自尊心、自信心，才能增强民族的凝聚力。"③ 把中华优秀传统文化与构建人类命运共同体有机结合起来，自觉地融入大学生思想政治教育，充分发挥"以文化人""以文育人"的作用，让大学生知晓中华优秀传统文化的丰富内涵，理解中华优秀传统文化的精神特质，认同中华优秀传统文化的时代价值，以及弘扬中华优秀传统文化与构建人类命运共同体的内在关联等，由此激发大学生热爱中华优秀传统文化的情感，引导他们在构建人类命运共同体实践中不断增强文化自觉和文化自信。

第三，教育大学生胸怀祖国、放眼世界，鼓励他们在构建人类命运共同体实

---

① 习近平．决胜全面建成小康社会　夺取新时代中国特色社会主义伟大胜利——在中国共产党第十九次全国代表大会上的报告［N］．人民日报，2017-10-28.

② 张立文．中华传统文化与人类命运共同体［N］．光明日报，2017-11-06.

③ 张岱年全集（第7卷）［M］．石家庄：河北人民出版社，1996：390.

践中为祖国繁荣富强与世界和平发展作出积极贡献。党的十八大以来，习近平总书记不仅致力于中国特色社会主义的理论思考和实践探索，而且致力于全球问题与世界和平发展问题的探索与解答。构建人类命运共同体，是以习近平同志为代表的中国共产党和中国人民为解决人类困境、促进世界和平与发展作出的新的贡献。随着综合国力的不断增强，中国日益走进世界舞台中心，在构建全球治理体系和解决人类困境中将发挥越来越大的作用。习近平总书记在庆祝中国共产党成立100周年大会上发表的重要讲话中指出，我们要"坚持走和平发展道路，推动建设新型国际关系，推动构建人类命运共同体，推动共建'一带一路'高质量发展，以中国的新发展为世界提供新机遇"①。因此，在实现中华民族伟大复兴战略全局和世界百年未有之大变局历史交汇的时代背景下，要加强大学生思想政治教育，引导大学生胸怀祖国、放眼世界。高校教师要教育大学生胸怀祖国，厚植家国情怀，增强其爱国主义意识；还要教育大学生具有开放意识，拓展全球视野。

《大学》提出"修身、齐家、治国、平天下"的境界，昭示中华文化既有鲜明的道德情怀，又有深厚的家国情怀，还有宏阔的天下情怀。有研究者指出："人类命运共同体思想继承并发展了马克思主义爱国主义思想，彰显了全球化时代爱国主义思想的宽阔视野和人类担当，充实了当代中国爱国主义的时代主题，是中华爱国主义思想鲜活的实践模式。"② 同时，构建人类命运共同体也体现了大国担当和天下情怀，着眼于全球治理体系建设和全球性问题破解，致力于构建以合作共赢为核心的新型国际关系，为建设美好世界贡献中国智慧和中国方案。2017年1月，习近平总书记在联合国日内瓦总部发表重要演讲时指出："中国人始终认为，世界好，中国才能好；中国好，世界才更好。"③ 把"中国好"与"世界好"统一起来，彰显"中国好"对"世界好"的意义，通俗而生动地表达了"治国平天下"的情怀。在谈到推进"一带一路"建设时，习近平总书记指出："'一带一路'建设不应仅仅着眼于我国自身发展，而是要以我国发展为契机，让更多国家搭上我国发展'快车'，帮助他们实现发展目标。"④ 就中国梦而言，习近平总书记多次强调，中国梦同世界各国人民的梦想息息相通；实现中国

---

① 习近平. 在庆祝中国共产党成立100周年大会上的讲话 [N]. 人民日报, 2021-07-02.
② 张小枝, 王泽应. 中华爱国主义对人类命运共同体构建的价值支撑 [J]. 伦理学研究, 2019（03）：11-15.
③ 习近平谈治国理政（第2卷）[M]. 北京：外文出版社, 2017：545.
④ 习近平谈治国理政（第2卷）[M]. 北京：外文出版社, 2017：501.

梦不仅造福中国人民，而且造福世界人民。2021 年 7 月 1 日，习近平总书记在庆祝中国共产党成立 100 周年大会上发表的重要讲话中指出："我们所做的一切都是为人民谋幸福，为民族谋复兴，为世界谋大同。"① 由此可见，构建人类命运共同体，彰显的是一种立足"中国情怀"基础上的"全球意识""世界眼光""天下情怀"，其价值目标在于"让人民更幸福""让中国更富强""让世界更美好"。因此，把构建人类命运共同体融入大学生思想政治教育，引导大学生"胸怀祖国，放眼世界"，教育他们不仅要热爱祖国、热爱人民、热爱社会，而且要热爱人类、热爱世界、热爱宇宙；不仅要为实现祖国的繁荣富强作贡献，而且还要为世界的和平与发展作贡献。

　　冯友兰先生曾提出"自然境界""功利境界""道德境界""天地境界"的人生境界说。冯友兰先生说："四种境界就其高低的层次看，表示一种发展。前二者是自然的礼物，不需要特别功夫，一般人都可以达到。后二者是精神的创造，必须经过特别修养的功夫，才能达到。"② 冯友兰先生还指出，依据中国哲学的传统，哲学的任务就在于帮助人们达到"道德境界"和"天地境界"，特别是达到"天地境界"。人生境界说立足儒家"义以为上"的传统义利观，强调主体的道德自觉性和能动性，具有显著的合理性，而且"冯友兰主张以道义为指导去处理复杂的利益关系，要求人们不可一味利己，必须兼顾他人和群体的利益，以公为重。此种人生态度和价值取向是合理和有益的"③。因此，我们可以把冯友兰先生的人生境界说，特别是"道德境界""天地境界"用马克思主义道德观和社会主义道德观进行改造，赋予社会主义和共产主义伦理精神，把"心"与"事"结合起来，做到知行合一，仍然具有借鉴意义。由此我们得到进一步启发，亦即将构建人类命运共同体融入大学生思想政治教育，教育新时代大学生不仅要做一个有"道德境界"的人，为他人、社会作贡献，做一个"有为的人"，而且要成为一个有"天地境界"的人，为人类、宇宙作贡献，做一个"大写的人"。在实现中华民族伟大复兴战略全局和世界百年未有之大变局的历史交汇时期，构建人类命运共同体既需要有"道德境界"的人，更需要有"天地境界"的人。总之，教育大学生既要有家国情怀，也要有世界情怀，做到胸怀祖国、放

①　习近平. 在庆祝中国共产党成立 100 周年大会上的讲话［N］. 人民日报，2021-07-02.

②　冯友兰. 哲学的精神［M］. 西安：陕西师范大学出版社，2008：180.

③　柴文华，李文远. 冯友兰的人生境界说探析［J］. 天府新论，2001（02）：56-59.

眼世界，鼓励他们在构建人类命运共同体实践中为祖国繁荣富强及世界和平与发展作出积极贡献。

第四，教育大学生秉持人类命运共同体的伦理精神，启发他们在多元化的共同体中自觉地协调个体与个体、个体与共同体之间的关系，培养他们和睦相处、团结合作的品质。唯物辩证法认为，事物是相互联系的，事物的联系具有普遍性。人类只有一个地球，各国共处一个世界。随着经济全球化和社会信息化的深入发展，世界各国高度相互依存。事实表明，各国相互联系、相互依存，命运与共、休戚相关，进而形成了"你中有我，我中有你"的命运共同体。习近平总书记指出："当前，世界多极化、经济全球化、文化多样化、社会信息化深入发展，人类社会充满希望。同时，国际形势的不稳定性不确定性更加突出，人类面临的全球性挑战更加严峻，需要世界各国齐心协力、共同应对。"① 无疑，世界各国齐心协力、共同应对，既需要经济与科技等物质力量，也需要伦理与价值等精神力量。在建构中国特色大国外交战略的实践中，以习近平同志为核心的党中央始终坚守和平与发展的时代主题，把"和平、发展、合作、共赢"作为处理国际关系的准则，充分体现了中国作为世界大国的责任和担当。从伦理视角看，人类命运共同体是和谐共同体、利益共同体、合作共同体、发展共同体、文明共同体、责任共同体的"和合体"。构建人类命运共同体，就是要倡导国家无论大小、强弱、贫富或发达与否，都要做到相互尊重、平等相待、和睦相处，通过团结合作、互帮互助，实现互利互惠、合作共赢、共享发展。

在当今世界百年未有之大变局的时代背景下，面对人类困境和全球性问题，世界各国人民只有牢固树立人类命运共同体意识，和睦相处，携手合作，共同应对，才能破解人类困境和全球性问题，进而促进世界的和平与发展及共同繁荣。

任何一个共同体，都是一个伦理共同体，需要道德规范的规约和伦理精神的支撑。反之，如果没有一定的道德规范的规约和伦理精神的支撑，所谓共同体也就不能称其为共同体，从而造成个人生活陷入一种领域私人化、生活碎片化、价值虚无化，进而导致意义感消失的境地。相对于宏观层面的人类命运共同体，因生活、学习及工作等形成的共同体属于中观层面或微观层面的共同体。构建人类命运共同体所蕴含的和睦相处、平等相待、团结合作、合作共赢、和平发展、共

① 习近平. 深化文明交流互鉴共建亚洲命运共同体——在亚洲文明对话大会开幕式上的主旨演讲 [N]. 中华人民共和国国务院公报，2019（15）：6-8.

享发展等伦理精神，同样适用于中观层面或微观层面的共同体建构，对于培育新时代大学生道德品质具有不可忽视的启示意义。把构建人类命运共同体融入大学生思想政治教育，引导大学生秉持人类命运共同体的伦理精神，在"班级共同体""学习共同体""职业共同体""文化共同体""学术共同体"等多元化的共同体中，涵养其和睦相处、平等相待、团结合作、合作共赢、和平发展、共享发展等伦理精神，启发他们自觉地协调个体与个体、个体与共同体之间的关系，进而培养他们和睦相处、团结合作的品质。

（三）构建人类命运共同体融入大学生思想政治教育的现实路径

人类命运共同体具有丰富的教育资源和显著的德育价值。立德树人是高等教育的根本任务。高校教师要通过教书育人、科研育人、网络育人及实践育人等有效的现实路径，将构建人类命运共同体融入大学生思想政治教育，充分挖掘其德育价值。

第一，教书育人——构建人类命运共同体融入高校思想政治理论课教学。从教育学原理看，课堂教学即教书育人，是大学生获得知识、涵养品德、确立价值观、培养能力及提升素质的内化路径。"从教育规律来看，尽管学生获取知识的途径很多，但是课堂学习更具基础性和系统性，尤其是大学课堂，多学科的丰富知识和思维方式为高校育人工作奠定了扎实的基础。"[①] 其中，高校思想政治理论课是大学生思想政治教育的主渠道，也是落实立德树人根本任务的关键性课程。习近平总书记在全国高校思想政治工作会议上指出，要用好课堂教学这个主渠道，提升思想政治教育的亲和力和针对性。因此，高校要用习近平新时代中国特色社会主义思想铸魂育人。按照党的十九大提出的"进教材、进课堂、进头脑"要求，构建人类命运共同体理念已经被写进高校思想政治理论课教材。无疑，高校思想政治理论课是系统讲授构建人类命运共同体思想的关键性课程。高校思想政治理论课教师应自觉地将人类命运共同体融入课堂教学，以透彻的学理分析回应大学生，以彻底的思想理论说服大学生，用真理的强大力量引导大学生，使大学生深刻理解和把握构建人类命运共同体的丰富内涵、精神特质和时代意义。

第二，科研育人——构建人类命运共同体融入哲学社会科学课题研究。科研育人是加强和改进大学生思想政治教育的有效途径。"在高等教育中，教师通过

---

① 《十日谈》编写组.加强和改进高校思想政治工作十谈［M］.北京：人民出版社，2017：92.

指导学生参与科学研究活动，在培养他们的科学素养和研究能力的同时，全面提升学生的思想品德、意志品质、人格操守等，实现立德树人的根本目标。"① 要发挥科研育人的作用，鼓励大学生参与哲学社会科学课题研究。习近平总书记说："高校哲学社会科学有重要的育人功能，要面向全体学生，帮助学生形成正确的世界观、人生观、价值观，提高道德修养和精神境界，养成科学思维习惯，促进身心和人格健康发展。"② 发挥高校哲学社会科学的育人功能，开展哲学社会科学课题研究是其重要一环。就人类命运共同体融入哲学社会科学课题研究而言，一是参与校级有关人类命运共同体课题研究；二是参与省部级乃至国家级有关人类命运共同体课题研究；三是鼓励师生组合科研团队，以教师为主持人，以大学生为课题组成员，引导大学生参与课题申报，开展课题研究。大学生在参与课题研究的过程中，亦即在教师的指导下，收集材料、参与调研、撰写论文的过程，本质上就是对大学生进行构建人类命运共同体理念的教育的过程，由此也增强了大学生构建人类命运共同体意识，进而激发他们为构建人类命运共同体而努力学习。

第三，网络育人——构建人类命运共同体融入高校网络思想政治教育。在信息化和网络化时代，如何创建网络教育平台，创建一个怎样的网络教育平台以及为谁创建网络教育平台，是新时代加强和改进大学生思想政治教育的新课题。创建网络思想政治教育平台，既是加强和改进大学生思想政治教育的新举措，也是增强大学生思想政治教育时代感和吸引力的新路径。习近平总书记说："要运用新媒体新技术使工作活起来，推动思想政治工作传统优势同信息技术高度融合，增强时代感和吸引力。"③ 所以，我们要充分认识并利用好新媒体的优势，大力推进高校思想政治工作与新媒体的融合，构建新时代新媒体网络思想政治教育的新格局。高校要坚持以习近平新时代中国特色社会主义思想为指导，突出思想价值的引领作用，优化校园网络思想政治教育的内容供给，培育健康向上的网络思想政治教育文化，为大学生营造一个风清气正的网络空间，不断增强网络育人的实效性和针对性。将人类命运共同体理念融入高校网络思想政治教育，把"线上教育"与"线下教育"有机结合起来，积极主动地传播有关构建人类命运共同体的最新研究成果，既丰富了高校网络思想政治教育的内容，也发挥了大学生网

---

① 阮一帆，徐欢. 高校科研育人探析 [J]. 思想理论教育导刊，2019 (08)：152-155.
② 习近平谈治国理政（第2卷）[M]. 北京：外文出版社，2017：345.
③ 习近平谈治国理政（第2卷）[M]. 北京：外文出版社，2017：378.

络学习的主体性作用,在自我学习、自我教育和自我提升中,不断深化对构建人类命运共同体的理解和认同。

第四,实践育人——构建人类命运共同体融入大学生社会实践活动。实践育人是加强和改进大学生思想政治教育不可或缺的环节。马克思主义认为,理论与实践是相辅相成、不可分割的。从学校教育看,完整的育人活动应该是理论教育与实践教育的有机结合。马克思指出,全部社会生活在本质上是实践的,在认识论上处于优先地位。毛泽东同志强调,人的正确思想只能从社会实践中来。习近平总书记指出:"所有知识要转化为能力,都必须躬身实践。要坚持知行合一,注重在实践中学真知、悟真谛,加强磨炼、增长本领。"① 大学生思想政治教育如果脱离实践活动,就无法理解理论的丰富内涵和精神特质,也无法印证理论的真理性和魅力所在,其自身观察力、领悟力及实践能力等也得不到应有的提升。大道至简,实干为要,构建人类命运共同体关键在行动。"大学生思想政治教育要深刻领会人类命运共同体的精神实质,积极弘扬、践行人类命运共同体理念。"② 因此,高校要有计划、有组织地引导大学生参与服务"一带一路"建设,或者有计划、有组织地引导大学生参与高层次的国际学术论坛和国际实践项目等,促进不同文化、不同思想的交流碰撞与共融共通,使大学生在实践中有所感悟、有所体验。将构建人类命运共同体融入大学生社会实践活动,有助于增强大学生对构建人类命运共同体的价值理解和责任担当。

总之,将构建人类命运共同体融入大学生思想政治教育,既是创新高校思想政治教育内容的客观需要,也是促进大学生德性培育的内在需要。通过教书育人、科研育人、网络育人和实践育人等现实路径,使其相辅相成、协同发力,不断增强大学生构建人类命运共同体意识,努力促使大学生对构建人类命运共同体的认同和践行,涵养他们的道德品质,提升他们的道德境界,激发他们为构建人类命运共同体作出应有的贡献。

——(原文刊登于《新疆社科论坛》2022 年第 1 期,收入本书时略加修改或补充)

---

① 中共中央文献研究室.习近平关于青少年和共青团工作论述摘编[M].北京:中央文献出版社,2017:53.

② 莫春菊.人类命运共同体视域下大学生思想政治教育研究[J].江苏高教,2020(08):119-124.

专题四　新时代高校思想政治
理论课教学研究

改革开放以来特别是 21 世纪以来，高校思想政治教育体现了与时俱进的理论品质和以人为本的人学特色，充分反映党的思想政治工作的优良传统，也充分体现了党领导人民在改革开放和建设中国特色社会主义伟大实践中所积累的新经验。思想政治理论课和课堂教学是大学生思想政治教育的主渠道。"大学生思想政治教育包括思想政治理论教育和日常思想政治教育两个重要的方面，一个是主渠道，一个是主阵地，两个是相互依存、互为补充的。主阵地要积极配合主渠道，共同做好大学生思想政治教育。"① 大学生是中国特色社会主义事业的建设者和接班人，他们所承担的民族复兴历史使命，客观上需要高校加强和改进大学生思想政治教育，不断推进思想政治理论课建设，对大学生系统地进行马克思主义理论和思想品德教育，帮助他们树立正确的世界观、人生观和价值观，帮助他们坚定马克思主义信仰，帮助他们树立中国特色社会主义共同理想和共产主义远大理想，帮助他们提升人文素质和人文精神，使其成为德智体美劳全面发展的社会主义事业建设者和接班人，激发他们为实现中华民族伟大复兴中国梦而努力奋斗。重视思想政治理论课教学是我们党开展学校思想政治工作的优良传统。高校思想政治工作必须发挥课堂教学主渠道作用。

党的十八大以来，办好思政课是习近平总书记非常关心的问题。2016 年 12 月 7 日，习近平总书记在全国高校思想政治工作会议上指出，要充分发挥高校思想政治理论课的主渠道作用，"思想政治理论课要坚持在改进中加强，提升思想政治教育亲和力和针对性，满足学生成长发展需求和期待。"② 2019 年 3 月 18

---

① 刘川生. 大学生日常思想政治教育实效性研究［M］. 北京：北京师范大学出版社，2009：5-6.
② 习近平谈治国理政（第 2 卷）［M］. 北京：外文出版社，2017：378.

日，习近平总书记主持召开学校思想政治理论课教师座谈会并发表重要讲话，他指出："办好思想政治理论课，最根本的是要全面贯彻党的教育方针，解决好培养什么人、怎样培养人、为谁培养人这个根本问题。""思想政治理论课是落实立德树人根本任务的关键课程。"① 2022 年 4 月 25 日，习近平总书记考察中国人民大学时发表重要讲话指出："思政课的本质是讲道理，要注重方式方法，把道理讲深、讲透、讲活，老师要用心教，学生要用心悟，达到沟通心灵、启智润心、激扬斗志。"② 因此，一方面在理论层面要加强高校思想政治理论课教学研究，为思政课教学实践提供学理支撑；另一方面在实践层面要结合现代新媒体技术着力推进高校思想政治理论课教学改革创新，不断探索教学方式方法，优化教学内容，完善教学手段，激发学生学习的兴趣，调动学生学习的积极性和主动性，把教师的主导性与学生的主体性有机结合起来，把思政课讲深、讲透、讲活，不断增强思政课的思想性、理论性和亲和力、针对性。

一、论高校思想政治课教学的文化向度和育人取向

文化具有塑造人的功能，文化育人是教育的应有之义。课堂教学具有鲜明的文化内涵和文化育人取向。高校思政课总是在一定的文化环境中传播先进文化理念和价值观取向。从文化向度和育人取向来看，高校思政课教学要以社会主义先进文化为主要内容，用社会主义核心价值体系引领各种社会思潮，既要继承弘扬中华优秀传统文化，又要合理吸收借鉴西方文化先进成果，还要加强改进网络文化，着力培养大学生正确的文化观，增强大学生的文化自觉和文化自信，提高文化鉴别力和文化选择力。

（一）问题的提出

高等教育既是社会文化的有机组成部分，也是社会文化发展的历史积淀。大学既是一种文化存在，也是一种意义建构。文化性是高等教育或大学的固有属

① 习近平谈治国理政（第 3 卷）［M］．北京：外文出版社，2020：328–329.
② 新华社．习近平在中国人民大学考察时强调坚持党的领导传承红色基因扎根中国大地走出一条建设中国特色世界一流大学新路［J］．思想政治工作研究，2022（05）：4–6.

性。从大学生思想政治教育看，高校思政课教学的主要课程蕴含着马克思主义的政治文化、经济文化、哲学文化、道德文化、法律文化、历史文化、军事文化等丰富多彩的精神文化内涵。从文化格局来看，高校思想政治理论课教材含有社会主义先进文化、中华优秀传统文化及西方文化的先进成果等内容。可见，高校思想政治理论课作为人文社会科学范畴，蕴含着丰富的文化意蕴和文化价值理念。而且高校思政课教学是一种文化现象，也是一种文化传播机制。高校思政课教学承担着对大学生进行系统的马克思主义理论教育任务，是传播马克思主义理论与马克思主义中国化理论成果的重要文化机制。

文化具有塑造人的功能，"文化育人"是教育的应有之义。从文化角度看，课堂教学，就是教育者向受教育者传递人类文化先进成果的动态过程。人是创造文化的主体，文化则具有塑造人的功能。"人们需要通过文化来启蒙心智、认识社会、获得思想上的教益，也需要通过文化愉悦身心、陶冶性情、获得精神上的满足和依归。"① 文化是课堂教学的养料，没有文化内涵，课堂教学就成为无源之水、无本之木。有研究者指出，在教学系统的构成中，"以文本为中介，通过师生双方的对话与理解，实现'以文化人'或'使人文化'的价值追求。"② 课堂教学具有鲜明的文化内涵和文化育人取向。从文化视角来看，高校思政课教学总是在一定的文化环境中传播先进文化理念和价值观取向。将文化切入课堂教学中，发挥"以文化人""以文育人"的功能，对于培养大学生正确的文化价值观，提高大学生的思想道德素质和科学文化素质具有重要意义。

（二）高校思政课教学的文化向度和育人取向的多维分析

高校思想政治理论课承担着对大学生进行系统的马克思主义理论教育的任务，是对大学生进行思想政治教育的主渠道，其教学目标就是要帮助大学生树立正确的世界观、人生观和价值观，具有显著的育人功能。高校要发挥"文化育人"作用，就是要树立文化育人的教育理念，在学校里营造一种文化氛围，传递先进文化、民族优秀传统文化乃至整个人类文明成果。从文化向度和育人取向来看，高校思政课教学要以社会主义先进文化为主要内容，用社会主义核心价值体

---

① 云杉. 文化自觉 文化自信 文化自强——对繁荣发展中国特色社会主义文化的思考（上）[J]. 红旗文稿，2010（15）：4-8.

② 郝志军. 教学文化的价值追求：达成教化与养成智慧[J]. 教育研究，2008（04）：52-53.

系引领各种社会思潮，既要继承弘扬中华优秀传统文化，又要合理吸收借鉴西方文化先进成果，还要努力改进网络文化，着力培养大学生正确的文化价值观，不断增强文化育人的实效性。

第一，社会主义先进文化与高校思政课教学育人取向的价值分析。社会主义先进文化与高校思政课教学具有内在的关联。社会主义先进文化是当代中国社会的主流文化，也是马克思主义政党思想精神上的旗帜。在当代中国，发展社会主义先进文化，就是发展中国特色社会主义文化。中国特色社会主义文化是指以马克思主义为指导的，以培养"四有"公民为目标，发展面向现代化、面向世界、面向未来的，民族的科学的大众的社会主义先进文化。社会主义先进文化，是中国特色社会主义理论体系的重要组成部分。从文化内容来看，社会主义先进文化包括政治文化、经济文化、制度文化、历史文化、哲学文化、道德文化、法律文化、外交文化及军事文化等丰富的文化内容。从世界观和方法论来看，社会主义先进文化坚持了辩证唯物主义和历史唯物主义的世界观和方法论，体现了科学性与先进性、真理性与价值性的统一。价值观是文化的核心内容，故从价值观来看，社会主义先进文化又内含丰富的政治价值观、经济价值观、历史价值观、人生价值观、道德价值观、法律价值观、职业价值观、生命价值观及生态价值观等先进价值观。由此可知，社会主义先进文化与高校思想政治理论课有着内在的互动关系，一方面，社会主义先进文化是高校思政课教学的主导性文化内容。其中，社会主义核心价值体系作为社会主义先进文化的精髓，为高校思政课教学提供了根本指针和价值导向。另一方面，高校思政课教学是弘扬社会主义先进文化的长效机制。高校思政课教学应把社会主义先进文化作为主要内容，使"文化育人"的功能落到实处。

社会主义核心价值体系是社会主义先进文化的精髓。其中，马克思主义是社会主义先进文化的指导思想；中国特色社会主义共同理想是社会主义先进文化的主题内容；以爱国主义为核心的民族精神和以改革创新为核心的时代精神是社会主义先进文化的精神动力；社会主义荣辱观是社会主义先进文化的道德基础。深入开展社会主义核心价值体系教育，是贯穿于高校思政课教学的一条鲜明主线。社会主义核心价值体系是社会主义意识形态的本质体现，是社会主义先进文化建设的根本任务。在当代中国，以马克思主义为灵魂的先进文化，是实现中华民族伟大复兴的精神旗帜。社会主义核心价值观是社会主义核心价值体系的抽象提炼和高度概括。习近平总书记强调，要坚守我们的价值体系，坚守我们的核心价值观；持续加强社会主义核心价值体系建设，把培育和弘扬社会主义核心价值观作为凝魂聚气、强基固本的基础工程，作为一项根本任务，切实抓紧抓好。因此，高校思政课教学要积极引导学生学习和践行社会主义核心价值观，通过理论教学把社会主义核心价值观内化为大学生的内心信念和价值信仰；通过实践教学，把社会主义核心价值观外化为大学生的行动准则和自觉行为，进而帮助大学生树立高度的价值自觉和价值自信。

"一主多元"的文化格局是当代中国文化的客观现实。其中，社会主义先进文化是当代中国社会的主流文化或主导文化，而中华优秀传统文化是社会主义先进文化建设的根源性或母体性的资源，西方文化的先进成果则是社会主义先进文化建设的不可或缺的辅助性资源。社会主义先进文化，是以马克思主义为指导的、中华传统文化优秀成分和外来文化先进成果的综合创新的结晶。需要注意的是，当代西方主流文化在意识形态领域有和我国相冲突的一面。所以，在借鉴和利用西方文化的同时，还要保持高度警惕。总之，弘扬社会主义先进文化，是高校思政课教学中的主要内容和主旋律。高校思政课教学，通过传播社会主义先进文化价值理念，用社会主义核心价值体系引领社会思潮，帮助大学生树立正确的先进文化价值观，坚定维护先进文化的主导地位，坚决抵制西方文化的腐朽成分对社会主义先进文化建设的不良影响和侵蚀作用。

第二，中华优秀传统文化与高校思政课教学育人取向的现实分析。中国传统文化是以儒家、道家及佛教为主干的多元文化形态。其中儒家思想是中国传统文化的核心价值。1988 年 1 月，全世界 75 位诺贝尔奖获得者在法国巴黎开会时，有一位科学家宣称，"如果人类要在 21 世纪生存下去，必须回头 2500 年，去吸取孔子的智慧"，肯定了以儒家文化为主干的中华优秀传统文化在当代社会的价值。马克思主义思想根植于中华优秀传统文化之中，是马克思主义中国化的固有内涵。中华优秀传统文化与高校思政课教学有着不可分割的内在联系。一方面，中华优秀传统文化是高校思政课教学取之不尽、用之不竭的思想资源。如"敬德保民""自强不息""厚德载物""和而不同""天人合一""见利思义""己所不欲，勿施于人""民为邦本""天下为公""天下兴亡，匹夫有责""大同理想"等，都是传统文化精华，也是高校思政课教学的根源性文化资源。另一方面，高校思政课教学是弘扬中华优秀传统文化的重要途径。习近平总书记说："中华文化源远流长，积淀着中华民族最深沉的精神追求，代表着中华民族独特的精神标识，为中华民族生生不息、发展壮大提供了丰厚滋养。"① 我们要用中华民族创造的一切精神财富来以文化人、以文育人，决不可抛弃中华民族的优秀文化传统。因此，高校思政课教学，应该自觉地把课堂教学与科学研究结合起来，加强对中华优秀传统文化思想价值的充分挖掘和合理阐释，丰富大学生的传统文化知识，培养大学生热爱民族优秀传统文化的情感和对其价值的认同感。

习近平总书记指出，培育和弘扬社会主义核心价值观，必须立足中华优秀传统文化。加强中华优秀传统文化教育，是引导大学生培育和践行社会主义核心价值观，落实立德树人根本任务的重要基础。但前提性的工作是要区分中华传统文化的精华与糟粕。中华传统文化是自给自足的自然经济和家国同构的政治制度的产物，既有积极的、合理的因素，又有消极的、腐朽的因素。这即是说，中华传统文化是精华与糟粕并存的矛盾文化体系，它作为民族之根，渗透在民族血脉之中，因此，中华传统文化也不可避免地给高校思政课教学带来负面影响。因此，"吸取其民主性的精华，剔除其封建性的糟粕"，是我们对待传统文化的正确态度。在高校思政课教学过程中，坚持马克思主义的立场，既要合理阐释"民主性的精华"，又要无情批判"封建性的糟粕"；积极弘扬中华优秀传统文化，不断增强大学生的民族自信心、自尊心和自豪感，进而增强大学生的民族认同感和国家认同感，从而不至于在经济全球化浪潮和文化多元化中"迷失自我"。只有依据一定标准，分清中华传统文化的精华与糟粕，才能真正做到弘扬中华优秀传统文化，达到中华优秀传统文化育人的价值目标。

中华优秀传统文化是人类文明史上的奇葩，源远流长，博大精深，具有强大的凝聚力和持久的生命力。民族优秀传统文化是我们立国之本，也是我们安身立命之本。中华优秀传统文化既是社会主义文化产生的文化背景和历史土壤，又为社会主义文化建设提供了思想元素和文化资源。中华优秀传统文化是中华民族的根，也是中华民族的魂，还是中华民族的共有精神家园。没有中华优秀传统文化之根，就没有中华民族精神之源，社会主义文化发展繁荣就失去了价值根基。文化实践证明，全盘否定民族传统文化是错误的，不加分析地全面继承民族传统文化也是不可取的。张岱年先生指出："一个民族立足于世界，必须具有民族的自尊心和自信心，才能具有独立的意识。而民族的自尊心与自信心的基础是对于本

---

① 习近平谈治国理政［M］. 北京：外文出版社，2014：164.

民族文化的优秀传统有一定的理解。"① 从文化视角来看，高校思政课教学，要引导大学生以正确的态度对待民族传统文化，既要反对民族虚无主义，又要批判文化保守主义，向大学生合理地阐释中华传统文化的形成与发展、主要内容与精神特质、历史价值与现实意义等，不断增强大学生的文化自觉和文化自信。

第三，西方文化与高校思政课教学育人取向的理性分析。先进文化是在积极吸收或借鉴人类文明进步文化成果的基础上产生的，是在相互比较中存在、相互竞争中发展的。西方资本主义文化在反对封建主义文化、建立资本主义制度中起到积极的推动作用，对人类文明的发展作出过重要贡献。任何文化既有民族性，也有世界性，既不能脱离本民族的土壤，也不能自外于世界文明发展大道。因此，积极吸收或借鉴西方文化的先进成果，是发展繁荣社会主义文化和建设中国特色社会主义文化强国的客观需要。中国的对外开放，不仅有物质文明的开放，而且有精神文明的开放。改革开放以后，西方文化与中华传统文化、社会主义先进文化构成了当代中国的"三位一体"文化格局。西方文化是西方资本主义社会意识形态的重要组成部分。它作为资本主义社会的物质成果和精神成果的结晶，也是人类文明的重要组成部分；既内含资本主义制度的个性特质，又包含人类社会发展的共性因素。无疑，西方文化与社会主义文化，既有必然的联系又有本质的区别。西方文化与高校思想政治理论教学，也有着不可忽视的联系。一方面，西方文化丰富了高校思政课教学的文化知识内容，拓宽了大学生的文化视野。另一方面，西方文化通过丰富多彩的现代大众传媒无孔不入，潜移默化地影响着大学生的世界观、人生观和价值观，冲击和消解高校思政课的主导话语权，从而给高校思政课教学带来了严峻的挑战。

国学大师钱穆先生指出："世界上既有不同的民族，有不同的文化，不同的民族只能求其共存，不同的文化只能求其交流。这是历史的大趋势。"② 人类文化实践证明，不同民族文化之间的交流与碰撞，是文化发展的基本动力。哲学家张岱年先生指出，发展社会主义文化，"一方面要认识传统，对传统进行分析；一方面要努力学习西方先进的文化成就。"③ 由此可见，扩大文化领域对外开放，积极吸收借鉴国外优秀文化成果，不仅是民族传统文化更新的内在需要，而且是社会主义文化建设的必要环节。从文化角度来说，高校思政课教学，一方面要积

---

① 张岱年. 晚思集［M］. 北京：新世界出版社，2002：146-147.

② 钱穆. 民族与文化［M］. 北京：九州出版社，2012：51.

③ 张岱年全集（第6卷）［M］. 石家庄：河北人民出版社，1996：200.

极吸收借鉴西方文化的先进成果，如人权保障、法治精神、科学精神及可持续发展理念等；另一方面要及时有效批判西方文化中的腐朽成分，如个人主义、拜金主义、享乐主义，以及西方"两党制""多党制"的政治制度等，因为它们极易瓦解我们民族传统的伦理道德和价值观基础，动摇我们民族的自尊心、自信心和认同感。从文化发展规律来看，社会主义文化与资本主义文化虽然有一定的联系，但二者存在着根本上的区别。因此，我们应该把"吸收借鉴"与"有效批判"结合起来，使得西方文化的先进成果为社会主义文化建设服务，同时最大限度地抑制西方腐朽文化对大学生的负面影响。

西方文化尽管是西方发达国家的文化，但是在一定历史条件下形成的，具有不可忽视的局限性，仍然是精华与糟粕并存的矛盾文化体系。实践证明，在世界范围内，西方文化对其他民族文化具有很强的影响力和渗透力。在经济全球化的浪潮中，以美国为首的西方国家利用其经济、军事、科技及现代传媒手段的优势，推行文化霸权主义和文化殖民主义，进行文化渗透，竭力推销自己的文化价值观念，企图通过文化渗透来瓦解一个民族的生存和发展意志，磨灭一个民族的历史记忆和民族认同感，进而达到不可告人的"西化""分化"的目的。中国人大纪宝成教授说："如果以所谓'先进'的西方文化，特别是美国文化来取代、同化世界上不同民族的文化，那可能会造成人类文化的灾难。"① 因此，在高校思政课教学过程中，向大学生传授西方文化，需要做到下列几个方面：一是注重中西文化的比较；二是适时适量，千万不要"喧宾夺主"；三是要具体分析西方文化中积极的、合理的因素和消极的、颓废的东西；四是结合当前国际形势，揭露西方文化霸权主义的本质和危害等。据此帮助大学生正确认识西方文化，树立正确的文化价值观，不断提高文化鉴别力和文化选择力。

第四，网络文化与高校思政课教学育人取向的辩证分析。网络文化是人类文化的一种崭新形态，也是社会文化的重要组成部分，还是传播先进文化、民族传统文化及西方文化等各种文化形态的新型载体。迅速发展的网络文化，广泛而深刻地影响着经济社会生活，改变着人们的生活方式、思维方式、行为规范和交往方式，也改变着媒体格局、舆论生态及思想政治教育格局。目前，网络文化对大学生的影响日益增强。"大学生是网络使用的重要群体，网络文化已成为大学生日常文化极为重要的组成部分，深刻地影响着当代大学生的学习、生活、职业发

---

① 纪宝成. 重估国学的价值 [M]. 北京：中国人民大学出版社，2012：313.

展以及价值观念等。"① 网络文化的发展及其对大学生的影响，对高校思政课教学提出了新的要求。对学校教育而言，网络文化既是难得的机遇又是严峻的挑战。网络文化对高校思政课教学具有双重价值影响。从网络文化的正面价值来看，其一，网络文化的开放性有利于拓宽大学生的知识视野。其二，网络文化的平等性有助于改变高校思想政治理论课居高临下的"理论灌输"局面。其三，网络文化的多元性，有助于在多种文化比较中增强大学生的文化鉴别力和文化选择力。其四，网络文化的虚拟性和匿名性为大学生畅所欲言、各抒己见提供很好的契机。总之，网络技术和网络文化的发展，为我们开展思政课教学提供了现代化手段或新型载体，大大拓展了思政课教学的空间和渠道。因此，我们要将网络文化的优秀成分有机地融入高校思政课的教学过程中，充分发挥网络文化的传承创新和教化育人的功能。

网络文化发展到今天，已呈现出多元化的格局。它既有主流文化又有非主流文化；既有民族传统文化又有西方文化；既有科学文化又有人文文化；既有精英文化又有大众文化；等等。其中既有先进、科学的文化因素，又有落后、腐朽的文化垃圾。由此可见，网络文化对大学生的影响是双重的，即既有正价值的影响，也有负价值的影响。在深入认识网络文化给高校思政课教学带来的双重价值影响的前提下，需要全面加强高校网络文化建设，使网络文化成为弘扬主旋律、开展思想政治教育的重要手段和载体；要充分发挥网络文化的正能量，同时采取有效措施抑制网络文化的负能量。网络文化是当前社会思潮的重要载体和形式，必须以社会主义核心价值体系加以引领。校园网络文化是社会文化在网络时代的教育表征，折射出一所学校师生在课堂教学、教育管理、校风校训及精神世界诸多方面的文明程度。教育工作者要善于运用网络传播规律，改进创新网上宣传，发展健康向上的网络文化，形成网上正面舆论强势。因此，高校思政课教学要与时俱进，以校园网络文化建设为契机，打造"网络思想政治理论课"教学平台，拓展和延伸高校思政课教学的空间和时间，不断增强高校思政课教学的时代性和创新性。

（三）结语

教育是一种文化现象。文化素质是素质教育的重要内容，而文化价值观则是

---

① 黄核成．网络文化对当代大学生的影响［J］．中国青年研究，2012（12）：69—72.

文化素质教育的核心和灵魂。文化价值观，是人们对各种文化价值的总的看法和根本观点。"全球化不仅打破了文化和价值体系的孤立状态，而且引起社会生活的急剧变化，瓦解了价值一元化的基础，因而引起广泛而深刻的价值多样化现象。"① 文化价值观规范和指导着人的思想和行为，是影响大学生全面健康成长的重要因素。在当今世界各种思想文化相互激荡的历史背景下，在价值观多元并存的现实情形下，培养大学生正确的文化价值观显得尤为重要。从文化视角看，培养大学生正确的文化价值观，是高校思政课教学的重要目标之一。具体而言，通过教学实践，努力培养大学生正确的文化价值观，不断增强大学生的价值自觉和价值自信、文化自觉和文化自信，以及文化鉴别力和文化选择力，是高校思政课教学的文化育人取向。

高等教育具有文化传承创新的功能。高校思政课教学作为高等教育的有机组成部分，责无旁贷地承担着文化传承创新的历史使命。高校思政课教学作为一种文化传播机制，在教学实践中，要积极传播社会主义先进文化价值理念，对中华传统文化要坚持"扬弃"的态度，做到"剔除其糟粕"与"吸取其精华"相结合，对西方文化要坚持"吸收借鉴"与"有效批判"相结合，对网络文化要坚持"积极建设"的态度，做到"充分利用"与"加强改进"相结合，着力培养大学生正确的文化价值观，充分发挥文化育人功能。从文化视角来看，增加高校思政课教学的文化底蕴，充实高校思政课教学的文化内涵，提升高校思政课教学的文化品位，是高校思政课教学面临的重大课题之一。

——（原文刊登于《思想政治课研究》2015 年第 3 期，收入本书时略加修改或补充）

二、论比较视域下高校思想政治理论课的教育价值

从比较视域看，高校思想政治理论课教学具有鲜明而独特的教育价值：与高中思想政治课相比，高校思想政治理论课的教育价值在于帮助大学生确立马克思主义信仰；与公共体育课相比，高校思想政治理论课的教育价值在于塑造

---

① 兰久富. 全球化过程中的价值多样化［M］. 北京：北京师范大学出版社，2010：79-80.

大学生的思想灵魂；与专业课相比，高校思想政治理论课的教育价值在于引导大学生学会做人；与心理健康教育课相比，高校思想政治理论课的教育价值在于提高大学生的文化素质。它们之间不是截然分开的教育价值，而是相互联系、相互影响、相辅相成的相通融合关系，统一贯穿于高校思想政治理论课的教育教学实践中。

（一）问题的提出

"立德树人"是当代中国教育的根本任务。培养什么人、如何培养人的问题，是中国高等教育事业发展的根本问题。它既是思想道德教育的任务，也是思想政治教育的任务。相比较而言，思想道德教育是人的素质教育，属于国民素质教育范畴；思想政治教育是人的政治信念教育，属于国家意识形态教育范畴。高校思想政治理论课教学，是高校意识形态工作的重要组成部分，也是高校宣传思想工作的主渠道，承担着思想道德教育与思想政治教育的双重任务。

高校思想政治理论课教学，坚持"育人为本、德育为先"的教育理念，以马克思主义为指导，从政治、经济、文化、哲学、道德、法律、历史、军事、外交及党建等多层面、立体式地对大学生进行思想道德教育和思想政治教育，帮助大学生树立正确的世界观、人生观、价值观、政治观、经济观、文化观、道德观、法治观、历史观及审美观等，进而落实"立德树人"的根本任务。当前，加强和改进高校思想政治理论课教学，深化研究其教育价值，显得尤为重要。

教育实践证明，任何一门学科或课程都具有独特的教育价值。有研究者指出："所谓思想政治教育的价值，是指人和社会在思想政治教育的实践——认识活动中建立起来的，以主体的思想政治品德形成和发展规律为尺度的一种客观的主客体关系，是思想政治教育的存在及其性质是否与人的本性、目的和发展需要等相一致、相适合、相接近的关系。"① 这即是说，思想政治教育价值在于能够满足社会个体和社会发展对个体全面健康发展的目标诉求。而如何有效地实现思想政治教育价值，首先应该探讨高校思想政治理论课的教育价值问题。从教育价值的总体目标看，高校思想政治理论课的教育价值在于帮助大学生树立正确的世界观、人生观和价值观，提高大学生的人文素质和精神境界，以及增强其实践能

---

① 张耀灿，郑永廷，吴潜涛，等. 现代思想政治教育学 [M]. 北京：人民出版社，2001：103.

力和创新能力等。

（二）比较视域下高校思想政治理论课教育价值的阐释

从比较视域来看，与高中思想政治课相比较，与高校的公共体育课、专业课及心理健康教育课等课程相比较，高校思想政治理论课教学具有鲜明而独特的教育价值。

第一，与高中思想政治课相比，高校思想政治理论课的教育价值在于帮助大学生确立马克思主义信仰。从教育逻辑看，高中思想政治课教学，是高校思想政治理论课教学的前提和基础，高校思想政治理论课教学则是高中思想政治课教学的延伸和提高。无疑，高中思想政治课教学与高校思想政治理论课教学具有显著的区别：一是就教育层次而言，高中属于中等教育范畴，高校则属于高等教育范畴。二是就教育内容而言，高中思想政治课教学主要是让学生初步掌握政治、经济、哲学的一些基本常识；高校思想政治理论课教学主要是对学生开展马克思主义、毛泽东思想和中国特色社会主义理论体系的系统教育，开展党的基本理论、基本路线、基本纲领和基本经验教育，开展伦理道德教育、民主法制教育、中国革命史教育及形势与政策教育等，它涉及政治学、经济学、文化学、哲学、历史学、伦理学及法学等多学科的理论。三是就教育要求而言，高校思想政治理论课显然比高中思想政治课多了"理论"两个字。也就是说，高校思想政治理论课教学突出强调理论性，既要提高教学的理论高度，也要拓展教学的理论宽度。四是就教育价值目标而言，高中思想政治课侧重于知识教育；高校思想政治理论课侧重于信仰教育，亦即马克思主义信仰教育。当然，知识教育与信仰教育不是截然分开的，而是相辅相成的。知识教育是信仰教育的前提与基础，信仰教育是知识教育的深化与提升。马克思主义既是一种科学真理或知识体系，也是一种科学信仰或信仰体系，是知识体系与信仰体系的统一。从哲学视角来看，知识体系属于认识论范畴，解决"人是否能够认识和把握存在"的问题；信仰体系属于价值论范畴，解决"世界的存在及其认识对人有什么意义"的问题。由此可见，信仰教育彰显的是人的精神追求的终极目标。高校思想政治理论课教学，就是要通过理论教学与实践教学的结合，有效地把马克思主义理论传播给大学生，将中国特色社会主义共同理想和共产主义远大理想根植于大学生心灵中。"思想政治理论课根本上属于信仰教育范畴，培养学生掌握马克思主义理论素养并不是最后的目的，更重要的是要引导学生养成马克思主义信念，并且在实际生活中自觉地践行。"① 总之，注重信仰教育，提高大学生的马克思主义理论素养，帮助大学生确立马克思主义信仰，是高校思想政治理论课教学的应然性要求。

马克思主义理论在大学生的思想政治素质中起着基础性和导向性作用。对大学生加强马克思主义理论教育，帮助大学生确立马克思主义信仰，是高校思想政治理论课教师的神圣职责。马克思说："理论一经掌握群众，也会变成物质力量。理论只要说服人，就能掌握群众；而理论只要彻底，就能说服人。所谓彻底，就是抓住事物的根本。"② 由此可见，对大学生加强马克思主义理论教育，是马克思主义的应然要求。马克思主义理论是社会主义核心价值体系的灵魂，是社会主义意识形态的本质体现，是当代中国大学生应该确立的政治信仰。对马克思主义的信仰是一种科学的、崇高的信仰。但是，在当前的社会转型时期，由于各种社会思潮相互激荡，多元化价值观的碰撞、交流和交锋，人们的政治信仰摇摆不定，出现了理想缺失、价值迷失和信仰危机等精神问题，在一定程度上削弱了马克思主义在人们心目中的牢固地位，使中国存在着"去马克思主义"的潜在危害。因此，帮助大学生确立马克思主义信仰，也是大学生建构自己的精神世界的内在需要。"思想政治理论教育是一种高层次的信仰教育""学习马克思主义理论，最根本的就是树立对马克思主义的信仰"③。从目标取向看，高校思想政治理论课教学，在向学生进行知识教育的同时，更加注重信仰教育，进行意识形态引导，用马克思主义和中国特色社会主义理论体系武装学生头脑；在能力上要着力提高大学生学会运用马克思主义基本原理、基本观点分析问题、解决问题的实际能力；在思想觉悟上要引导大学生确立马克思主义信仰，包括坚持中国共产党领导和树立中国特色社会主义共同理想。此外，高校思想政治理论课教学还要坚持理论性与批判性相结合的原则，即在深刻批判错误的价值观念和社会思潮的基础上，帮助大学生澄清理论是非，增强马克思主义的理论魅力，帮助大学生坚定对马克思主义的信仰。"思想政治理论课肩负着帮助大学生在理性分析的基础上

---

① 胡沫，周敏，张加明. 论思想政治理论课的知识教育与信仰教育属性［J］. 思想理论教育，2016（03）：56-61.

② 马克思恩格斯选集（第1卷）［M］. 北京：人民出版社，1995：9.

③ 刘川生. 大学生日常思想政治教育实效性研究［M］. 北京：北京师范大学出版社，2009：5.

真懂、真信马克思主义的历史重任。"① 简而言之，强调思想政治理论课教学的理论性，提高大学生的马克思主义理论素养，帮助大学生确立马克思主义信仰，是高校思想政治理论课教学与高中思想政治课教学的显著区别。总之，注重思想政治理论课教学的理论性，帮助大学生确立马克思主义信仰，是高校思想政治理论课教学的终极教育目标。

第二，与公共体育课相比，高校思想政治理论课的教育价值在于塑造大学生的思想灵魂。在高等教育中，体育课与高校思想政治理论课同属于公共必修课程，二者在课程设置的性质上是相同的，但其教育价值取向上则有着显著的区别。高校开设公共体育课，主要是帮助大学生了解体育运动的基本知识，掌握锻炼身体的基本技能，养成锻炼身体的良好习惯，旨在强身健体，提高大学生的身体素质。人类社会实践证明，身体是一个人生存和发展的本钱；没有好的身体，就没有一切。良好的身体素质是人们生活、学习和工作的生理因素，具有基础性的作用。因此，高校开设体育课程，提高大学生的身体素质，以确保大学生顺利完成学业，并为其以后的职业实践和可持续发展打下坚实的基础。与此相比，高校思想政治理论课教学则是系统地对大学生加强思想道德教育和思想政治教育，其教育价值在于塑造大学生的思想灵魂。注重道德教育，塑造人的思想灵魂，是中国古代教育的优良传统。《大学》云："大学之道，在明明德，在亲民，在止于至善。"这即是说，"明德""亲民""至善"，是大学教育的价值目标和内在灵魂。北宋政治家、史学家司马光说："德才兼备谓之圣人，德才兼失谓之愚人；德胜才谓之君子，才胜德谓之小人。""才者，德之资也；德者，才之帅也。""德"既是区分君子与小人的标准，也是"才"的统帅或灵魂。"育人为本，德育为先"，是当代中国教育的宗旨，也是对中国古代注重道德教育的继承和弘扬。人们常说："国无德不兴，人无德不立。"道德是一个国家兴旺发达的基础，也是一个人思想灵魂和立身处世的根本。就思想道德素质与身体素质的关系而言，思想道德素质是大学生综合素质中的核心要素和内在灵魂，身体素质是大学生综合素质中的基础要素和外在条件。其中，思想道德素质是人之为人的内在灵魂，没有道德或不讲道德，一个人就失去了"思想灵魂"，如同"行尸走肉"。如果没有良好的思想道德素质，知识素质、科学素质、身心素质、能力素质及文化素

① 周文华．论高校思想政治理论课从知识教育向信仰教育的转变［J］．思想教育研究，2013（01）：54—56.

质等将会失去应有的价值意义。

与体育课程相比较，高校思想政治理论课是对大学生进行思想灵魂教育的最佳课程，旨在帮助大学生树立崇高的理想信念，加强大学生的道德修养，提升大学生的精神境界。当代哲学家、教育家周国平先生说："灵魂的教育可以相对地区分为美育和德育。美育的目标是造就丰富的心灵，使人有丰富的情感体验和内心生活，德育的目标是造就高贵的灵魂，使人有崇高的精神追求和自觉的信仰。"① 从德育内容和目标看，高校思想政治理论课教学就是要引导大学生学习和践行社会主义核心价值观，引导大学生积极投身崇德向善的道德实践，讲道德、尊道德、守道德，追求高尚的道德理想，不断提升自己的精神境界。加强思想道德教育，帮助大学生树立崇高的理想信念，坚定大学生的道德信仰，提升大学生的思想道德素质，既是高校思想政治理论课的教育价值取向，也是时代发展的客观需要。习近平总书记说："道德之于个人、之于社会，都具有基础性意义，做人做事第一位的是崇德修身。"② 思想道德素质在大学生的综合素质中起着关键性的作用。人们常说，智育失误，培育的是"次品"；体育失误，培育的是"废品"；德育失误，培育的是"危险品"。从全面发展来审视，学生的德、智、体、美素质不是机械割裂的，也不是简单并列的，而是有机地融合在一起的，其融合的结果就是造就人格健全的人。而"德"则是健全人格的核心要素或思想灵魂。高等教育坚持"德育为先"，就是把思想道德教育放在首位，寓德育于智育、体育、美育之中，着力塑造大学生的健全人格。近代著名教育家蔡元培先生说："德育实为完全人格之本。若无德，则虽体魄智力发达，适足助其为恶，无益也。"③ 教育实践证明，一个完整或健全的人，应该是正常智力、健康体魄与高尚灵魂的有机结合。由此可见，体育课与高校思想政治理论课作为公共必修课，应该通力合作即把"强身健体"与"塑造灵魂"结合起来，对于促进大学生全面健康发展具有不可忽视的价值意义。总之，与公共体育课相比较，塑造大学生的思想灵魂是高校思想政治理论课特有的教育价值。

第三，与专业课相比，高校思想政治理论课的教育价值在于引导大学生学会做人。中国传统教育的核心取向就是教人学会做人，即教育人懂得"做人"的

① 周国平. 人文精神的哲学思考 [M]. 武汉：长江文艺出版社，2014：69.
② 习近平谈治国理政 [M]. 北京：外文出版社，2014：173.
③ 蔡元培文选 [M]. 北京：人民教育出版社，1980：15.

道理、"做人"的要求和"做人"的方法，并提出"做人"的理想人格境界，如儒家倡导理想人格境界有"圣人""贤人""君子"等。孔子说："德之不修，学之不讲，闻义不能徙，不善不能改，是吾忧也。"（《论语·述而》）这即是说，孔子担心的是，人们不修养品德，不研讨学问，听到符合道义的行为不去做，自己有错误而不能及时改正。简而言之，孔子强调人生在世要注重"学会做人"。做人"是中国人的日常的实践观念，是中国文化中一个既古老又保持着生命力的人文观念"①。其实，对一个人来说，做人与做事是合二为一的，做事先做人，因为人格境界的高低决定了做事的空间与成败；做人还要做事，因为人的各种能力或素质，只有在做事中才能得到体现和锻炼。哲学家冯友兰先生说，高等教育必须要分清两个问题："一个是关于一个人的学问和修养问题，一个是关于一个人的工作岗位和职业问题。"② 这即是说，高等教育要注意区分"做人"与"做事"的两种教育。无疑，包括理工农医等专业课教学，主要是侧重于自然科学教育，其目的在于帮助学生掌握专业理论知识，增强专业技能与提高科学素质，引导学生"学会做事"或"如何而生"。包括政治学、经济学、哲学、历史学、伦理学及文学等人文社会科学教育，其目的在于帮助学生丰富人文社会知识，增加人文智慧和提高人文精神，引导大学生"学会做人"或"为何而生"。

马克思、恩格斯认为，思想政治教育的任务就是培养和造就一批有觉悟的新人去实现无产阶级的历史使命，要通过生产劳动与智育、体育相结合，实现人的德智体全面发展。这为高校大学生思想政治教育指明了方向。从课程内容看，高校思想政治理论课属于人文社会科学范畴，它涵盖政治学、经济学、文化学、哲学、伦理学、历史学、法学等多学科理论，具有理论性与政治性、思想性与学术性、科学性与人文性、价值性与工具性等相结合的内在特质，其目的在于帮助学生提高人文素养与增加伦理智慧，增强适应社会能力，引导学生"学会做人"或"为何而生"。德国哲学家康德认为，人只有靠教育才能成为人，人完全是教育的结果。但是自近现代以来，工具理性扩张而价值理性式微，导致了教育功利主义和科技主义的盛行，结果教育把人给"碎片化"了，如西方马克思主义理论家马尔库塞所说的"单向度的人"。如果学校教育只侧重于专业教育而忽视人

---

① 廖申白. 我们的"做人"观念——含义、性质与问题 [J]. 北京师范大学学报（社会科学版），2004（02）：76-81.

② 冯友兰. 冯友兰学术论著自选集 [M]. 北京：北京师范大学出版社，1992：479.

文教育，其培养的人才往往是"有知识而没文化""有学问而没能力""有智慧而没有情感""有才智而无德性"。由此导致教育实践中"人的不在场"。故有人说，21 世纪的教育最重要的任务是"唤回失去的人"。实现"人之为人"的教育，是教育的真正回归。有学者指出："在当代社会，教师的第一职责应是教学生如何做人，第二是教学生如何思考，第三才是传授具体知识。"①"教学生如何做人"，既是教师的第一职责，也是教育本真的回归。马克思主义认为，实践中人的存在是马克思主义思想政治教育的逻辑起点。从高校思想政治理论课教学实践看，以"学生为本"，既发挥教师的主导性地位，又尊重学生的主体性地位；既有理论灌输，又有人文关怀；既要教育人、引导人，又要关心人、帮助人；既以理服人，又以情动人。由此可见，高校思想政治理论课的教学实践，生动地彰显了"以人为本""教书育人"的价值取向。教育的最佳境界应该是引导学生"学会做人"与"学会做事"的有机统一。而引导学生"学会做人"则是教育的关键所在。从引导学生学会做人看，高校思想政治理论课教学，就是通过理论教学和实践教学，逐步引导学生做一个如毛泽东所说的"一个高尚的人，一个纯粹的人，一个有道德的人，一个脱离了低级趣味的人，一个有益于人民的人"②。总之，与专业课相比较，引导大学生学会做人，是高校思想政治理论课最根本的教育价值。

第四，与心理健康教育课相比，高校思想政治理论课的教育价值在于提高大学生的文化素质。其实，心理教育既是思想政治教育的固有内涵，也是素质教育的特有内涵。21 世纪所需要的高素质人才，不仅要具备一定的专业知识与专业技能，而且要树立正确的世界观、人生观和价值观，具备高尚的道德情操和良好的心理素质。大学生在学校期间要顺利地完成学业，不仅需要健康的体魄，而且需要良好的心理素质。只有身心健康、体魄强健、意志坚强，才能胜任在校期间的学习任务和将来的职业工作。因此，高校开设公共体育课程和心理健康教育课程，是促进大学生健康成才、成长的客观需要。相比较而言，文化素质教育是高校思想政治理论课教学的基本目标，心理素质教育是大学生心理健康教育的应有目标。大学生心理健康教育课程开设，主要是针对当代大学生学习与择业压力过

① 袁贵仁. 价值观的理论与实践——价值观若干问题的思考［M］. 北京：北京师范大学出版社，2013：348.

② 毛泽东选集（第2卷）［M］. 北京：人民出版社，1991：660.

大、人际关系紧张、情感纠葛，以及理想与现实的反差等而引发的各种心理问题，具有很强的现实性和针对性。通过心理健康教育，旨在教会学生掌握应对心理问题的科学方法，学会合理调控自己的情绪，提高大学生的心理素质，完善大学生的心理品质。素质教育的基本内涵，是全面贯彻党的教育方针，面向全体学生，促进学生德智体美全面发展。就高等教育而言，实施素质教育，主要是对大学生进行文化素质教育。对大学生进行文化素质教育，主要是针对高等教育片面强调专业教育即科学教育而忽视人文教育，进而导致科学精神与人文精神失衡而引发的大学生全面发展问题。与心理健康教育相比，文化素质教育在整个教育中具有基础性的作用，它主要解决的问题是如何引导学生做一个有知识、有道德、有文化的人。从素质教育看，心理健康教育课程与高校思想政治理论课程，都是高校实施素质教育的内在教育机制，前者在于提高大学生的心理素质，后者在于提高大学生的文化素质。

马克思主义哲学认为，人创造了文化，文化又塑造了人。文化是人的创造物。没有人，就没有文化。而文化又是人生存和发展的基本条件。没有文化的发展，就没有人的发展。只有在高度发展的先进文化基础上，才能实现人的自由而全面发展。从个体的成长过程看，人是由自然人向社会人转化的。而实现由自然人向社会人的转化过程，就需要实行文化对人的教化。《周易》记载："刚柔交错，天文也；文明以止，人文也。观乎天文，以察时变；观乎人文，以化成天下。"其中"文化"具有"化成天下"的教化功能。无疑，文化具有育人的功能与价值。发展社会主义先进文化的根本任务，就是培育有理想、有道德、有文化、有纪律的"四有"新人。课堂教学具有鲜明的文化内涵和文化育人取向。有研究者指出："思想政治教育不仅从文化中摄取有益的资源，而且也把文化当成其教育活动的载体。而文化的精髓也时刻贯穿在思想政治教育活动的始终。同时，思想政治教育的实施过程也是文化的传承与创新的过程。"[①] 高校思想政治理论课教学，总是在一定的文化环境中传播先进文化理念和价值观取向。从文化类型审视，高校思想政治理论课程内含政治文化、经济文化、历史文化、哲学文化、道德文化、法律文化等文化内涵；从课程内容看，高校思想政治理论课程内含社会主义先进文化、革命文化、中华优秀传统文化及西方文化的先进成果等丰富内容。由此可见，高校思想政治理论课属于人文社会科学范畴，蕴含着丰富的

---

① 谢晓娟. 当代思想政治教育若干问题研究 ［M］. 北京：中共中央党校出版社，2012：115.

人文意蕴和文化价值理念。高校思想政治理论课教学是一种文化现象，也是一种文化传播机制。高校思政课教学承担着对大学生进行系统的马克思主义理论教育的任务，是传播马克思主义理论与马克思主义中国化理论成果的重要文化机制。从文化育人取向看，高校思想政治理论课教学，就是坚持以马克思主义为指导，以社会主义先进文化为主要内容，用社会主义核心价值观引领各种社会思潮，既要继承弘扬中华优秀传统文化，又要合理吸收借鉴外来文化先进成果，构筑大学生心灵的文化圈，着力培养大学生正确的文化价值观，增强大学生的文化自觉和文化自信，提高文化鉴别力和文化选择力。总之，与心理健康教育课程相比较，提高大学生的文化素质，是高校思想政治理论课基本的教育价值。

（三）结语

与高中思想政治课相比较，与高校不同学科或课程教学相比较，高校思想政治理论课教学具有鲜明而独特的教育价值。需要特别指出的是，帮助大学生确立马克思主义信仰、塑造大学生的思想灵魂、引导大学生学会做人及提高大学生的文化素质，它们之间不是截然分开的教育价值，而是相互联系、相互影响、相辅相成的相通融合关系，统一贯穿于高校思想政治理论课的教育教学实践中。高校思想政治理论课教师，应该遵循大学生思想政治教育规律，认真研究当代大学生的心理特点、思维特点和生活方式、行为方式，积极从教学方法、教学手段及教学内容等方面不断推进高校思想政治理论课的改革创新，不断增强教育教学的实效性和针对性，进而不断促进其教育价值的实现。

—— （原文刊登于《马克思主义学刊》2016 年第 3 期，收入本书时略加修改或补充）

三、关于提升高校思政课教学亲和力和针对性的若干思考

高校思想政治理论课承担着"立德树人"的根本任务。高校思政课教师要坚持在改进中加强思政课教学，如在教学内容上，坚持传播理论，加强信仰教育；在教学理念上，立足问题意识，坚持问题导向；在教学机制上，改善师生关系，加强情感交流；在教学模式上，革新传统教学，实施对话式教学；在教学载体上，与时俱进，自觉运用现代新媒体，进而不断提升高校思政课教学亲和力和针对性。

（一）前言

高校思政课承担着"立德树人"的根本任务。习近平总书记在全国高校思想政治工作会议上强调，要充分发挥高校思想政治理论课的主渠道作用，"思想政治理论课要坚持在改进中加强，提升思想政治教育亲和力和针对性，满足学生成长发展需求和期待……"① 其中，"亲和力"是指思想政治理论课的说服力、感染力和吸引力，"针对性"是指从学生的实际情况和所面对的理论问题和实践问题而展开的有的放矢的教学活动。高校思政课的亲和力和针对性具有内在的关联性，即亲和力是以针对性为基础的，而针对性以亲和力为目的。亲和力和针对性是增强高校思政课实效性的关键因素。

（二）高校思想政治理论课教学亲和力和针对性提升的创新视角

高校思政课教师要在遵循教育教学规律的基础上，着力从教学内容、教学理念、教学机制、教学模式及教学载体等层面进行创新，不断提升高校思政课教学亲和力和针对性。

第一，在教学内容上，坚持传播理论，加强信仰教育，不断提升高校思政课教学亲和力和针对性。提升高校思政课教学亲和力和针对性，首先要坚持传播理论，加强信仰教育。坚持传播马克思主义理论，加强马克思主义信仰教育，是中国特色社会主义大学的应有教育内容。信仰缺失、精神危机是当代社会的一个典型特征。应该说，信仰问题已经成为当代中国人普遍关注的重要问题。就国家意识形态而言，马克思主义是党和国家的指导思想，理应成为人们的政治信仰。"社会发展的过程是人们改造世界的过程和自我发展的过程，马克思主义以其鲜明的理论品格和实践个性，为人们提供了认识世界和改造世界（包括改造人类社会和自我发展）的科学的世界观以及方法论，应该成为我们的人生信仰。"② 从大学生群体来看，新时代大学生的思想道德、政治信念及精神风貌等都是健康良好的。但是，"对一些大学生来说，马克思主义信仰、共产主义理想等宏大问题似乎越来越远离他们的生活，'共产主义渺茫论'的观念在大学生中有一定影

---

① 习近平谈治国理政（第2卷）［M］. 北京：外文出版社，2017：378.
② 徐斌. 论坚定马克思主义信仰［J］. 马克思主义研究，2013（03）：83-88.

响。"① 对新时代大学生而言，没有正确的理论指导，人生就会迷失前进方向；没有科学的理想信念或信仰，人生就会失去精神定力。习近平总书记指出："广大青年一定要坚定理想信念。'功崇惟志，业广惟勤。'理想指引人生方向，信念决定事业成败。没有理想信念，就会导致精神上'缺钙'。中国梦是全国各族人民的共同理想，也是青年一代应该牢固树立的远大理想。"② 因此，坚持传播马克思主义理论，加强马克思主义信仰教育，是促进大学生精神成长的内在要求。高校思政课教师应该立足时代特征，紧密结合大学生实际及教学目标，将传播理论和信仰教育有机结合起来，着力构建具有亲和力和针对性的教学内容。

马克思、恩格斯创立的马克思主义哲学、政治经济学和科学社会主义及其基本原理、基本观点，为高校思政课奠定了坚实的理论基础。习近平总书记指出，办好我们的高校，"要坚持不懈传播马克思主义科学理论，抓好马克思主义理论教育，为学生一生成长奠定科学的思想基础。"③ 高校思政课教学，必须坚持马克思列宁主义、毛泽东思想和包括邓小平理论、"三个代表"重要思想、科学发展观及习近平新时代中国特色社会主义思想在内的马克思主义中国化理论教育，使马克思主义成为大学生人生实践的科学指南。它要求教师在教学过程中要善于运用理论自身的逻辑力量，使学生从内心深处真正认同马克思主义理论。马克思主义理论是知识体系与信仰体系的有机结合体。高校思政课，就是要在传授马克思主义的政治观、经济观、文化观、哲学观、道德观、法治观、社会观、历史观、民族观及国家观等知识理论的基础上加强马克思主义信仰教育，让学生掌握马克思主义的基本原理和基本观点，领会毛泽东思想和中国特色社会主义理论体系的精神实质，并学会运用马克思主义立场、观点和方法分析问题、解决问题，不断提升马克思主义理论素养，进而不断增强对中国特色社会主义的道路自信、理论自信、制度自信和文化自信。从理论特质看，马克思主义是真理性、科学性与人文性的有机统一。马克思主义的真理性、科学性在于揭示了人类社会发展的客观规律，即揭示了资本主义必然灭亡，社会主义和共产主义必然胜利的历史趋势；马克思主义的人文性在于关注人的现实生存境遇、关注人的自由而全面发展，显示其对人类命运的终极关怀，即只有在社会主义社会和共产主义社会里才

---

① 秦维红.加强大学生马克思主义信仰教育的思考［J］.思想理论教育导刊，2013（08）：119-122.

② 习近平谈治国理政［M］.北京：外文出版社，2014：50.

③ 习近平谈治国理政（第2卷）［M］.北京：外文出版社，2017：377.

能彻底消除资本主义社会中的人的异化或人的畸形发展的现象，进而促进人的自由而全面发展。"马克思主义的力量之源，就在于其彻底的人民性和持久的人文关怀，在于其对人的自由和解放的不懈追求。"① 也就是说，马克思主义理论彰显着鲜明的人文关怀和深厚的人本情怀。思想政治教育实践证明，马克思主义理论的真理性、科学性与人文性，具有很强的说服力、吸引力和感染力，是提升高校思政课教学亲和力和针对性的着力点。总之，坚持传播马克思主义理论，加强马克思主义信仰教育，这是提升高校思政课教学亲和力和针对性的应有教学内容。

第二，在教学理念上，立足问题意识，坚持问题导向，不断提升高校思政课教学亲和力和针对性。提升高校思政课教学亲和力和针对性，还需要教师在教学实践中秉持"立足问题意识，坚持问题导向"的应有教学理念。问题是时代的声音。马克思主义，就是马克思、恩格斯立足资本主义社会，在分析、批判和解决资本主义社会种种问题或矛盾中而创立的科学理论；毛泽东思想，就是以毛泽东为代表的中国共产党人运用马克思主义基本原理解决中国革命和建设实际问题而形成和发展的马克思主义中国化理论成果；包括邓小平理论、"三个代表"重要思想及科学发展观在内的中国特色社会主义理论体系，则是以邓小平、江泽民和胡锦涛为代表的中国共产党人运用马克思主义基本原理解决中国改革开放和现代化建设实际问题而形成和发展的马克思主义中国化成果；习近平新时代中国特色社会主义思想，则是以习近平为代表的中国共产党人运用马克思主义基本原理解决"四个全面"战略布局和民族复兴实际问题而形成和发展的马克思主义中国化最新成果。由此可见，立足问题意识，坚持问题导向，是进行马克思主义理论教育的内在要求。就目前高校思政课教学而言，在教学内容上，有的比较注重自上而下的单向度的理论灌输，而往往忽视理论与社会实际和学生实际的紧密联系，对社会的热点问题、难点问题和焦点问题，以及学生本身面临的问题回答不力，其结果是教学的针对性和实效性大打折扣。面对学生提出的各种问题，高校思政课教师，要勇于拿出活思想、活理论、活生生的人和事与学生开诚布公地讨论，只有厘清问题才能让人心悦诚服，也才能最终引导学生求真向善；同时还要自觉运用马克思主义立场、观点和方法，对当代中国社会的经济、政治、文化、社会和生态等问题作出合情合理的、令人信服的解答，特别是在大是大非问题上

① 郭凤海．"主义信仰"之根——中西信仰传统比较与坚定马克思主义信仰 [J]．党政干部学刊，2017（01）：18-26．

要理直气壮地坚持"四个自信"，旗帜鲜明地坚持党性原则，敢于"亮剑"，不断提高学生的政治鉴别力和价值判断力。立足问题意识，坚持问题导向，是新时代条件下提升高校思政课教学亲和力和针对性的必然要求。

立足问题意识，坚持问题导向，是启发式教学的内在要求，也是提升高校思政课亲和力和针对性的应有教学理念。"从大学生群体及其所处时代的具体问题出发展开基于问题意识的针对性教学，既是思想政治理论课目的的内在要求，也是思想政治理论课教学的本质属性和突出特色。"① 高校思政课教师立足问题意识，坚持问题导向，开展教学活动，需要把握三个方面：一是准确把握教材中的重点问题和难点问题，二是正确解答学生关注的社会热点问题、难点问题和焦点问题，三是及时回答学生日常生活中的现实问题等。同时，教师还应该从学生的实际情况出发或者说要从学生认知的角度设计具有多维性与开放性的问题。具体而言，教师在思政课教学过程中，通过"是什么""为什么""应该如何"及"怎样做"等问题意识，与学生共同探讨，做到"摆事实""讲道理""以理服人"，取得"价值共识"，不断深化学生对事物本质的认识和道德价值的探寻。同时，高校思政课教师还应积极创设"问题情境"，让学生在问题意识中感受马克思主义理论的魅力，真正理解和认同马克思主义理论，深化对中国特色社会主义理论问题和实践问题的理性认识。高校思政课教学内容丰富，涉及面广，但一定要针对新时代大学生思想实际有针对性地回答一些深层次的认识问题，及时解决新时代大学生所关注的国内外重大理论问题和现实问题上的困惑，确实落实习近平总书记提出的"四个正确认识"，即"正确认识世界和中国发展大势""正确认识中国特色和国际比较""正确认识时代责任和历史使命""正确认识远大抱负和脚踏实地"。② 这是做好新时代大学生思想政治教育工作的切入点和落脚点。总之，只有立足问题意识，坚持问题导向，才能激发学生对马克思主义理论的学习兴趣，才能调动学生对实现中华民族伟大复兴中国梦实践的参与热情，进而才能有效地将理论转化为学生的德性、能力和素质。立足问题意识，坚持问题导向，这是提升高校思政课教学亲和力和针对性的本有教学理念。

第三，在教学机制上，改善师生关系，加强情感交流，不断提升高校思政课教学亲和力和针对性。提升高校思政课教学亲和力和针对性，还需要改善师生关

① 唐昆雄，李金和. 思想政治理论课问题意识教学三题［J］. 思想理论教育，2012（23）：60–63.

② 习近平谈治国理政（第2卷）［M］. 北京：外文出版社，2017：377–378.

系，加强师生情感交流。因为情感是人类共有的心理机制。每个人都有着自己丰富的情感世界，没有情感或情感冷漠的人，那是不可想象的。情感是教育的基石，没有情感的教育，那也是不可想象的。朱小蔓教授认为，人与人之间的彼此需要及愿望，主要是通过情感表达出来的。注重情感交流沟通，是教育心理学的一条重要原理。教育心理学研究表明，教学过程是一个以心理活动为基础的认知过程和情感过程的统一，也就是说伴随着认知过程而产生，并对认知过程产生重大影响的是情感；其中积极的情感对认知活动具有促进作用。高校思政课教学过程，就是以师生之间的情感交流为基础的一种互动过程，它取决于课堂教学价值目标是满足学生在精神成长方面的自我需求，同时也取决于教学过程必然是引起学生内在情感运动的过程。高校思政课教学，如果只侧重于理论认知而忽视情感因素，就无法实现教育的价值目标。道德的内容如果不进入情感世界，就不具备真正的意义。诚如朱小蔓教授所言："当把感情从德育中抽离出来，只剩下干巴巴的道德规范知识传授的时候，德育就从根本上失去了它的魅力。"① 新时代大学生，是一个求知欲望强烈、情感饱满丰富、自我意识不断增强的特殊群体，其情感因素对高校思政课教学的亲和力与实效性产生直接而显著的影响。教育实践证明，思想政治教育不是简单地从概念到概念，从理论到理论，它还需要激发学生的感情，包括对祖国的忠诚、对人民的热爱及对民族传统文化的认同等，由此不断增强自己的历史使命感和时代责任感。因此，在高校思政课教学中，教师要充分认识情感机制的巨大作用，充分运用情感教育手段，善于与学生进行情感交流，及时进行情感梳理，以实现情理交融，进而实现预期的教学目标。

高校思政课教师与学生展开交流沟通，探讨问题，是建立在师生之间的情感基础之上的。教学实践证明，教师要尊重学生的主体地位，调动他们的学习积极性和主动性，其中就要将情感渗透到教学的各环节，以情激趣，以情导学，以情育人。因此，高校思政课教师在教学实践中必须要注重情感投入，如对学生的信任感、友善感、亲近感及责任感等，着力拉近与学生之间的心理距离，培育与学生之间的美好情感，不断增强学生对教学内容的接受和认同。苏联著名教育家斯卡特金曾说："我们建立了很合理的、很有逻辑性的教学过程，但它给积极情感的食粮很少，因而引起了很多学生的苦恼、恐惧和别的消极感受，阻止他们全力

① 朱小蔓. 道德教育论丛［M］. 南京：南京师范大学出版社，2002：20.

新时代大学生思想政治教育研究

152

以赴去学习。"① 也就是说，没有情感因素渗透于教学过程中，就会大大降低教学的亲和力和针对性。教学实践证明，情感投入是成为好教师的关键因素，也是增强教学亲和力和针对性的心理机制。师生之间情感深厚，就能激发学生学习的兴趣，学生乐意听老师的讲课，与此同时也会增加教师教学的信心和力量；相反，如果师生之间情感淡化，学生就会降低学习的兴趣，甚至会厌恶老师的讲课，与此同时也会减弱教师教学的信心和力量。列宁说："没有人的情感，就从来没有也不可能有人对于真理的追求。"② 也就是说，情感因素是人们热爱真理、追求真理的心理机制。因此，高校思政课教师在教学过程中，善于与学生建构双向互动的情感交流机制，要有意识地培养学生对马克思主义经典作家和老一辈无产阶级革命家深厚的情感，进而有助于他们深入地学习和研究马克思主义与中国特色社会主义理论体系。鉴于此，教师应自觉以情感为纽带创设教学情境，通过情感驱动，营造一个情感场景或浓厚的情感氛围，以感染学生情绪，激起学生情感上的共鸣，从而激发学生对马克思主义理论的价值认同和积极践行。总之，在高校思政课教学过程中，既要以理服人，又要以情动人；通过情感交流，拉近师生之间的心理距离，也即只有"走近"学生，才能"走进"学生。改善师生关系，加强情感交流，这是提升高校思政课教学亲和力和针对性的内在教学机制。

第四，在教学模式上，革新传统教学，实施对话式教学，不断提升高校思政课教学亲和力和针对性。"讲授式教学"是一种源远流长的传统教学模式，它固然有利于知识传授，但是由于把教师与学生视为一种主体与客体、自上而下的不对等关系，故教学亲和力和针对性大打折扣。因此，提升高校思政课教学亲和力和针对性，还需要革新传统教学，实施对话式教学。对话式教学是现代教学模式的一种创新。它是巴西著名教育家保罗·弗莱雷提出的一种教学模式。弗莱雷认为，教育具有对话性，教学应该是一种基于师生双方平等、友爱、信任的真诚对话，主张用"对话式教学"代替传统"讲授式教学"，用"解放教育观"来批判"储蓄教育观"，以达到认识世界和改造世界的目的。德国教育家克林伯格也认为，在所有的教学中，都进行着最广义的对话，不管哪一种教学方式占支配地位，相互作用的对话都是优秀教学的一种本质性标识；教学原本就是形形色色的对话，具有对话的性格。对话式教学是一种主体型教育模式，它突破了传统的单

---

① 教育部基础教育司. 走进新课程——与课程实施者对话［M］. 北京：北京师范大学出版社，2002：118.

② 列宁全集（第21卷）［M］. 北京：人民出版社，1990：255.

一刻板的教育模式，它既发挥了教师"教"的主体性，也发挥了学生"学"的主体性，在两个主体性的相互作用中，把教与学的对立与统一转化到师生主体性的对话式教学中，真正实现了"教学相长"的目标。"教学创新的基础是师生互为主体。师生互为主体是主体性教学的内在要求，是实现教学互动的条件。教学双向互动是实现教学创新的关键，教学互动的根本又在于'善教'与'乐学'。"[1] 对话式教学模式，突出师生间的双向平等交流与合作，强调教与学的统一，让教学过程在突出学生主体性的动态中生成，避免教师单向度的理论灌输与脱离具体的教学情境。现代教育理论认为，教学过程是一种特殊的交往过程，在遵循学生的认知特点和教育教学规律的基础上，视教师、学生、文本为平等对话的主体，着力营造民主、平等、友爱、合作的课堂氛围，通过师生间、生生间在认知、情感、价值观等方面的多维对话互动，以实现学生自我建构和自我发展的教学目标。

对话式教学是教学创新重要的组成部分，也是提升高校思政课教学亲和力和针对性的内在要求。对话式教学模式运用于高校思政课教学，能够激发学生的学习动机，调动学生学习的积极性、主动性和创造性，在师生之间的双向沟通和合作中，有助于建构知识，发现真理，解决问题；能够满足学生多方面的学习诉求，培养学生的道德判断能力和价值选择能力；有利于增强学生的参与意识，激发学生的思维兴趣，解决学生思想认识上的困惑；有助于帮助学生理解马克思主义和中国特色社会主义理论体系的精神实质，坚定正确的政治方向，树立正确的世界观、人生观和价值观。基于此，实现大学生对马克思主义理论的"真懂""真信""真用"。鉴于此，高校思政课教师，应根据教学内容与教学目标，着力建构对话式教学模式，如案例式对话、问题式对话、讨论式对话、思辨式对话、情境式对话及网络对话等，在师生的对话互动和双向交流中，拓展学生的理论视野，启迪和引导学生在思想的碰撞中训练心智、陶冶情操、明辨是非、坚定信心，以提升思想政治理论课的亲和力和针对性。同时，在师生对话式教学过程中，教师须关注学生的学习兴趣、学习态度、学习意志力及情感需要，以发展学生的非智力性因素，不断提高思政课教学的亲和力和针对性。教学实践证明，好的思想政治理论课，既有现实性和针对性，又有互动性和参与性，在师生的亲和合作探究中，激发学生学习的主体性，让马克思主义理论和社会主义核心价值观

---

[1] 华长慧. 教学创新：构建师生互为主体的平台 [J]. 教育研究，2003 (09)：75-79.

真正"入脑""入心""入行"。总之，高校思政课教师，要积极改革传统教学模式，抑或是把传统教学模式的优势与对话式教学模式的优势有机结合起来，在师生之间的对话式教学中，将社会倡导的主流意识形态、伦理道德理念及精神价值取向等内化为学生的自觉意识，并通过实践教学外化为学生的自觉行为。革新传统教学，建构基于师生之间平等的对话式教学，是提升高校思政课教学亲和力和针对性的外在教学模式。

第五，在教学载体上，与时俱进，自觉运用现代新媒体，不断提升高校思政课亲和力和针对性。提升高校思政课亲和力和针对性，不仅需要改进教学内容，革新教学模式和教学机制，而且需要顺应时代潮流，与时俱进，自觉运用现代新媒体新技术。坚持自觉运用现代新媒体，是提升高校思政课亲和力和针对性的有效教学载体。由于各种社会思潮相互激荡、文化多元化盛行及传统价值根基动摇的多种影响，高校思政课的生态环境发生了极大的改变，它既给高校思政课带来了难得的机遇，也提出了严峻的挑战。新媒体通过文字、音频、视频、图像等改变了传统媒体的传播模式，大大拓展了思政课教学的时空平台，越来越受到大学生的青睐，极大地提升了学生学习的主体性和能动性，有利于学生的自我建构、自我教育、自我提升和自我完善。习近平总书记在全国高校思想政治工作会议上发表的重要讲话中指出："要运用新媒体新技术使工作活起来，推动思想政治工作传统优势同信息技术高度融合，增强时代感和吸引力。"① 因此，高校思政课教师，应该顺应时代的发展，着力探究"互联网+"背景下，将包括手机 App 客户端研发等在内的新媒体与高校思政课教学有机结合，使思政课的教学洋溢着浓郁的时代气息，满足学生对新鲜事物的需求。不过需要强调的是，高校思政课教师自觉运用新媒体于思政课教学，需要做到以下几点：一是要有坚定的党性原则、鲜明的政治立场和正确的价值导向，使新媒体新技术成为传播马克思主义理论和社会主义核心价值观的教学平台。二是要坚持文化育人理念，把科技文化与人文文化相结合，把求真的价值取向与求善的道德境界有机结合起来，不断提升教学亲和力和针对性。三是要坚持理论与实际相结合原则，优化教学内容，使新媒体新技术承载"贴近生活、贴近实际、贴近学生"的教学内容，促进思政课教学"扬正气""接地气"，进而不断提升教学亲和力和针对性。

自觉运用新媒体于高校思政课教学实践，是教学载体创新的时代要求。在中

---

① 习近平谈治国理政（第2卷）［M］.北京：外文出版社，2017：378.

国特色社会主义进入新时代的宏观背景下，高校思政课教师如何帮助大学生坚定马克思主义信仰，如何帮助大学生树立中国特色社会主义共同理想，如何引导大学生自觉践行社会主义核心价值观，用中国梦激扬青春梦，是摆在每个高校思想政治教育工作者面前的新课题。高校教师要克服陈旧的教学观念，革新僵化的教学模式，学会用学生喜闻乐见的形式开展教学活动，让学生真心喜欢、心悦诚服，真正感受到思想政治教育的人文情怀和价值所在。顺应新媒体新技术的迅速发展潮流，高校思政课教师要发挥互联网载体的作用，着力打造高校校园思想政治教育网络平台，既要有课堂上面对面的娓娓道来，也要有通过新媒体新技术与学生线上线下、课内课外的交流互动。同时，高校思政课教师要把握新媒体的"时""度""效"的规律，对接学生心理与需求，创造学生乐于接受的表达方式，真正成为运用现代新媒体的行家里手，不断提升教学的亲和力和针对性。具体而言，高校思政课教师利用新媒体有意识地搜索和有关弘扬中华优秀传统文化或中国历史文化的好文章，有关践行社会主义核心价值观的道德典范，有关弘扬社会主义法治精神的司法案例，有关习近平新时代中国特色社会主义思想研究的学术论文等转发给学生阅读或学习，并提出具体的学习要求；或者利用新媒体引导学生对各种负面信息和错误的社会思潮开展"网络批判""学术批判"，以澄清是非，提高学生的思想认识水平和价值判断力。简言之，要把高校思政课教学与大学生的网络学习和求知相结合，增强师生之间的互动性，使思政课教学真正"活"起来、"动"起来，不断提升教学的亲和力和针对性。

（三）结语

办好思政课关键在教师。高校思政课教师在遵循思想政治教育规律、教育教学规律及学生成长规律的基础上，坚持在改进中加强高校思政课教学，如在教学内容上，坚持传播理论，加强信仰教育；在教学理念上，立足问题意识，坚持问题导向；在教学机制上，改善师生关系，加强情感交流；在教学模式上，革新传统教学，实施对话式教学；在教学载体上，与时俱进，自觉运用现代新媒体。基于此，不断提升高校思政课教学的亲和力和针对性。不断提升高校思政课亲和力和针对性，是思政课教师不断探索的永恒课题。

——（原文刊登于《思想政治课研究》2018 年第 4 期，收入本书时略加修改或补充）

四、论中华优秀传统文化与高校思想政治理论课教学的融合

中华优秀传统文化与高校思想政治理论课教学具有融合的可能性和必要性，从教学内容来看，马克思主义教育与中华优秀传统文化教育的结合是高校思想政治理论课教学的内在要求；从教学目标来看，弘扬中华优秀传统文化对帮助大学生树立正确的世界观、人生观和价值观具有根源性意义；从学生实际情况来看，许多大学生对民族传统文化的基本常识知之甚少，更谈不上有文化自觉意识；从学校层面来看，经典阅读、课堂教学及实践教学等，是实现中华优秀传统文化与高校思想政治理论课教学融合的现实路径。

(一) 问题的提出

中华优秀传统文化是中华民族的独特精神标识和宝贵精神财富，是我们在当今世界多种思想文化相互激荡中站稳脚跟的根基。批判继承中华传统文化，并结合时代精神进行创造性转化，对完善社会主义市场经济和促进现代化建设具有独特的人文价值或精神价值。在经济全球化、政治多极化和文化多元化的时代，继承和弘扬中华优秀传统文化，是深化改革开放和推进社会主义现代化建设，实现中华民族伟大复兴中国梦的客观需要。

中华传统文化特别是儒家文化与马克思主义的关系，是学界不断探讨的重大问题。不断探讨中华传统文化与马克思主义的相通相融关系，是推进马克思主义中国化的内在要求。汤一介先生认为，中华传统文化与马克思主义是影响中国社会的"两个传统"。他说："影响着我国社会可以说有两个传统，一个是几千年来的国学，即中国历史上的传统文化，其中影响最大的是儒家思想文化，我们可以称之为老传统；另一个是影响着中国社会、改变着中国社会面貌的马克思主义，我们可以称之为新传统。"[1] 应该说，"新传统"即马克思主义是民族之"魂"，"老传统"即中华传统文化是民族之"根"。在建设中国特色社会主义的伟大实践中，我们不仅要坚守"新传统"，而且要弘扬"老传统"，并且要逐步使两个传统在结合中创新，使之推进中国特色社会主义文化建设顺利发展。在国

---

[1] 汤一介. 瞩望新轴心时代——在新世纪的哲学思考 ［M］. 北京：中央编译出版社，2014：140.

家意识形态领域，我们要坚持马克思主义指导，为建设中国特色社会主义提供
"主导意识"，同时要弘扬中华优秀传统文化，为建设中国特色社会主义提供
"支援意识"。可见，弘扬中华优秀传统文化与坚持马克思主义指导是"并行不
悖"的。

　　思想政治教育是一种文化形态，也是一个文化传承创新的过程。它以文化传
承创新的方式或方法促进人的全面发展。大学教育作为国民教育的最高层次，在
继承和发扬中华优秀传统文化方面负有不可推卸的责任。教育部颁布的《完善中
华优秀传统文化教育指导纲要》指出："大学阶段，以提高学生对中华优秀传统
文化的自主学习和探究能力为重点，培养学生的文化创新意识，增强学生传承弘
扬中华优秀传统文化的责任感和使命感。"其实，大学生思想政治教育既要做到
对大学生进行马克思主义理论教育，帮助大学生确立马克思主义的科学信仰，坚
定中国特色社会主义的理想信念，不断提升大学生的思想政治素质和道德素质，
同时又要做到对大学生进行中华优秀传统文化教育，帮助大学生树立正确的文化
价值观，不断增强大学生的文化自觉与文化自信。文化是民族的根，是人民的精
神食粮，文化具有育人的价值功能。文化育人是当代中国高等教育的重要使命，
要用中华优秀传统文化滋润、涵养大学生，安顿大学生的心灵，使之成为大学生
的精神食粮。从一定意义上说，理想信念教育有助于"凝魂聚气"，传统文化教
育有助于"强基固本"。在大学生思想政治教育中，同时进行马克思主义教育与
中华优秀传统文化教育，应"并行不悖"。

　　有鉴于此，继承和弘扬中华优秀传统文化，既是现代化建设的需要，也是推
进马克思主义中国化的需要，还是加强和改进大学生思想政治教育的需要。张岱
年先生指出："在现今时代，做一个中国人，最重要的是具有爱国意识，而爱国
意识有一定的思想基础。必须感到祖国的可爱，才可能具有爱国意识。而要感到
祖国的可爱，又必须对于中国文化的优秀传统有正确的理解。"① 高校思想政治
理论课教学是对大学生进行思想政治教育的主渠道，在继承和弘扬中华优秀传统
文化与培育爱国主义精神方面具有不可替代的作用。

---

① 张岱年. 国学要义［M］. 北京：北京大学出版社，2012：3.

（二）中华优秀传统文化与高校思想政治理论课教学融合的可能性和必要性

文化传承创新是高等教育的使命，与高校思想政治理论课教学具有内在的关联。对大学生进行中华优秀传统文化教育，是新时期大学生思想政治教育内容的重大创新。促进思想政治教育与中华优秀传统文化教育的紧密结合，是加强和改进大学生思想政治教育的重要环节。从一定意义上说，中华传统文化是一种伦理型的文化。"在整个中国传统文化中，伦理思想的确占有很重要的地位。在中国古代的哲学、政治、历史、文学、教育思想中，伦理思想贯穿其始终，而且哲学思想、政治思想、伦理思想和教育思想等又是紧密结合在一起的。"① "中华优秀传统文化教育的道德感召力与思想政治教育的科学说服力，恰能优势互补、相得益彰，向青少年传达'完善自我'与'改造世界'兼容并重的完整价值导向。"② 实现中华优秀传统文化与高校思想政治理论课教学的融合，是加强和改进大学生思想政治教育的时代课题，具有可能性和必要性。

第一，从教学内容来看，马克思主义教育与中华优秀传统文化教育的结合是高校思想政治理论课教学的内在要求。高校思想政治理论课是对大学生进行马克思主义教育的主渠道，其基本概念、基本原理及基本观点等都是马克思主义中国化的理论成果结晶。马克思主义与中华优秀传统文化相结合，是马克思主义中国化的应有之义。积极传授和弘扬中华优秀传统文化，实现中华优秀传统文化教育与马克思主义教育的结合，是高校思想政治理论课教学的应有内容。高校思想政治理论课是融知识、思想、理论、文化于一体的综合性课程，涵盖历史文化、政治文化、经济文化、哲学文化、伦理文化等丰富多彩的传统文化内涵。"民为邦本""协和万邦""仁者爱人""自强不息""厚德载物""和而不同""天人合一""知行合一""己欲立而立人，己欲达而达人""己所不欲，勿施于人""兼爱""非攻""道法自然""崇俭抑奢""尊道贵德""天下为公""天下兴亡，匹夫有责""经世致用""大同理想"等，都是中华传统文化的精华。中华优秀传统文化为高校思想政治理论课教学提供了深厚的文化底蕴和精神理念。可以说，中华优秀传统文化是高校思想政治理论课教学的根源性文化资源。社会主义核心

---

① 罗国杰. 传统伦理与现代社会［M］. 北京：中国人民大学出版社，2012：387.

② 孙正林. 完善中华优秀传统文化教育的几个关键环节［N］. 中国教育报，2014-06-30.

价值观是马克思主义中国化的最新理论成果，引导大学生践行社会主义核心价值观，是大学生思想政治教育的主要内容和根本任务。弘扬中华优秀传统文化，实现马克思主义教育与中华优秀传统文化教育的结合，是高校思想政治理论课教学的内在要求。

第二，从教学目标来看，弘扬中华优秀传统文化对帮助大学生树立正确的世界观、人生观和价值观具有根源性意义。帮助大学生树立正确的世界观、人生观和价值观，是高校思想政治理论课教育教学的主要目标。帮助大学生树立正确的世界观、人生观和价值观，固然需要以马克思主义为指导，但也离不开中华优秀传统文化的根源性资源。因为中华优秀传统文化与马克思主义有很多相通、相契合的地方，如"躬行践履"与马克思主义的实践观，"革故鼎新"与马克思主义的发展观，"天人合一"与马克思主义关于人与自然的统一观，"相反相成""物极必反"与马克思主义的辩证法，"大同思想"与马克思主义的共产主义理论等。思想政治教育具有显著的文化属性，思想政治教育回归文化，提高大学生思想政治教育的文化含量，既是加强和改进大学生思想政治教育的应然要求，也是顺应当今世界文化多元发展的时代要求。古人云："观乎人文，以化成天下。"（《易经·贲》）人是创造文化的主体，文化反过来则又塑造人，使人得到自由全面的发展，即是说文化具有"以文化人""以文育人"的价值功能。文化作为一种无处不在的生活样式，不仅影响人们的思维方式、行为方式及生活方式，而且影响人们的世界观、人生观和价值观。中华优秀传统文化博大精深，凝结着中华民族普遍认同和广泛接受的伦理规范、思维方式和价值取向，内含着中华民族对宇宙自然、人生理想、社会发展及审美取向的根本理念，可谓是高校思想政治理论课教学的文化源泉。2013 年 3 月，习近平总书记在中央党校建校 80 周年庆祝大会暨 2013 年春季学期开学典礼上发表重要讲话时指出："中国传统文化博大精深，学习和掌握其中的各种思想精华，对树立正确的世界观、人生观、价值观很有益处。"[①] 由此可见，在高校思想政治理论课教学中，加强中华优秀传统文化教育，对于培养学生正确的世界观、人生观和价值观具有根源性意义。总之，在高校思想政治理论课教学中，自觉地渗透中华优秀传统文化元素，有助于教学目标的实现。

[①]　习近平. 在中央党校建校 80 周年庆祝大会暨 2013 年春季学期开学典礼上的讲话［N］. 人民日报，2013-03-03.

第三，从学生实际情况来看，许多大学生对民族传统文化的基本常识知之甚少，更谈不上有文化自觉意识。民族文化是一个国家、一个民族的精神和智慧的体现，也是一个国家、一个民族的"身份证"。大学生是祖国的未来、民族的希望，对大学生加强中华优秀传统文化教育，不仅有利于培养中华优秀传统文化的继承者和弘扬者，而且有助于增强大学生的文化自觉意识。费孝通先生认为："文化自觉只是指生活在一定文化中的人对其文化有'自知之明'，明白它的来历、形成过程、所具有的特色和它发展的趋向，不带任何'文化回归'的意思。不是要'复旧'，同时也不主张'全盘西化'或'全盘他化'。自知之明是为了加强对文化转型的自主能力，取得适应新环境、新时代文化选择的自主地位。"①文化自觉，既是一种文化意识，也是一种文化反思，还是一种文化价值认同。文化自觉肯定文化的多样性，尊重文化的差异性，彰显"和而不同"的文化价值原则。在高校思想政治理论课教学中融入中华优秀传统文化元素，加强中华优秀传统文化教育，引导大学生走向文化自觉，对于促进民族文化的传承创新和正确认识多元文化的共存发展具有重要的意义。继承与弘扬民族优秀传统文化是高等教育的重要功能，高校是文化传承创新的重要载体。因此，高校思想政治理论课在教学中融入中华优秀传统文化，培养大学生的文化自觉意识，确保中华民族的精神血脉得以薪火相传，是其不可推卸的历史责任。总之，在思想政治理论课教学中融入中华优秀传统文化元素，有助于培养大学生的文化自觉意识，进而增强大学生的文化自信。

（三）中华优秀传统文化与高校思想政治理论课教学融合的现实路径

文化是教育的内核，文化育人是教育的应有之义。课堂教学具有鲜明的文化内涵和文化育人取向，高校思想政治理论课教学总是在一定的文化环境中传播先进文化理念和价值观取向的。如何实现中华优秀传统文化与高校思想政治理论课教学的融合，是教育工作者不断探索的理论问题和实践问题。在课程建设和课程标准修订中强化中华优秀传统文化内容，从学校层面看，经典阅读、课堂理论教学及实践教学等是实现中华优秀传统文化与高校思想政治理论课教学融合的现实路径。

---

① 费孝通. 文化与文化自觉 [M]. 北京：群言出版社，2010：195.

第一，经典阅读是中华优秀传统文化与高校思想政治理论课教学融合的知识前提和基础。经典是民族文化的精粹，是民族精神的凝结，也是人类文明的积淀。中华文化经典博大精深、源远流长，是中华民族宝贵的精神财富。引导大学生阅读中华传统文化典籍，是对大学生进行中华优秀传统文化教育不可或缺的环节。事实证明，经典阅读在整个国民教育中具有不可替代的地位，是当代中国人和大学生价值观建构的重要来源之一。朱自清先生指出："在中等以上的教育里，经典训练应该是一个必要的项目。经典训练的价值不在于实用，而在于文化。"①美国教育心理学家奥苏贝尔的认知同化理论认为，学生能否习得新知识，主要取决于他们知识结构中已有的观念。有意义学习就是在新信息与学生认知结构中已有的有关观念的相互作用的基础上发生的。由此可见，开展经典阅读，引导学生阅读中华传统文化典籍，是思想政治理论课课堂教学融合优秀传统文化元素的知识前提和基础。

第二，课堂理论教学是中华优秀传统文化与高校思想政治理论课教学融合的主要路径。课堂教学是传授知识、传承文化、训练思维及提升素质的主要途径。思想政治理论课的课堂理论教学是对大学生进行思想政治教育的主渠道。课堂理论教学，既是知识传授的过程，也是意义生成的过程，还是良好的心理品质和思想品德养成的过程。课堂理论教学是实现中华优秀传统文化与思想政治理论课教学融合的主要途径。中华传统文化在几千年的历史长河中，已深深地融化在中华民族的思想意识里，积淀为一种文化基因，成为民族文化心理结构的重要组成部分。在课堂理论教学中，自觉地运用中华优秀传统文化的价值理念、核心命题或经典格言等，来解读教材中的基本原理和基本观点，不仅能够增加思想政治理论课课堂教学的文化含量，而且能够增强学生对马克思主义中国化与中华优秀传统文化相结合的理解或把握。总之，课堂理论教学是实现中华优秀传统文化与思想政治理论课教学融合的主要路径。

第三，实践教学是中华优秀传统文化与高校思想政治理论课教学融合的有效路径。高校思想政治理论课课程，既是理论性很强的课程，也是实践性很强的课程。大学生不仅要向书本学习，还要向实践学习。大学生在课堂上习得的文化理念、思想观念、道德规范及价值意涵等，只有在实践中才能得到验证与强化，才能外化为自己的品德素质和行为方式。实践教学是课堂理论教学的延伸与拓展。

---

① 朱自清. 朱自清全集（第6卷）［M］. 南京：江苏教育出版社，1990：3.

冯契先生提出的"化理论为德性""化理论为方法"的哲学命题，对开展实践教学具有启迪意义。无论是"化理论为德性"，还是"化理论为方法"，都离不开实践的辩证法。习近平总书记在北京大学师生座谈会上指出："道不可坐论，德不能空谈。于实处用力，从知行合一上下功夫，核心价值观才能内化为人们的精神追求，外化为人们的自觉行动。"① 因此，开展实践教学具有重要的现实意义。实践教学涵盖两个方面：一是指导学生撰写有关中华优秀传统文化的小论文。在熟读经典的基础上，在理论教学与传统文化优秀成分相融合的前提下，教师应该紧密联系当今理论界、学术界的热点问题或当今中国社会的实际问题，拟定相关传统文化的论题，让学生自由选择、思考探究、认真撰写。通过撰写中华优秀传统文化的小论文，提高学生对民族传统文化的理解与掌握程度。二是组织学生参观体现中华优秀传统文化的文物古迹或爱国主义教育基地。在参观考察的基础上，引导学生写观后感或撰写相关小论文。总之，通过把"读与写""看与写"结合起来，使得学生对中华优秀传统文化的认识由感性认识上升为理性认识，进而内化为自己的思想品德及行为方式。总之，高校应该争取社会支持，围绕弘扬中华优秀传统文化，有计划地建立一批稳定的德育文化基地和社会活动基地，不断拓展社会实践的活动领域，实现思想政治理论课理论教学与实践教学的项目化和制度化，真正做到课外与课内、理论与实践的相互促进。总之，实践教学是中华优秀传统文化与高校思想政治理论课教学融合的有效路径。

对大学生进行中华优秀传统文化教育，实现中华优秀传统文化与高校思想政治理论课教学的融合，经典阅读是知识前提和基础，课堂理论教学是内化和吸收，实践教学是外化和践履。经典阅读、课堂理论教学与实践教学，三者构成"三位一体"的教育路径，由此不断增强中华优秀传统文化教育的自觉性、实效性和针对性。

（四）余论

对大学生进行中华优秀传统文化教育，是一项系统工程。中华优秀传统文化与高校思想政治理论课教学的融合，还要做到下列几点：一是民主性精华与封建性糟粕的区分；二是批判继承与综合创新的结合；三是传统文化知识传授与传统人文精神弘扬的结合；四是优秀传统文化核心理念与马克思主义基本原理的结

---

① 习近平谈治国理政［M］. 北京：外文出版社，2014：173.

合；五是弘扬民族优秀传统文化与借鉴外来文化先进成果的结合；六是建设中华优秀传统文化网站与打造校园文化的结合。只有如此，才能真正实现中华优秀传统文化与高校思想政治理论课的融合，才能真正实现对大学生进行中华优秀传统文化教育，不断增强大学生的文化自觉与文化自信，不断增强大学生的民族自尊心和自信心，进而激发大学生的爱国主义情感和实现中华民族伟大复兴中国梦的热情。

——（原文刊登于《思想理论教育》2014 年第 12 期，收入本书时略加修改或补充）

五、论抗疫精神融入高校思政课教学的德育意义

2020 年初春以来，全国人民在以习近平同志为核心的党中央领导下，万众一心，众志成城，在抗击新冠肺炎疫情的伟大斗争中，铸就了以"生命至上、举国同心、舍生忘死、尊重科学、命运与共"① 为主要内容的伟大抗疫精神。抗疫精神是一种伟大的民族伦理精神，是中华民族自强不息品格的时代体现，是爱国主义、集体主义和社会主义精神的传承与发展，也是战胜新冠肺炎疫情且取得重大战略性成就的精神密码。

从精神结构看，抗疫精神是中华民族精神、中国共产党革命精神和时代精神的现实凝结，也是科学精神与人文精神的有机融合，还是德治精神与法治精神的时代结合；从伦理道德看，抗疫精神是中华优秀传统道德、中国革命道德和社会主义道德的融合结晶；从价值观看，抗疫精神是社会主义核心价值观的集中体现；从文化视角看，抗疫精神是党在中国特色社会主义新时代培育和弘扬中国精神的一种文化自觉和文化自信，是中华优秀传统文化和革命文化的继承与弘扬，也是社会主义先进文化的重要组成部分。将抗疫精神融入高校思政课教学具有显著的德育意义。

（一）抗疫精神融入高校思政课教学的内在要求

精神是人所特有的。唯有精神才能把人与动物区别开来。中华民族有着崇尚

---

① 习近平．在全国抗击新冠肺炎疫情表彰大会上的讲话［N］．人民日报，2020-09-09.

精神的优良传统，不仅倡导精神生活高于物质生活，而且表现为对理想人格的追求和理想社会的建构，强调人之为人要有独特的精神气质和高尚的精神品质。注重精神教育是对中华民族崇尚精神优良传统的继承与弘扬。注重精神教育或中国精神教育用现代新儒家梁漱溟先生的话说就是"精神陶炼"。所谓"精神陶炼"，"就是要帮助大家早一点明白，早一点认识中国民族精神，早一点锻炼自己的精神，好为中国社会服务。"① 又说："中国民族复兴也要靠中国教育、中国精神陶炼。"② 尽管梁漱溟先生所说的中国精神与我们现在提倡的中国精神有显著的区别，但"精神陶炼"说对我们加强中国精神教育，涵养人们的精神世界，锤炼人们的精神品质，增强人们的精神力量，进而激发人们为实现中华民族伟大复兴中国梦而不懈奋斗，具有重要的启示意义。

毛泽东同志强调，"人是要有一点精神的"③，道出了精神生活在人生中的重要意义，同样一个国家或民族也要有强大精神。历史与现实证明，民族精神是一个民族生存和发展的精神力量。在中国近代史上，国粹派提出的"国魂说"，梁启超提出的"新民说"，孙中山先生提出的"中华说"和"建设说"等，实际上都是对中华民族精神的近代重塑，其目的在于提振国民精神，实现救亡图存。习近平总书记指出："人无精神则不立，国无精神则不强。精神是一个民族赖以长久生存的灵魂，唯有精神上达到一定的高度，这个民族才能在历史的洪流中屹立不倒、奋勇向前。"④ 青年大学生是国家的前途和民族的未来，他们的精神状况或精神素质直接关系到中国特色社会主义事业的兴衰成败。因此，加强精神教育，帮助新时代大学生塑造优良的精神品质和提升高尚的精神境界，不仅是个人健康成长的内在需要，也是建设中国特色社会主义和实现中华民族伟大复兴中国梦的客观要求。我们思政课教师要深刻领会加强精神教育的重要意义和时代价值，自觉将中国精神和抗疫精神融入高校思政课教学，着力塑造大学生优良的精神品质和提升他们高尚的精神境界。

党领导人民抗击疫情的伟大实践，为高校开展大学生思想政治教育工作提供了新内容、新素材、新载体。抗疫精神是对中国精神的生动诠释，也是中国精神的时代彰显。抗疫精神是中国特色社会主义文化的重要组成部分，蕴含着中华民

---

① 梁漱溟. 教育与人生：梁漱溟教育文集［M］. 北京：当代中国出版社，2012：78.
② 梁漱溟. 教育与人生：梁漱溟教育文集［M］. 北京：当代中国出版社，2012：64.
③ 毛泽东文集（第7卷）［M］. 北京：人民出版社，1999：162.
④ 习近平谈治国理政（2卷）［M］. 北京：外文出版社，2017：47-48.

族特有的精神品格、道德观念和价值取向，是从中国先进文化中积蓄起来的昂扬向上的精神力量，具有显著的思想政治教育价值，"在于引导普通民众对英雄品质的肃然起敬和对伟岸人格的心驰神往，并在个人生活中保持一种积极向上的态度，去竭力实现人生所能达到的理想高度。"① 习近平总书记关于抗疫精神的重要论述为高校开展思想政治教育提供了鲜明的教育导向和良好的教育情境。"弘扬伟大抗疫精神应是教育战线的责任担当和自觉行动。"② 在疫情防控态势下，对大学生加强中国精神教育，其重点就是要加强抗疫精神教育，为新时代大学生精神成长打好底色。2020 年 9 月 24 日，教育部发布《关于学习贯彻习近平总书记在全国抗击新冠肺炎疫情表彰大会上的重要讲话精神的通知》，提出"有机融入思想政治教育""大力推进'三进'工作""切实加强学理阐释"③ 三项具体要求。高校思想政治理论课是大学生思想政治教育的主渠道和主阵地。将抗疫精神融入高校思政课教学，是大学生思想政治教育的内在要求。

（二）抗疫精神融入高校思政课教学德育意义的探析

立德树人是高等教育的根本任务。高校思想政治理论课是大学生思想政治教育的主渠道，也是落实立德树人根本任务的关键性课程。"无论社会如何发展，'抗疫精神'始终不会过时，其价值意蕴将随着新时代的发展而进一步呈现出来。"④ 发掘抗疫精神的价值意蕴，将抗疫精神融入高校思政课教学具有重要而显著的德育意义。

第一，把抗疫精神与理想信念教育结合起来，帮助大学生树立中国特色社会主义共同理想和坚定共产主义信念。理想信念教育是新时代大学生思想教育的核心内容，其教育价值目标在于帮助大学生坚定马克思主义信仰，树立中国特色社会主义共同理想和共产主义远大理想。人既是现实性的存在，也是理想性的存在，现实性与理想性的有机结合，是人特有的应然状态。当代著名的马克思主义学者陈先达教授说："青年学子的思想要有'岸'，不能'走一站，报一站'，要

---

① 王坤庆. 精神与教育——一种教育哲学视角的当代教育反思与建构［M］. 武汉：华中师范大学出版社，2009：27.

② 本报评论员. 弘扬抗疫精神汇聚建设教育强国力量［N］. 中国教育报，2020-09-09.

③ 教育部关于学习贯彻习近平总书记在全国抗击新冠肺炎疫情表彰大会上的重要讲话精神的通知：2020［EB/OL］.（2020-09-24）. http：//www. moe. gov. cn/srcsite/A17/s7059/202009/t20200929_492433. html.

④ 徐艳玲. "抗疫精神"的生成逻辑、丰富内涵和价值意蕴［J］. 人民论坛，2020（Z2）：44-47.

以共产主义为方向，在马克思主义的指引下向着未来航行前进。"① 理想指引人生方向，信念决定事业成败。对大学生而言，理想信念是大学生健康成长的精神动力和指路明灯。习近平总书记说："青年一代的理想信念、精神状态、综合素质，是一个国家发展活力的重要体现，也是一个国家核心竞争力的重要因素。"② 由此可见，帮助大学生坚定理想信念，提升精神品质，不仅有利于个人健康成长，而且对促进国家发展和提升综合国力具有重要的现实意义。

在抗击新冠肺炎疫情的伟大斗争中，全国人民在以习近平同志为核心的党中央领导下，万众一心，群策群力，中国抗疫取得了重大的战略性成就，充分彰显了中国力量、中国精神和中国价值，也体现了马克思主义理论魅力和中国共产党治国理政能力和执政水平，同时人们深厚的家国情怀、美好的道德情感，以及忠诚、责任、奉献的崇高品质，也在这次伟大的抗疫实践中逐渐凝练和升华为一种共同的理想信念和价值追求，凝聚起抗疫的强大精神力量。对新时代大学生而言，加强抗疫精神教育，对于引导他们坚定理想信念具有不可忽视的现实意义。思政课教师将抗疫精神融入高校思政课教学，要结合中国共产党为什么"能"、马克思主义为什么"行"、中国特色社会主义为什么"好"等重大问题，深化大学生理想信念教育，帮助他们坚定理想信念，筑牢精神支柱，引导他们把自己的人生理想自觉地融入为实现中国特色社会主义共同理想和共产主义远大理想而努力奋斗中。

第二，把抗疫精神与爱国主义教育结合起来，厚植大学生的爱国主义情怀。爱国主义教育，是新时代大学生思想政治教育的永恒主题。爱国主义既是中华民族精神的核心内容，也是社会主义道德的基本要求，还是社会主义核心价值观在公民个人层面的价值追求。中华民族的爱国主义具有深厚的历史渊源，是中华民族屹立于世界民族之林的价值支撑和精神动力，也是一个人立德之源和立功之本。2019 年 4 月 30 日，习近平总书记在纪念五四运动 100 周年大会上发表重要讲话时说："对新时代中国青年来说，热爱祖国是立身之本、成才之基。"③ 在青年大学生中加强爱国主义教育，就是要让爱国主义精神在青年大学生心中牢牢扎根，让爱国主义精神成为青年大学生人生价值的根基。实现中华民族伟大复兴的

---

① 陈先达. 哲学与人生 [M]. 北京：中国青年出版社，2018：382.

② 中共中央文献研究室. 习近平关于青少年和共青团工作论述摘编 [M]. 北京：中央文献出版社，2017：9.

③ 习近平. 在纪念五四运动 100 周年大会上的讲话 [M]. 北京：人民出版社，2019：7.

中国梦，是当代中国爱国主义的鲜明主题。因此，在中国特色社会主义新时代，对大学生加强爱国主义教育就是要激励他们为实现中华民族伟大复兴的中国梦而努力奋斗。

面对突如其来的新冠肺炎疫情，奔赴抗疫前线的广大医务工作者、疾控工作人员、人民解放军指战员、武警部队官兵、科技工作者、社区工作者、公安民警、应急救援人员、新闻工作者等，他们奏响了爱国主义的主旋律，用他们自己"逆行"的脚步生动诠释了"在家尽孝，为国尽忠""天下兴亡，匹夫有责""苟利国家生死以，岂因祸福避趋之"的爱国理念，也为爱国主义精神注入了新的时代内涵。我们完全可以说，正是因为爱国主义精神铸就了"最美逆行者"和全国人民的使命感与责任感、凝聚力与向心力、意志力和创造力，疫情才能得以有效地遏制并取得战略性成就。爱国主义是抗疫精神最深厚的底蕴，抗疫精神是新时代爱国主义教育的最新素材。思政课教师将抗疫精神融入高校思政课教学，把抗疫精神与爱国主义教育结合起来，用抗疫中鲜活的动人事迹或先进典型诠释爱国主义，同时用爱国主义来讴歌抗疫中的动人事迹或先进典型，在爱国主义理念与抗疫爱国事迹的互释中，引导大学生以抗疫英雄或抗疫先进典型为榜样，教育他们把"爱国之情""强国之志""报国之行"统一起来，并将此付诸实现中国梦的伟大实践中，进而厚植他们的爱国主义情怀。

第三，把抗疫精神与人生观教育结合起来，引导大学生树立为人民服务的人生观。人生观教育是新时代大学生思想政治教育的重要内容，其教育价值目标在于帮助大学生树立为人民服务的人生观。每个人所处的社会地位不同，生活经历不同和人生境遇不同，从而对人生的意义和人生的目的认识也就不同，人生观也就必然不同。但倡导在服务人民、奉献社会中创造自己有价值的人生，这是大学生人生观教育的价值导向。为人民服务作为一种道德观，它体现了以人为本的伦理取向；作为一种人生观，它彰显了高尚的人生境界。为人民服务既是中国共产党人的根本宗旨，也是社会主义道德建设的核心。作为社会主义道德建设的核心，为人民服务也是新时代大学生的一种道德诉求。习近平总书记说："同人民一道拼搏、同祖国一道前进，服务人民、奉献祖国，是当代中国青年的正确方向。"① 坚持以人民为中心，帮助大学生树立为人民服务的人生观，这是新时代

---

① 中共中央文献研究室. 习近平关于青少年和共青团工作论述摘编［M］. 北京：中央文献出版社，2017：50.

大学生人生观教育的道德取向。

在全国人民抗击新冠肺炎疫情过程中，习近平总书记多次强调，要"把人民群众生命安全和身体健康放在第一位，采取切实有效措施，坚决遏制疫情蔓延势头"①。奔赴抗疫前线的抗疫英雄始终牢记习近平总书记的指示，本着"人民至上""健康至上""生命至上"理念，用实际行动诠释着全心全意为人民服务精神。"抗疫斗争秉持了为民解难、保民健康的理念，伟大抗疫精神也彰显了人民至上的政治品格。"②"疫情防控中展现出的中国力量、中国精神、中国效率，是体现人民至上价值立场的重要战略成果。"③ 由此可见，人民至上、为人民服务是抗疫精神的深刻内涵。"'为人民服务'对中国共产党人来说，是一个'绝对命令'。没有可商量的余地，没有逃避的权利。它是从根本宗旨中生发出来的要求，是基本信仰的体现。"④ 由此可见，抗疫精神所蕴含的为人民服务精神与中国共产党的根本宗旨是相辅相成的。思政课教师将抗疫精神融入高校思政课教学，把抗疫精神与为人民服务人生观教育结合起来，引导大学生学习和践行抗疫英雄或抗疫道德典型的全心全意为人民服务精神，牢固树立为人民服务的人生观，让自己的人生在服务人民、奉献社会中得到升华。

第四，把抗疫精神与坚定"四个自信"教育结合起来，培育大学生的爱国与爱党、爱社会主义相统一的道德品质。众所周知，办好中国的事情，关键在党。党政军民学，东西南北中，党是领导一切的。建设中国特色社会主义是一项前无古人的巨大社会系统工程，必须有一个坚强的领导核心即中国共产党。习近平总书记强调，中国特色社会主义最本质的特征是中国共产党领导，中国特色社会主义制度的最大优势是中国共产党领导，党是最高政治领导力量。从历史维度看，没有共产党就没有新中国，只有社会主义才能救中国；从现实层面看，只有中国特色社会主义才能发展中国；从领导主体看，中国特色社会主义制度是坚持中国共产党领导的先进制度。由此可见，中国共产党、中国特色社会主义、社会主义中国，这三者具有内在的逻辑关联。因此，在当代中国，爱国与爱党、爱社

---

① 习近平．在统筹推进新冠肺炎疫情防控和经济社会发展工作部署会议上的讲话［M］．北京：人民出版社，2020：2.

② 宇文利．弘扬新时代伟大抗疫精神［N］．中国青年报，2020-06-01.

③ 尚庆飞，龚宸．从疫情防控看新时代战略思维的哲学逻辑［J］．中国浦东干部学院学报，2020（06）：5-11.

④ 刘建军．守望信仰［M］．北京：人民出版社，2013：150.

会主义具有内在的统一性。习近平总书记说："祖国的命运和党的命运、社会主义的命运是密不可分的。只有坚持爱国和爱党、爱社会主义相统一，爱国主义才是鲜活的、真实的，这是当代中国爱国主义精神最重要的体现。"① 爱国与爱党、爱社会主义相统一，这是新时代大学生思想政治教育鲜明的价值导向。

在抗击新冠肺炎疫情的过程中，全党全军和全国各族人民迸发出极大的爱国主义热情，积极响应以习近平同志为核心的党中央号召，在很短的时间内集中了大量的人力、物力和财力，做到全国动员、全员参与、全国一盘棋，打响一场疫情防控的人民战争、总体战和阻击战，充分表现了中国共产党的卓越领导和中国特色社会主义制度的优势。从理论逻辑与实践逻辑相结合来讲，"中国精神""中国价值""中国速度""中国力量"，它们在抗击新冠肺炎疫情的伟大实践中从不同层面彰显着中国特色社会主义的独特优势和道义制高点。有学者指出，抗疫精神，"更加彰显和坚定了中国特色社会主义道路自信、理论自信、制度自信和文化自信。"② 思政课教师将抗疫精神融入高校思政课教学，把抗疫精神与坚定"四个自信"教育结合起来，让学生充分认识到社会主义中国的可爱、中国共产党的初心使命和执政为民理念及中国特色社会主义的显著优势，使其更加坚定"四个自信"，进而达到深化爱国与爱党、爱社会主义相统一的教育目标，着力培育他们爱国与爱党、爱社会主义相统一的道德品质。

第五，把抗疫精神与弘扬中华优秀传统文化教育相结合，帮助大学生确立文化自觉和文化自信品质。加强中华优秀传统文化教育，是新时代大学生思想政治教育的重要内容。文化自觉，是社会学家费孝通先生在晚年提出的一个经典理念，其含义是生活在一定文化环境的人对其文化有自知之明，并对其文化发展历程和未来走向有充分的认识。文化自信是指一个国家、一个民族或一个政党对自身文化价值的充分肯定，对自身文化生命力的坚定信念。文化自觉是文化自信的前提。文化自信是建立在文化自觉的基础上的。当代中国人民的文化自信是近代以来中西文化的激烈冲突，或者说是在"中体西用""西体中用""西方文化中心论"或"全盘西化论""东方文化优越论"或"儒学复兴论"及"文化综合创新论"等各种文化观的论争中进而达到文化自觉的基础上逐步确立起来的。无

---

①　中共中央文献研究室．习近平关于社会主义文化建设论述摘编［M］．北京：中央文献出版社，2017：129.

②　侯勇．伟大抗疫精神彰显了"四个自信"［J］．群众，2020（19）：16-17.

疑，中华文化自信包括中华优秀传统文化自信、革命文化自信和社会主义先进文化自信。从文化视角看，抗疫精神既是对中华优秀传统文化、革命文化的继承与弘扬，也是社会主义先进文化的重要内容。抗疫精神蕴含着中国人民的文化自觉和文化自信品质。

中华优秀传统文化是中华民族的"根"与"魂"，也是孕育抗疫精神的母体性文化资源。中华优秀传统文化已经成为中华民族的价值基因，深深地植根在中国人的内心世界，潜移默化影响着中国人的思维方式、行为方式和情感表达方式。"革命文化与社会主义先进文化是在对中华优秀传统文化创新继承的基础上，以马克思主义及其中国化理论为指导的现代新文化。"① 从此角度看，全面认识中华优秀传统文化的丰富内涵、精神特质及时代走向，坚定中华优秀传统文化自信，这是增强人们文化自觉和文化自信的历史渊源与价值根基。在全国抗击新冠肺炎疫情表彰大会上，习近平总书记说："抗疫斗争伟大实践再次证明，社会主义核心价值观、中华优秀传统文化所具有的强大精神动力，是凝聚人心、汇聚民力的强大力量。文化自信是一个国家、一个民族发展中最基本、最深沉、最持久的力量。"② 思政课教师将抗疫精神融入高校思政课教学，把抗疫精神与中华优秀传统文化教育结合起来，深入发掘抗疫精神中的优秀传统文化底蕴，让学生把握中华优秀传统文化的丰富内涵、精神特质和时代走向，让学生懂得中华优秀传统文化的逻辑演进及其与革命文化、社会主义先进文化的渊源关系，在增强学生坚定中华优秀传统文化自信的基础上不断增强其对革命文化和社会主义先进文化的自信，进而帮助他们确立文化自觉和文化自信品质。

第六，把抗疫精神与践行社会主义核心价值观教育结合起来，促使大学生确立正确的道德观和价值观。培育和践行社会主义核心价值观，是新时代大学生思想政治教育的主题。大学生正处于价值观形成和确立的关键时期，面对多样化的社会思潮、多元化的价值观的多重影响，对他们加强社会主义核心价值观教育，引导他们积极践行社会主义核心价值观，帮助他们"扣好人生的第一粒扣子"，这是高等教育至关重要的职责。无疑，抗疫精神与社会主义核心价值观，既是中华优秀传统文化的凝结和体现，也是社会主义先进文化的核心和灵魂，二者是相

---

① 程恩富，李立男. 马克思主义及其中国化理论是软实力的灵魂和核心 [J]. 马克思主义文化研究，2019 (01)：15-28.

② 习近平. 在全国抗击新冠肺炎疫情表彰大会上的讲话 [M]. 北京：人民出版社，2020：20-21.

通相融的。习近平总书记指出："社会主义核心价值观是当代中国精神的集中体现，是凝聚中国力量的思想道德基础。"① 核心价值观是一种德，既是个人的德，也是一种大德，是国家的德、社会的德。抗疫精神是一种伟大的民族伦理精神，它是中华优秀传统道德、中国革命道德和社会主义道德的融合结晶。讲伦理、守道德是社会主义核心价值观和抗疫精神的本质属性。抗疫精神，"是社会主义核心价值观和中国精神的集中展现和生动诠释。"② 也可以说，抗疫精神是全国人民在抗击新冠肺炎疫情伟大斗争中积极践行社会主义核心价值观的结晶，也是中国精神的时代体现。因此，大力弘扬抗疫精神，有助于促进大学生践行社会主义核心价值观，确立正确的道德观和价值观。

在疫情防控各条战线上涌现出的先进道德典型，如"最美医生""最美护士""最美军医""最美警察""最美公务员""最美清洁工""最美快递小哥"等，他们的抗疫行为就是对社会主义核心价值观的积极践行，其行为所彰显的伦理精神、道德境界应该成为规范人们行为的价值坐标。习近平总书记在全国抗击新冠肺炎疫情表彰大会上发表的重要讲话中指出："各条战线的抗疫勇士临危不惧、视死如归，困难面前豁得出、关键时刻冲得上，以生命赴使命，用大爱护众生。"③ 积极践行社会主义核心价值观在"最美逆行者"抗击新冠肺炎疫情的伟大斗争中得以充分的彰显。2014 年 5 月 4 日，习近平总书记在北京大学师生座谈会上发表重要讲话时说："青年要从现在做起、从自己做起，使社会主义核心价值观成为自己的基本遵循，并身体力行大力将其推广到全社会去。"④ 也就是说，青年大学生要成为社会主义核心价值观的坚定信仰者、积极倡导者和自觉践行者。思政课教师将抗疫精神融入高校思政课教学，把抗疫精神与践行社会主义核心价值观教育结合起来，引导大学生把"个人的德"与"社会的德""国家的德"统一起来，把个人发展与国家富强、人民幸福、民族振兴结合起来，促使他们确立正确的道德观与价值观。

第七，把抗疫精神与社会主义职业道德教育结合起来，培养大学生的社会主义职业道德品质。社会主义职业道德教育，是新时代大学生思想政治教育的重要

---

① 习近平谈治国理政（第 2 卷）［M］．北京：外文出版社，2017：351.

② 戴木才．伟大抗疫精神的价值观意义［J］．道德与文明，2020（06）：12–15.

③ 习近平．在全国抗击新冠肺炎疫情表彰大会上的讲话［M］．北京：人民出版社，2020：14.

④ 中共中央文献研究室．习近平关于青少年和共青团工作论述摘编［M］．北京：中央文献出版社，2017：117.

内容。马克思主义伦理学家罗国杰指出："加强职业道德的教育，已经成为建设社会主义精神文明的迫切要求，成为我们时代精神的需要。"① 从某种意义上讲，职业道德建设是推动社会主义精神文明建设的一个重要突破口。抓好职业道德教育，就能够推动或带动整个精神文明建设的开展。现代成功学研究表明，一个人事业的成功，既取决于专业技能或职业能力，也取决于职业道德品质或职业精神境界。人类历史表明，任何人只有通过一定的职业活动，才能为社会创造物质财富和精神财富，进而才能实现自己的人生价值。职业道德则为从事职业活动进而实现人生价值提供了道德支撑。对大学生而言，加强职业道德教育，增强他们的职业道德意识，涵养他们的职业道德品质，为他们将来走上职业岗位打下坚实的道德基础。

面对突如其来的新冠肺炎疫情，"最美逆行者"挺身而出，他们用切实的抗疫行动谱写了一首感人肺腑的社会主义职业道德赞歌，表现出顽强拼搏的优良作风、爱岗敬业的优秀品质、恪尽职守的道德情操、求真务实的实践品格及敢于牺牲的奉献精神等。从一定意义上讲，职业道德是人格的一面镜子，它在很大程度上反映着从业者的整体道德素质。在抗击新冠肺炎疫情伟大斗争中，"最美逆行者"表现出来的职业品格、职业态度、职业技能、职业纪律、职业作风、职业良知及职业精神等，是职业道德人格升华的生动体现。从行业职业道德视角看，医生职业道德精神、军人职业道德精神、警察职业道德精神、科技职业道德精神及新闻职业道德精神等各行各业的职业道德精神在抗击新冠肺炎疫情中得到充分彰显和整体升华，增添了新时代的鲜活价值。毋庸置疑，抗疫英雄或抗疫先进典型是践行社会主义职业道德的榜样，抗疫精神是社会主义职业道德精神的鲜活体现。思政课教师将抗疫精神融入思政课教学，把抗疫精神与社会主义职业道德教育结合起来，引导大学生以抗疫英雄或抗疫先进典型为榜样，以他们的职业道德境界为标杆，从现在做起、从自己做起、从小事做起，使社会主义职业道德成为他们日常学习和职业技能训练的基本遵循，着力培养他们的社会主义职业道德品质。

第八，把抗疫精神与法治教育结合起来，涵养大学生的社会主义法治精神。加强法治教育，是新时代大学生思想政治教育的固有内容。法治是治国理政的基本方略，也是推进国家治理体系和治理能力现代化的重要内容。适应建设社会主

① 罗国杰文集（第2卷）［M］．北京：中国人民大学出版社，2016：231．

义法治中国、法治社会和法治政府的需要，新时代大学生不仅要有良好的道德品质，而且要有坚实的法治素质。习近平总书记说："要坚持法治教育从娃娃抓起，把法治教育纳入国民教育体系和精神文明创建内容，由易到难、循序渐进不断增强青少年的规则意识。"① 在全面推进依法治国的历史进程和实现社会主义现代化强国的伟大征程中，对作为以实现民族复兴为己任的时代新人大学生而言，通过加强法治教育，增强其法治观念，提升其法治素质，不仅关乎个人的全面健康成长，而且关乎国家的未来和民族的希望。对大学生加强法治教育具有很强的现实性和针对性。

事实说明，战胜疫情需要"法律与道德同行"，既需要道德的人文关怀，也需要法律的保驾护航。在全国人民抗击新冠肺炎疫情过程中，习近平总书记多次强调，各级党委和政府要全面依法履行职责，坚持运用法治思维和法治方式开展疫情防控工作。习近平总书记说："实践告诉我们，疫情防控越是到最吃劲的时候，越要坚持依法防控，在法治轨道上统筹推进各项防控工作，全面提高依法防控、依法治理能力。"② 从科学立法、严格执法、公正司法、全民守法四个层面全面推进依法抗疫，法治精神在抗疫中得以充分彰显。"疫情防控中所彰显出的践行法治的精神，正是各项工作顺利开展的有力保障和强大动能。法治精神乃是'抗疫'精神的重要组成部分。"③ 社会主义法治精神在抗疫中得到充分彰显。伟大抗疫斗争中的法治实践，是对大学生加强法治教育的生动素材。思政课教师将抗疫精神融入高校思政课教学，把抗疫精神与法治教育结合起来，大力弘扬社会主义法治文化，帮助大学生增强法治观念，树立法治信仰，涵养他们的社会主义法治精神。

第九，把抗疫精神与构建人类命运共同体教育结合起来，滋养大学生的家国情怀与天下意识。加强构建人类命运共同体教育，是新时代大学生思想政治教育的创新内容。构建人类命运共同体，是以习近平同志为核心的党中央为解决当今世界面临的问题或人类困境而贡献出的中国智慧和中国方案，也是新时代中国特色大国外交工作的总目标，为中国和世界开辟一条共同发展的康庄大道。构建人

---

① 中共中央文献研究室. 习近平关于青少年和共青团工作论述摘编 [M]. 北京：中央文献出版社，2017：35.

② 习近平. 全面提高依法防控依法治理能力健全国家公共卫生应急管理体系 [J]. 实践（党的教育版），2020（03）：4-6.

③ 付子堂. 法治精神是"抗疫精神"的重要元素 [N]. 法治日报，2020-05-20.

类命运共同体是我们对未来人类社会愿景的中国表达，也是对"天下一家，中国一人""四海之内皆兄弟"等中华优秀传统理念的时代表达，彰显了"胸怀祖国，放眼世界"的品质，体现了爱国主义和天下主义的情怀。抗击新冠肺炎疫情伟大实践彰显了中国人民"和而不同""协和万邦""天下大同"的人文主义情怀，也展现了中华民族"讲信重情""和衷共济""爱好和平"的大国责任担当。当新冠肺炎疫情在全球蔓延时，中国政府和中国人民本着人道主义精神，积极秉持人类命运共同体理念，向受疫情影响的国家和国际社会提供人力、物力和财力的援助，为全球抗疫注入强大信心和力量。

随着经济全球化的深入发展，世界各国相互联系更加紧密、相互影响更加深刻；人类越来越成为"你中有我、我中有你"的命运共同体。从全球抗疫来看，病毒没有国界，疫情不分种族。新冠病毒是人类的公敌，任何国家在病毒面前都不能置身其外，独善其身。习近平总书记在全国抗击新冠肺炎疫情表彰大会上发表的重要讲话中指出："新冠肺炎疫情以一种特殊形式告诫世人，人类是荣辱与共的命运共同体。"① 现实表明，世界各国只有秉持人类命运共同体理念，守望相助，才能凝聚起战胜疫情的强大合力。团结合作是国际社会战胜疫情的制胜法宝。全球抗疫更加凸显了构建人类命运共同体的重要性和紧迫性。"作为构建人类命运共同体的倡议国，中国也要分享抗疫斗争的中国经验，发挥全球抗疫的中国担当，贡献科技抗疫的中国智慧，讲好抗疫斗争的中国故事。"② 思政课教师将抗疫精神融入思政课教学，把抗疫精神与构建人类命运共同体教育有机结合起来，一方面增强大学生对构建人类命运共同体的价值认同，另一方面滋养他们的家国情怀与天下意识，进而激励他们为构建人类命运共同体而努力奋斗。

第十，把抗疫精神与中国梦教育结合起来，激励大学生为实现中国梦而努力奋斗。实现中华民族伟大复兴的中国梦，是当代中国最鲜明的时代主题。加强中国梦教育，是新时代大学生思想政治教育的重要内容，其教育价值目标在于激励他们把人生理想自觉融入实现中国梦的奋斗中。"新时代的青年学生要承担起实现强国梦的伟大历史任务，为此砥砺奋斗，终生不渝……在今天，'爱国'精神

① 习近平. 在全国抗击新冠肺炎疫情表彰大会上的讲话［M］. 北京：人民出版社，2020：21.
② 贾经铭，张瑜. 论全球抗疫斗争中人类命运共同体构建［J］. 社会主义核心价值观研究，2020（04）：97–104.

集中体现在为实现民族复兴人民幸福的中国梦而奋斗。"① 习近平总书记指出："中国梦是国家的梦、民族的梦，也是包括广大青年在内的每个中国人的梦。"又说："中国梦是我们的，更是你们青年一代的。中华民族伟大复兴终将在广大青年的接力奋斗中变为现实。"② 新时代大学生是实现第二个百年奋斗目标、实现中华民族伟大复兴中国梦的生力军，"这要求他们以高度的历史责任感主动担当起实现中国梦的神圣使命，并以中国梦指引自身的成长成才之路。"③ 实现中国梦，为新时代大学生成长成才指明了人生奋斗的目标和方向。

人无精神不立，国无精神不强。实现中国梦既需要雄厚的物质基础，也需要强大的精神力量。习近平总书记在全国抗击新冠肺炎疫情表彰大会上的讲话指出："我们要在全社会大力弘扬伟大抗疫精神，使之转化为全面建设社会主义现代化国家、实现中华民族伟大复兴的强大力量。"④ 抗疫精神作为中国精神的有机组成部分，既为实现中国梦提供了强大的精神动力和精神支撑，也为实现中国梦树立了一面鲜艳的精神旗帜。思政课教师将抗疫精神融入高校思政课教学，把抗疫精神与中国梦教育结合起来，教育大学生要以抗疫英雄或抗疫先进典型为榜样，以抗疫精神为旗帜，始终把国家和人民放在心上，以国家富强、人民幸福、民族复兴为己任，把自己的人生梦想自觉融入实现中国梦的奋斗中，激励他们在实现中国梦的伟大实践中成就自己的精彩人生。

（三）提升抗疫精神融入高校思政课教学的德育意义应注意的几个问题

习近平总书记指出，我们办中国特色社会主义教育，就是要理直气壮地开好思政课。抗疫精神是习近平新时代中国特色社会主义思想的重要组成部分，是马克思主义中国化的最新理论成果。马克思说："正确的理论必须结合具体情况并根据现存条件加以阐明和发挥。"⑤ 因此，提升抗疫精神融入高校思政课教学的德育意义还应注意以下几个问题。

---

① 马秋丽. 对五四运动的两类解读与两条中国道路——访上海财经大学资深教授鲁品越［J］. 马克思主义文化研究，2019（02）：3-14.

② 中共中央文献研究室. 习近平关于青少年和共青团工作论述摘编［M］. 北京：中央文献出版社，2017：14.

③ 冯秀军. 中国梦与当代大学生的成长成才［J］. 思想理论教育，2013（11）：21-25.

④ 习近平. 在全国抗击新冠肺炎疫情表彰大会上的讲话［N］. 人民日报，2020-09-09.

⑤ 马克思恩格斯全集（第27卷）［M］. 北京：人民出版社，1972：433.

第一，编写有关宣传抗疫精神的教学资料。科学而丰富的教学资料，是开展有效教学的前提性条件。全民抗击新冠肺炎疫情充分彰显了中国制度、中国精神和中国价值，是具体而生动的思想政治理论课教学资源。思政课教师要以相关精神为指导，组织编写中国抗疫故事、宣传中国抗疫先进典型、讲好中国抗疫经验等相关教学资料，促进抗疫精神"进教材""进课堂""进头脑"。一方面要做到所选资料具有真实性、典型性和教育性，有助于加强正面引导，澄清模糊认识，批驳错误观点，目的在于激励大学生的责任担当，筑牢大学生的家国情怀，帮助大学生树立正确的世界观、人生观和价值观；另一方面思政课教师还要在教育部印发的相关文件的指导下，立足我国疫情防控具体实践及其所取得的战略性成果，面向全体大学生深入解读党中央疫情防控的决策部署，全面而深刻地分析抗疫中彰显的党的正确领导和中国特色社会主义制度优势，同时还要结合全球抗疫情形，从比较的视角讲清楚中国人民在党的领导下发扬人道主义精神，积极践行人类命运共同体理念，为全球抗疫所作出的重大贡献。

第二，将抗疫精神贯穿于高校思想政治理论课教学中。培养什么人、怎样培养人、为谁培养人是中国特色社会主义教育要着力解决的根本问题和核心问题。高校思想政治理论课是大学生思想政治教育的主渠道，也是落实立德树人根本任务的关键性课程。而及时更新教学内容，将鲜活生动且富有正能量的教育素材融入课堂教学中，这是高校思政课教师的应有教学态度。将抗疫精神融入高校思想政治理论课教学，这是与时俱进地创建思政课教学内容的生动体现。从思政课课程构成看，加强抗疫精神教育要与《思想道德与法治》《毛泽东思想和中国特色社会主义理论体系概论》《马克思主义基本原理概论》《中国近现代史纲要》及《形势与政策》等思政课程的相关内容有机融合起来，围绕"培养什么人、怎样培养人、为谁培养人"的根本问题，着力从政治、经济、文化、哲学、道德、法律、历史、党建等多维度发掘抗疫精神的价值意蕴和思想政治教育元素，并运用马克思主义基本原理给予深入浅出的解读，最大限度地发挥抗疫精神的育人价值。

第三，自觉综合运用多样化的教学方法。相对于课程思政而言，思想政治理论课是高校思想政治教育的主渠道。如何发挥主渠道的育人作用，教学方法也是至关重要的因素。人们常说，方法得当，事半功倍；方法不当，事倍功半。从教育心理学看，进行有意义的教学或有意义的学习，需要合理选择适宜的教学方法。将抗疫精神融入高校思政课教学还要注重教学方法的综合而灵活运用。但运用什么样的教学方法不是随心所欲的，而是由教学内容和教学目标决定的，是为传授教学内容、实现教学目标服务的。"在具体的课堂教学中，应该根据不同的目标和学生要求的不同，灵活选用恰当的教学方法。"① 根据相关的教学内容和教学目标，综合而灵活运用多样化的教学方法，最大限度地发挥课堂教学的有效性以促进学生的最优化发展，这是教师应有的教学能力。高校思政课教师以现代新媒体技术为载体，综合运用多样化的教学方法，如理论讲授法、案例教学法、情境教学法、网络教学法、问题教学法、对话式教学法、专题教学法及实践教学法等多种教学方法，不断增强思想政治理论课的思想性、理论性和亲和力、针对性。当然，从广义上来说，教学方法既包括教师的教法，也涵盖学生的学法。就学生的学法而言，如读写结合法、学思结合法、合作探究法、发现学习法、网络阅读法及观看视频法等。

——（原文刊登于《马克思主义文化研究》2021 年第 2 期，收入本书时略加修改或补充）

六、论讲好高校思想政治理论课要坚持的教育理念

高校思想政治理论课（通常简称高校思政课）是落实立德树人根本任务的关键课程。讲好思政课是每位思政课教师的教育追求，也是每位学生学好思政课的前提，还是党和人民的殷切期盼。教育实践需要教育理念的指导。教育理念是指导教育实践的思想观念和精神追求。当下多数思政课教师主要从优化教学内容、创新方式方法及运用智慧课堂等层面，着力探讨如何讲好思政课。但不论从哪个层面，以理服人、以德感人、以文化人、以情动人、以美育人及以行导人等，这是思政课教师讲好高校思政课应坚持的教育理念，也是落实立德树人根本任务应坚持的教育理念。

（一）以理服人——讲好高校思政课的逻辑起点

高校思政课是一门讲道理的课程。注重理论性、学理性及逻辑性，这是高校

① 张景焕. 教育心理学［M］. 济南：山东人民出版社，2020：279.

思政课区别于中小学思想政治课的显著特点，因而也是讲好高校思政课的逻辑起点或关键所在。党的十八大以来，办好思政课是习近平总书记十分关心的问题。2022 年 4 月 25 日，习近平总书记在中国人民大学考察调研时指出："思政课的本质是讲道理，要注重方式方法，把道理讲深、讲透、讲活，老师要用心教，学生要用心悟，达到沟通心灵、启智润心、激扬斗志。"① 习近平总书记关于思政课本质的重要论述，为我们思政课教师讲好思政课明确了努力方向，提供了根本遵循。马克思主义是科学的理论、人民的理论、实践的理论、不断开放和发展的理论，既包含马克思恩格斯的思想学说，也包括马克思主义中国化的理论成果，涉及政治学、经济学、哲学、历史学、文化学、伦理学、法学、社会学及党建等多学科的知识内容，具有很强的理论性、学理性和逻辑性的内在特质。无疑，思政课教师要讲好思政课，显然不能采取浅尝辄止、蜻蜓点水的态度，而要运用马克思主义立场、观点和方法深入浅出地进行解读，凸显其理论性、学理性和逻辑性，让学生不仅知其然，而且知其所以然。马克思主义是最彻底的理论。思政课教师如果不能把理论讲深、讲透、讲活，那就不能满足学生增长知识、发展智力的需求，更不能帮助学生树立正确的世界观、人生观和价值观。思政课教师要把思政课讲深、讲透、讲活，必须做到摆事实，讲道理，以理服人。

以理服人，就是要用马克思主义真理或科学理论来说服人、武装人、教育人、引导人。俗话讲，有理走遍天下，无理寸步难行。只有做到以理服人，才能使人心悦诚服。坚持以理服人，讲好高校思政课需要做到，一是把讲大道理与讲小道理结合起来，即既要讲马克思主义所揭示的人类社会、自然界和思维发展的普遍规律，中国共产党为什么能、中国特色社会主义为什么好和马克思主义为什么行等大道理，也要讲读书学习、做人做事及日常生活等小道理。要理直气壮地把大道理讲得有深度、有高度、有宽度，也要细致入微地把小道理讲得有温度、有情趣、接地气，把讲大道理与讲小道理结合起来，才能把思政课讲深、讲透、讲活。二是把优化教学内容与创新方式方法结合起来。教师要立足教学目标和学生的实际情况，把最新理论动态、理论热点及经典案例等，及时充实到课堂教学中，不断优化教学内容，同时灵活运用互动式、问题式、讨论式、情境式及体验式等方式方法，把理论解读、情感互动、价值引领、文化浸润及实践养成等结合

① 新华社．习近平在中国人民大学考察时强调坚持党的领导传承红色基因扎根中国大地走出一条建设中国特色世界一流大学新路［J］．思想政治工作研究，2022（05）：4-6．

起来，从多视角、多层面把道理或理论讲深、讲透、讲活，从而不断增强学生对科学理论的认同感，帮助他们坚定理想信念。三是把提升理论素养和塑造教学人格结合起来。教育者首先要接受教育。思政课教师要精心研读马列主义经典著作，不断提升理论素养，同时锤炼教学能力，塑造富有个性的教学人格，用丰厚的科学理论启迪学生的智慧，以富有个性的教学人格感染学生的心灵。坚持以理服人是讲好高校思政课的逻辑起点。

（二）以德感人——讲好高校思政课的内在要求

高校思政课是一门包含思想道德教育的课程。思想道德教育通常简称德育，它包括思想教育、政治教育和道德教育等几个主要方面。注重道德教育是中国古代教育的优良传统。《论语》记录孔子的话说："远人不服，则修文德以来之。"这即是说，远方的人还不归服，就要用文治德教招致他们。儒家经典《大学》云："大学之道，在明明德，在亲民，在止于至善。"开宗明义道出了中国古代教育的宗旨即使人"明德"，培养人格"至善"。从道德的作用看，道德之于个人、之于社会，都具有基础性的作用。做人、做事第一位的是崇德修身。从教育理念看，"育人为本，以德为先"。从用人标准看，"德才兼备，以德为先"。从人才培养目标看，培养德智体美劳全面发展的社会主义建设者和接班人。由此可见，道德在做人做事、教育理念、用人标准及人才培养目标中都占据制高点位置。青年大学生是建设中国特色社会主义和实现中华民族伟大复兴中国梦的生力军，他们的思想道德状况将直接影响国家的发展和民族的未来。习近平总书记指出："学校要把德育放在更加重要的位置，努力做到每一堂课不仅传播知识，而且传授美德，让社会主义核心价值观的种子在学生们心中生根发芽。"[①] 立德树人作为高等教育的根本任务突出了道德教育的重要性。我们要把思想道德教育融入高校思政课教学全过程，贯穿理论教学和实践教学，教育学生讲道德教育、尊道德教育、守道德，形成向上向善的精神力量，不断提升他们的思想道德素质。

以德感人即是用道德感染人、影响人、塑造人、教育人。习近平总书记说，以理服人，以文化人，以德服人，是中华文化的生命禀赋和生存耐性。具体而言，坚持以德感人，讲好高校思政课需要做到，一是以马克思主义道德观为指导，以理想信念为灵魂，以社会主义核心价值观为引领，对学生进行系统的社会

---

① 习近平．思政课是落实立德树人根本任务的关键课程［J］．奋斗，2020（17）：4-16.

主义道德、革命道德、中华传统美德教育乃至共产主义道德教育，帮助学生坚定理想信念，树立正确的道德观。二是坚持以人为本的教学观，在思政课教学过程中，充分尊重学生的主体地位，善于激发学生的主体需要意识和主体参与意识，唤醒学生的道德主体意识，着力从知、情、意、行等层面满足学生德性发展的需要。三是要善于运用鲜活的案例、视频等资料，讲好中国传统美德的故事、讲好中华民族英雄的故事、讲好中国共产党人的奋斗故事、讲好中国老百姓的好人故事等，营造特定的道德情境，让学生身临其境，厚植他们的爱国爱党和爱民的情怀，帮助他们树立正确的国家观、民族观、历史观和文化观。四是教师要坚持以德立身、以德立学、以德施教，才能实现以德感人的目标。汉代思想家扬雄著《法言·学行》云："师者，人之模范也。无德者，无以为师。"教师的气质、性格、言谈举止、为人处世、教育情怀及师德人格等，都会对学生产生潜移默化的影响。因此，思政课教师要以身作则，为人师表，不断加强师德修养，塑造高尚的道德人格，用道德人格养成道德人格，用道德人格感染道德人格，进而塑造学生健全的道德人格。坚持以德感人是讲好高校思政课的内在要求。

（三）以文化人——讲好高校思政课的价值取向

高校思政课是一门文化传承创新的课程，内含着丰富的文化理念和价值意蕴。马克思主义认为，文化是主体创造性的外化。人是文化的创造者，反过来文化又塑造人。人创造文化，文化塑造人，二者是一种双向的互动作用过程。《周易·象传》云："刚柔交错，天文也；文明以止，人文也。观乎天文，以察时变；观乎人文，以化成天下。"其中，"天文"与"人文"相对应，"观乎人文"与"化成天下"紧密相连，已显示文化的文明教化、以文教化、以文化人的意义。以文化人、以文育人，是中国古代教育的优良传统。中国古代教育主要以"三纲五常""三从四德""礼义廉耻"等伦理文化对人进行道德教化，以建构"父子有亲、君臣有义、夫妇有别、长幼有序、朋友有信"的人伦秩序，最终达到"天人合一"的理想境界。现代思想政治教育是中国古代道德教化的历史继承和时代超越。现代思想政治教育范畴包括思想教育、政治教育、道德教育、法治教育及心理教育等内容，无论是思想、政治、道德、法治、心理等方面的思想观念或价值理念，毫无疑问都属于精神文化范畴。思想政治教育与文化具有内在的关联。文化具有"化人"功能，思想政治教育具有"育人"功能。"'文化'是对人的熏陶和教化，'化人'的过程也是'育人'的过程。同时，思想政治教育本身也是一种文化活动，'育人'的过程是有目的地自觉地以特定的文化'化人'的过程。文化的社会教化功能与思想政治教育的育人功能本来就具有天然的相通之处。"① 高校思政课作为大学生思想政治教育的主渠道，显然具有以文化人、以文育人的价值取向。

所谓以文化人就是用文化来塑造人、熏陶人、培养人、引导人，或者说是通过文化传承与创新来涵养人、教育人的过程。习近平总书记说，以理服人，以文化人，以德服人，是中华文化的生命禀赋和生存耐性。发展先进文化，弘扬中华优秀传统文化，汲取借鉴外来文化的合理因素，充分发挥以文化人、以文育人的作用，是我们党加强思想政治教育的优良传统。习近平总书记还指出，一百年来，"党坚持以社会主义核心价值观引领文化建设，注重用社会主义先进文化、革命文化、中华优秀传统文化培根铸魂。"② 又说："继承和弘扬中华优秀传统文化，努力用中华民族创造的一切精神财富来以文化人、以文育人。"③ 从文化哲学视角看，高校思政课涵盖先进的政治文化、经济文化、哲学文化、伦理文化、历史文化、法治文化、党建文化、军事文化及外交文化等多方面的文化内容。由此可见，文化是高校思政课的本质内涵。因而思政课的教学过程，本质上就是教师主导性的"教文化"与学生主体性的"学文化"的互动过程，也就是以文化人、以文育人的过程。从现实的文化格局看，高校思政课教材含有社会主义先进文化、中华优秀传统文化及西方文化的先进成果等多元文化内容。因此，坚持以文化人，讲好高校思政课，实际上就是以马克思主义为指导，以社会主义核心价值观为引领，以社会主义先进文化为主线，继承和弘扬革命文化和中华优秀传统文化，汲取借鉴西方文化或其他外来文化的有益成果，对学生进行系统的文化教育，引导学生树立正确的文化价值观，不断增强学生的文化自觉和文化自信品质。坚持以文化人是讲好高校思政课的价值取向。

（四）以情动人——讲好高校思政课的动力机制

高校思政课是一门富有情感色彩的课程。从情感理念审视，思想政治理论课内含政治情感、经济情感、社会情感、文化情感、历史情感、道德情感、法律情

---

① 李春华. 文化的"化人"与思政的"育人"［J］. 马克思主义研究，2012（09）：138-144.
② 中共中央关于党的百年奋斗重大成就和历史经验的决议［N］. 人民日报，2022-11-17.
③ 中共中央文献研究室. 习近平关于社会主义文化建设论述摘编［M］. 北京：中央文献出版社，2017：140.

感及民族情感等丰富的情感教育内容。情感教育是高校思政课教学的内在属性。以马斯洛、罗杰斯为代表的西方人本主义教育理论认为，情感在教学活动中具有重要的地位和作用，倡导建构以知情协调活动为主线、以积极情感为内在驱动力的教学模式。20世纪80年代，由于西方人本主义教育思潮的兴起，情感教育受到国内教育界的重视和运用，在长期的教育教学实践中形成了"乐学教育模式""情境教育模式""和谐教育模式""自主教育模式""交往教育模式""成功教育模式""审美建构模式""生活教育模式"① 等富有中国文化特色的情感教育模式，重视学生在情感、意志品质上的发展，有力地促进了素质教育发展。课堂教学是一个向学生传递真、善、美的过程。而真、善、美则是事实判断和价值判断的统一，客观上凝聚着人类的情感，其中既包括人类历史积淀的普世情感，也包括个体情感、道德情感、家国情感及民族情感等。事实证明，教学过程绝不是单向度、单方面的动态过程，而是教师与学生之间思想和情感的双向互动交流过程，只有教师与学生在思想和情感上发生交融、产生共鸣，教学才能收到良好的效果。无疑，高校思政课绝不仅仅是抽象的理论讲解或纯粹的概念范畴逻辑演绎过程，而必须注入情感要素，加强情感互动。要达到以理服人的教育效果，必须发挥情感机制的作用，即实现情理交融。

思政课教学应该是教师与学生、学生与学生的双向互动，充满情趣而愉悦的摆事实、讲道理的过程。情感教学有助于彰显思政课教师的亲和力和人格魅力，也是促进有意义学习的内在驱动力。习近平总书记指出："好老师的眼神应该是慈爱、友善、温情的，透着智慧、透着真情。好老师对学生的教育和引导应该是充满爱心和信任的，在严爱相济的前提下晓之以理、动之以情，让学生'亲其师''信其道'。"② 教师在思政课教学过程中注重情感投入，加强教师与学生、学生与学生之间的情感交流或情感互动，能够达到以情动人、以情育人的教学目标。具体而言，坚持以情动人，讲好思政课需要做到以下几点，一是加强情感互动，教师要自觉把自己的正向情感注入课堂教学，激发学生的学习情感，或者说教师以饱满的、富有温度的教学情感引导学生积极探讨宇宙、社会和人生的哲理。二是发掘教学内容的情感因素，如爱国主义情感、集体主义情感、社会主义

① 朱小蔓.情感德育论［M］.北京：人民教育出版社，2005：105-109.
② 习近平.做党和人民满意的好老师——同北京师范大学师生代表座谈时的讲话［N］.人民日报，2014-09-10.

情感及民族情感等，丰富和发展学生的情感素质。三是设计特定的教学情境，如认知情境、情趣情境、对话情境等，教师要善于将教材中所体现的真、善、美思想幻化或外化为一个学生易于接受的教学情境，让学生身临其境，使其在浓厚的情感氛围中，思想道德情操、审美情趣得到升华。四是思政课教师加强师德修养，塑造饱满的情感人格，把自己的学识智慧、敬业精神、人文关怀融入教学过程，用自己的人格魅力感染学生，塑造学生健全人格。坚持以情动人是讲好高校思政课的动力机制。

（五）以美育人——讲好高校思政课的时代诉求

高校思政课是一门蕴含美育元素的课程。其实，德育与美育有着密切的关系。德育是美育的思想基础和坚实平台，美育是德育的重要内容和有效手段。德育丰富美育的内涵，确保美育的方向性；美育激发德育的活力，提升德育的实效性。美育与德育的有机融合对于落实立德树人根本任务具有重要意义。2019 年教育部颁发的《教育部关于切实加强新时代高等学校美育工作的意见》指出："美是纯洁道德、丰富精神的重要源泉。学校美育是培根铸魂的工作，提高学生的审美和人文素养，全面加强和改进美育是高等教育当前和今后一个时期的重要任务。"① 美育是关于美的教育，在人的全面发展中占有重要地位。促进学生德智体美劳全面发展，是新时代教育的价值取向，对美的价值追求和如何美起来，自然成为学生全面发展的题中应有之义。美育融入高校思政课教学不仅是培养德智体美劳全面发展的人才的需要，还是建设美丽中国和创造美好生活的时代诉求。加强社会主义生态文明建设，建设人与自然和谐共生的美丽中国，是中国式现代化的重要内容。带领人民创造美好生活，是我们党始终不渝的奋斗目标。无疑，美育与美丽中国、美好生活有着内在的关联，美育能够激发人们建设美丽中国、创造美好生活的意愿，也能够提升人们建设美丽中国、创造美好生活的能力。适应建设美丽中国和创造美好生活的需要，客观上要求加强审美教育。

人们习惯性地从思想性、政治性、理论性等层面探讨思政课教学，而比较忽视思政课的美学向度。其实，马克思主义是科学真理，科学揭示人类社会、自然

---

① 教育部．教育部关于切实加强新时代高等学校美育工作的意见［J］．中华人民共和国教育部公报，2019（05）：19–23．

界和思维发展的普遍规律，同时还提出通过革命消灭资本主义社会及其人的异化，解放全人类和实现人类幸福，促进人的自由而全面发展，无疑具有科学性与人文性相融合的精神特质，因而具有科学之美和人文之善的价值意蕴。因此，马克思主义是真、善、美相统一的科学理论。由此决定了高校思政课的美育向度，强调以美育人，是讲好思政课的内容供给创新。具体而言，坚持以美育人，讲好高校思政课教学需要做到以下几点，一是充分发掘教材中的美育元素，如从"四个自信"中发掘中国特色社会主义的"道路之美""理论之美""制度之美"及"文化之美"，从"五位一体"总体布局中发掘"政治文明之美""物质文明之美""精神文明之美""社会文明之美"及"生态文明之美"，从理想信念中发掘共产主义远大理想的境界之美等，实现以美启真、以美引善、以美怡情，使学生在审美教育中受到潜移默化的影响。二是将中华优秀传统文化融入教学内容，弘扬中华美学精神及其美育价值，展示中华优秀传统文化深厚的历史底蕴和丰富的美学意蕴，达到以文化人与以美育人的双重教育境界。三是有针对性地运用具有美学意义的图片、歌曲、诗歌或视频等资源于课件中，能够使得抽象的概念范畴、基本原理及经典命题的解读更加形象化、具体化，从而有助于增强思政课教学的感染力与亲和力。总之，我们要坚定教育自信，将美育理念融入思政课教学，向美而行、以美育人。坚持以美育人是讲好高校思政课的时代诉求。

（六）以行导人——讲好高校思政课的实践智慧

高校思政课是一门强调实践教学的课程。高校思政课要在充分发挥课堂教学主渠道作用的基础上，还要注重实践教学，强化实践育人。注重实践育人既是高校推进素质教育的内在要求，也是马克思主义实践品格的本然要求。坚持马克思主义的立场观点和方法，在教育教学中就要注重实践教学，强化实践育人。其实，以理服人就是把理论或道理讲深、讲透、讲活，让真理入耳、入脑、入心。然而，一切理论或真理都来源于实践，并最终在实践中得以检验和发展。如果说课堂理论教学是把理论内化为学生的精神追求，那么课外实践教学则是把内化了的精神追求外化为学生的自觉行为。只有纯粹的理论教学而没有与之配套的实践教学，培育出来的人才也只是只有知识而没有能力的书呆子。习近平总书记说："所有知识要转化为能力，都必须躬身实践。要坚持知行合一，注重在实践中学真知、悟真谛，加强磨炼、增长本领。"① 由此可见，开展实践教学，强化实践育人，是把理论转化为学生的德性、方法、能力和素质的有效途径。如果说以理服人是讲好思政课的逻辑起点或关键所在，那么实践育人则是讲好思政课的逻辑终点或实践智慧。

所谓以行导人即实践育人，就是用实践来引导人、教育人、锻炼人。坚持实践教学也是中国古代教育的优秀传统。中国古代哲人认为，道德就是道德之知与道德之行的结合，也就是强调道德践履。知行合一是中国传统哲学的特色，虽然与马克思主义实践观有本质的区别，但也有相通相融之处。马克思说："社会生活在本质上是实践的。凡是把理论导致神秘主义的神秘东西，都能在人的实践中以及对这个实践的理解中得到合理的解决。"② 坚持实践育人是马克思主义基本原理同中华优秀传统文化相结合的一个典范。如何讲好中华文明的故事，如何讲好中国共产党的奋斗故事，如何坚定"四个自信"，如何看待"普世价值"和新自由主义，如何破解历史虚无主义的影响，如何坚定马克思主义信仰，如何培养学生的实践能力等，不仅需要在理论上加以厘清和讲深、讲透、讲活，更需要在实践中加以体验、领悟和升华。习近平总书记指出，要高度重视思政课的实践性，把思政小课堂同社会大课堂充分结合起来。所谓思政小课堂是指课堂理论教学，所谓社会大课堂是指思政课要有大视野、大格局，深入社会实际，在社会大课堂中开展实践教学，引导学生积极参与鲜活丰富的当代中国实践，充分发挥实践育人的功能。如组织学生参观红色文化遗址、革命历史博物馆、改革开放成就展览馆等爱国主义教育基地，以及走访新农村、参加志愿者服务活动等，在社会实践中全面了解中国的国情、民情和党情，在服务他人、奉献社会中深化对科学理论的理解，增强对科学理论的认同，提升实践能力和综合素质等。坚持以行导人是讲好高校思政课的逻辑终点或实践智慧。

（七）结语

讲好思政课关键在教师，关键在发挥教师的积极性、主动性和创造性，取决于教师坚守的教书育人精神，取决于教师运用的教学方式方法，取决于教师坚持

---

① 中共中央文献研究室．习近平关于青少年和共青团工作论述摘编［M］．北京：中央文献出版社，2017：53.

② 马克思恩格斯选集（第1卷）［M］．北京：人民出版社，1995：60.

的教育理念等。就教育理念而言，主要有以理服人为逻辑起点或关键所在、以德感人为内在要求、以文化人为价值取向、以情动人为动力机制、以美育人为时代诉求、以行导人为逻辑终点或实践智慧等。这些教育理念在思政课教学中尽管处于不同的地位，发挥着不同的作用，但它们之间不是彼此孤立的，而是相互联系、相互渗透、相互影响的，共同架构起讲好高校思政课的教育理念大厦。

专题五　新时代高职院校思想政治理论课教学研究

高等职业教育是我国高等教育的重要组成部分，也是我国职业教育体系中的高层次教育，肩负着为经济建设和社会发展培养人才的使命。高等职业教育具有高等教育与职业教育的双重属性。与重点本科院校培养研究型人才的教育目标相比，培养生产、管理和服务一线的高端技能型人才，则是高等职业教育的特有目标。改革开放以来，我国高等职业教育得到很大的发展，目前高职院校在全国高等院校中几乎占"半壁江山"，对促进我国高等教育从精英化阶段进入大众化阶段乃至普及化阶段发挥了重要作用。由此也引发了教育工作者对高等职业教育发展规律、高职院校教育教学规律及高职院校大学生思想政治教育规律等各方面的深入探讨。其中，高职院校思想政治理论课教学，是高职院校大学生思想政治教育的主渠道。如何办好高职院校思政课，如何推进思政课教学改革创新，如何提升思政课教学质量，既是适应我国高等职业教育发展和人才培养的客观需要，也是加强和改进高职院校大学生思想政治教育的重要内容。

高职院校思想政治理论课教学是高校思想政治理论课教学的重要组成部分。高职院校思政课教学与本科院校思政课教学，虽然都属于我国高校思想政治理论教育范畴，但二者无论是在课程设置上还是在教学要求上都有着较大的区别。一般而言，高职院校绝大多数属于理工农医类院校，文科课程基本上没有系统的设置，人文社会科学类的教师队伍也相对比较薄弱，那么如何提升学生的马克思主义理论素养，如何帮助学生坚定马克思主义信仰，如何增强学生的道德意识和法治观念，如何培养学生的人文思维和人文精神，如何提升学生的综合素质等，思政课教学具有不可替代的作用。思想政治理论课是落实立德树人根本任务的关键性课程。因此，立足高职院校学情，加强思政课教学研究，坚持守正与创新相统一原则，不断推动思政课建设内涵式发展，不断加大思政课教学改革力度，着力提升思政教学的思想性、理论性和亲和力、针对性，对于推进高职院校实施素质教育，培养德智体美劳全面发展的高端技能型人才具有重要意义。

一、论素质教育理念下高职院校的思政课教学

素质教育是一种先进的教育理念，也是当代中国教育哲学的主流。从本质内涵来看，素质教育就是培育学生既有丰富知识与多种能力，又有良好思想品德与健全人格的全面而和谐发展的教育。素质教育是人之为人的本真教育。素质教育理念下高职院校思政课教学的价值目标，即培育学生的优良道德品质和健全人格、建构学生的合理知识结构、培养学生的以创新能力和实践能力为重点的多种能力、提升学生的人文素质及丰富学生的情感素质等综合素质。课堂教学是实施素质教育的主渠道。高职院校思政课教学实施素质教育的具体路径，即优化教学内容、改进教学方法、开展社会实践教学及建设思想政治教育网站等。

（一）素质教育理念解读

一般而言，素质包括先天素质和后天素质。其中，先天素质主要指生理素质，后天素质则包括身心素质、思想道德素质、知识素质、能力素质及文化素质等基本品质。从本质内涵来看，素质教育就是培育学生既有丰富知识与多种能力，又有良好品德与健全人格的全面而和谐发展的教育。培育良好的道德品质，养成健全人格，是素质教育的核心内容。注重以品德为内在灵魂的多元素质和谐发展，揭示了素质教育的本质内涵。从教育品格来看，素质教育是指学生的德智体美劳全面协调发展的教育，也是一种可持续发展的教育。全面性、协调性、可持续性构成"三位一体"，是素质教育的内在品格。从教育哲学视野看，素质教育是科学教育与人文教育、智育与德育、智力因素教育与非智力因素教育、生理教育与心理教育的有机统一，由此才能塑造一个"完美的人"。多元教育内容的和谐统一，是素质教育的本质特征。人是素质教育的主体，而人的生命可分为自然生命和社会生命，生理素质是一个人的自然生命价值的基础，后天素质则是一个人的社会生命价值的体现。素质教育以提升人的整体素质为价值取向，彰显了人的生命品质。实施素质教育，提高人的综合素质，也就是提高人的生命品质。因此，素质教育就是人之为人的本真教育。

西方思想家培根说："读史使人明智，读诗使人聪慧，数学使人精细，哲学使人深邃，伦理学使人庄重，逻辑和修辞学使人能言善辩。总之，'读书可以修身养性'。"① 这即是说，科学知识与人文知识各有其独特的价值。从本真意义来看，教育就是"以文化人"即文化教育。人类文化可分为科学文化与人文文化两大基本类型。科学文化教育是"做事"的教育，人文文化教育是"做人"的教育。教育实践证明，科学素质教育与人文素质教育是相互联系、相辅相成的。实施素质教育，就要坚持科学教育与人文教育的有机融合，提高学生的科学素质和人文素质，进而提升学生"做人"的品格和"做事"的品质。实施素质教育的根本目的，就在于充分发挥学生的主体作用，丰富学生的文化知识和人生情感，塑造学生良好的道德品质和健全人格，培育学生的创新精神和实践能力，进而提高学生的整体素质。其中，思想道德素质是人的综合素质的灵魂。人之为人，就在于人有"道德"和"精神品格"。素质教育的终极目标，就是提高以思想道德品质和健全人格为灵魂的综合素质，进而提高人的生命质量和实现人生价值。从实践层面看，实施素质教育，就是要把德智体美劳有机地统一于教书育人、文化育人、管理育人、服务育人及环境育人的各个环节中。

（二）素质教育理念下高职院校思政课教学的价值目标

高职院校思政课教学贯彻落实素质教育理念，必须把德智体美劳有机地统一在教学活动的各个环节中，使学生在学习和实践中提高综合素质。具体而言，素质教育理念下高职院校思政课教学的价值目标，即培育学生的优良道德品质和健全人格、建构学生的合理知识结构、培养学生的以创新能力和实践能力为重点的多种能力、提升学生的人文素质及丰富学生的情感素质等综合素质。

第一，培育学生的优良道德品质和健全人格。《大学》云："大学之道，在明明德，在亲民，在止于至善。"这即是说，大学教育在于培育高尚的道德品质。常言道，人无德不立，国无德不兴。德是一个人立身处世的根基，也是一个国家兴旺发达的基石。"立德树人"，是教育的根本任务。从教育理念来看，"育人为本，德育为先"；从人才标准来看，"德才兼备，以德为先"。就德与才而言，"德"是形而上的精神，"才"是形而下的材料。由此可见，"德"在教育理念和人才标准中都居于优先地位。德是人之为人的根本。习近平总书记在北京大学师

① ［英］培根. 培根论人生［M］. 储琢佳，译. 南京：江苏文艺出版社，2011：189.

生座谈会上指出："道德之于个人、之于社会，都具有基础性意义，做人做事第一位的是崇德修身。"① 因此，道德品质是人的整体素质的灵魂，也是素质教育的核心内容。从知识、能力与道德关系而言，一个人如何运用自己的知识素质和能力素质，实际上完全取决于主体的道德价值选择。这即是说，一个人的知识和能力能否做到有益于他人或社会，是由主体的道德品质决定的。没有良好的道德品质作为灵魂或统帅，其他素质都将失去应有的正价值或意义。

思政课是对大学生进行思想道德教育的主渠道，是以培养学生道德素质为核心的公共必修课程。思政课教学不仅仅是知识传授的过程，也是情感陶冶、道德品质培养和健全人格塑造的过程。社会主义核心价值观是高职院校思政课教学的主线和主题。引导大学生积极践行社会主义核心价值观，是当前道德教育的核心内容。具体而言，通过教学积极引导学生讲道德、尊道德、守道德，追求高尚的道德理想，不断夯实学生的思想道德基础，进而培养学生的政治伦理价值观、经济伦理价值观及文化伦理价值观等优良的价值观品质；培养学生的社会公德、职业道德、家庭美德及个人品德等优良的道德品质。简言之，高职院校思政课教学，以社会主义核心价值观教育为核心内容，从多层面、多视角培育学生的优良道德品质。

第二，建构学生的合理知识结构。西方古代哲学家柏拉图认为，知识是人心灵的产物。重视知识教育，是人类教育的优良传统。重智轻德，是传统应试教育和专业教育的价值取向。一般而言，知识有自然科学知识、人文科学知识及社会科学知识。人类历史证明，知识是推动人类社会不断向前发展的精神动力。"知识是人对行为进行定向和调节的基础，是个体适应环境的重要因素。知识具有三个方面的功能：①辨别功能……②预期功能……③调节功能……"② 因此，素质教育仍然注重知识教育。实践证明，知识素质是能力素质的基础，没有一定的知识素质作为基础，所谓能力素质也只是"空中楼阁"。对学生而言，通过教育他们汲取前人的间接经验，形成必要的知识图景，促使学生进行知识迁移，进而形成应付环境和解决问题的能力。高职院校培养的高素质人才首先要掌握丰富知识，包括基础知识和专业知识，而且是掌握得越多越好。科学知识和人文知识，

① 习近平. 青年要自觉践行社会主义核心价值观——在北京大学师生座谈会上的讲话［N］. 中国教育报，2014-05-05.

② 陈琦，刘儒德. 当代教育心理学［M］. 北京：北京师范大学出版社，2007：249.

如同一枚硬币的两面，缺乏人文内涵的科学教育，往往使受教育者知识结构片面狭窄，反之亦然。因此，素质教育提倡科学教育与人文教育并重，把科学知识与人文知识有机结合起来，建构起学生合理的知识结构。

高等职业教育以培养高素质应用型技能人才为目标，故侧重于专业教育是理所当然的，传授的是科学知识，训练的是专业技能。人才目标虽然是培养"应用型技能人才"，但前面却有"高素质"加以框定。所谓"高素质"显然包括思想道德素质、知识素质、能力素质、身体素质、心理素质等诸多方面。就人才的知识结构而言，应该是基础知识与专业知识、科学知识与人文知识的统一。帮助学生建立起合理的知识结构，培养科学的思维方式，提高学生的应用技能，以适应将来从事职业工作的要求。故对高职院校学生实施素质教育，既要注重基础知识教育，又要加强专业知识教育；既要注重科学知识教育，也要加强人文知识和社会知识教育，使其成为全面发展的人才。思政课课程属于哲学社会科学范畴，传授的是人文知识和社会知识，有助于拓宽学生的知识视野。根据课程体系和教学内容，思政课应努力向学生传授伦理学、法学、哲学、政治学、经济学、文化学及党史等知识，并与专业教育相配合，着力建构学生合理的知识结构，为增强学生的多种能力素质打下坚实的基础。

第三，培养学生的以创新能力和实践能力为重点的多种能力。知识与能力是辩证统一的。知识是能力形成的前提和基础，能力则是知识的转化和提升。实践证明，一个人能否在知识与能力上实现和谐发展，不仅影响德智体美劳的全面协调发展，而且关系到智力因素与非智力因素的可持续发展。故培养学生的多种能力，是实施素质教育的客观要求。从教育心理学来看，能力素质是由思维能力、学习能力、沟通能力、组织能力、管理能力、应变能力、创新能力和实践能力等构成的。一个人的素质往往是通过能力体现出来的。只有具备一定的能力，才能参与认识世界和改造世界的历史进程中。人的生命是由自然生命与社会生命构成的。自然生命价值，是由其生理素质决定的，而社会生命价值，则是由其道德素质、能力素质等多种素质和谐融合而体现出来的。因此，实施素质教育，培养高素质的人才，客观上需要培养学生的以创新能力和实践能力为重点的多种能力。

高等职业教育，培养的人才是高素质应用型技能人才。其中的"应用型技能"，凸显了对学生的动手能力或实践能力的特殊要求。因此，高职院校实施素质教育，不仅要注重理论学习，更要强调实践学习，以培养学生的多种能力。著名科学家钱学森认为，优秀学生就是要有创新精神和创新能力。从建设创新型国家来看，培养学生的创新精神和实践能力，是素质教育的重点。这也决定了高职思政课教学的重要价值目标。高校思政课是一门理论性和实践性都很强的课程，它不仅注重理论教学，而且强调实践教学。思政课的教学内容，是对历史经验教训或社会实践经验教训的抽象概括和凝练总结，其中彰显着人类和中华民族认识世界和改造世界的心路历程，体现了人类和中华民族的理论创新和实践创新的能动过程，蕴含历史主体的人生智慧和实践理性精神。通过理论教学和实践教学，不仅要涵养学生的理论品格，而且要养成学生的实践品格；不仅要培养学生敏锐的思维能力和良好的审美能力，而且要培养学生运用理论分析问题、解决问题的能力；不仅要开发学生的智力因素，而且要培育学生的非智力性因素，如学生的意志力与耐挫力、兴趣和性格等。

第四，提升学生的人文素质。科学文化与人文文化，是人类社会健康发展的内在要求，如同"鸟之两翼""车之两轮"，缺一不可。中科院院士、华中科技大学教授杨叔子先生对此有着精辟的论述："科学文化是人的'立世之基'、人类社会的'文明之源'，没有科学文化，就落后、愚昧、荒唐。不但因为不知客观世界的规律而难立于世界，并且必定失去社会文明发展的源头。人文文化是人的'为人之本'、人类社会的'文明之基'，没有人文文化，就野蛮、卑鄙、无耻。不但因为失去人文关怀而异化成'人'的对立面，而且必将导致社会文明的崩溃。"[1] 科学文化具有强烈的工具理性，人文文化具有鲜明的价值理性，二者是辩证统一的关系。实践证明，科学文化教育，提高人的科学素质，能够增强人的物质性存在；人文文化教育，提高人的人文素质，能够提升人的精神性存在。

然而，自近现代以来，由于科学技术突飞猛进地发展，科学文化教育彰显而人文文化教育短缺，结果导致工具理性的扩张而价值理性的式微，进而导致人的物质欲望的膨胀而精神品格的萎缩。由此可见，加强人文文化教育，提高人的人文素质，既是促进社会健康发展的客观需要，也是提升人类精神品格的内在需要。从一定意义上说，教育就是文化的教育。实施素质教育，就是要坚持科学文化教育与人文文化教育的有机融合。教育实践证明，培养高素质的创新型人才，需要科学文化教育和人文文化教育并重，实行文科、理科、工科兼收并蓄。因此，加强人文文化教育，提高学生的人文素质，是高等职业教育实施素质教育的

---

① 杨叔子. 素质·文化·教育［J］. 高等教育研究，2012（10）：1-7.

特有内涵。"高职院校的教育教学，不仅要进行科学教育，增强学生的知识与技能，而且要加强人文教育，变化学生的气质，塑造学生的灵魂。"① 高职院校思政课课程，属于人文社会科学范畴，既体现鲜明的政治性和意识形态性，也蕴含着丰富的人文知识和人文精神理念，如"民为邦本""协和万邦""和而不同""自强不息""厚德载物"等中华传统人文精神理念，以及人的自由全面发展、人民群众是历史的主体、为人民服务、"四有"新人、以人为本的科学发展观、实现中华民族伟大复兴的中国梦等马克思主义人文精神理念。这些不仅有助于学生树立正确的世界观、人生观和价值观，而且有利于提高学生的人文素质和人文精神品格。具体而言，在教学过程中，要加强师生之间的情感交流和真诚对话，坚持理论与实际相结合的原则，注重从学生的学习实际、生活实际及情感实际等出发，来解读教材中的基本概念、基本原理或基本观点，或者深入挖掘教材中的人文理念、人文精神等资源，来熏陶学生的人生情感，滋润学生的思想品德，启迪学生的人文智慧，进而提高学生的人文素质，为学生全面协调可持续发展打下坚实的基础。

第五，丰富学生的情感素质。情感是人在认知活动中对人和客观事物好恶倾向的内在心理反应。现代心理学认为，人的全部认识活动可分解为知、情、意三种相对独立的心理活动，人的综合心理素质也相应地分解为三种相对独立的心理素质，即认知素质（或智力素质）、情感素质和意志素质，它们分别用以反映人对于事实关系、价值关系和实践关系的认识能力。人有喜爱与仇恨、喜欢与厌恶、愤怒与悲哀等复杂的情感；人有亲情、友情、爱情等积极的情感。情感素质，是人类固有的素质。从儒家孔子的"仁者人也，亲亲为大"（《中庸》），到孟子的"亲亲而仁民，仁民而爱物"（《孟子·尽心章句上》），再到北宋张载的"民吾胞也，物吾与也。"（《西铭》）这即是说，人类具有爱自己的亲人、爱天下的百姓乃至爱天下万物的博大情怀。任何人都有喜怒哀乐的情绪表现，都有亲情、友情、爱情的情感需求。美国著名心理学家马斯洛的需求层次理论认为，友谊、爱情及社会归属感，是人类最基本的需求之一。因此，情感素质是人类的最基本素质。没有情感的人类将是不可想象的世界。人们通常说"以理服人""以情动人"，说明"理""情"是协调人际关系的重要因素。

从一定意义上说，没有情感教育，就不是真正的教育。朱小蔓教授认为，关

① 迟成勇. 论高职院校思政课课堂教学的影响因素与对策［J］. 思想政治课研究，2014（04）：20-24.

注入的情感发展是教育中的一个本源性、根基性的问题。情感教育是教育的本真内涵。情感素质，是大学生素质教育的重要内容，但高校在实施素质教育过程中，往往忽视了大学生的情感素质教育。从目前大学生的情感现状来看，一是强化知识教育、技能教育乃至就业教育，从而导致对大学生情感教育的漠视；二是大学生的情感需求得不到满足或得不到正常的宣泄而引发的校园悲剧时有发生；三是由于缺乏人际交往技巧或学生特有的性格因素，同学之间的感情比较淡化；四是教师忙于"传道、授业、解惑"，而忽视了师生之间的情感交流，进而导致师生情感的淡化。面对大学生的情感现状，加强情感教育，是高校实施素质教育的必要内容。从道德教育角度来看，"个体道德的发展不仅是道德认知学习和教育的过程，也是一个道德情感学习和教育的过程，而且，情感在道德成长中具有十分特殊而突出的价值。"① 因此，加强大学生的德育工作，客观上需要对其进行情感素质教育。对大学生而言，能否以积极的态度为人处世，不但体现其道德情感素质状况，而且也反映其是否具有健全的人格。人的情感素质与价值观有着内在的关联。只有大学生在情感上认同或接受社会主义核心价值观，才能激发大学生践行社会主义核心价值观的积极性和热情。因此，引导大学生学习与践行社会主义核心价值观，也需要对大学生加强情感素质教育。

（三）高职院校思政课教学贯彻落实素质教育理念的具体路径

高职院校思想政治理论课教学，只有认真贯彻落实素质教育理念，才能真正实施素质教育。素质教育是针对应试教育和专业教育而提出的，是对应试教育与专业教育的时代超越。因此，思政课教学实施素质教育，需要优化教学内容、改进教学方法、开展社会实践教学，还要建设校园思想政治教育网站，延伸和拓展课堂教学的时间与空间，进而实现素质教育的价值目标。

第一，优化教学内容。教学内容是检验课堂教学质量的关键性因素，也是实施素质教育的内在性因素。课堂教学是实施素质教育的主渠道，没有科学的、健康的和丰富的教学内容，实施素质教育就成为一句空话。对大学生进行思想政治教育，应以正面教育为主，反面教育为辅。故优化教学内容和建构课程体系，是建构学生合理的知识结构、提升学生优良的思想品德及培养学生多种能力的客观保证。如中华优秀传统文化精神理念、历史上杰出人物的爱国情怀、中国革命传

---

① 朱小蔓. 情感德育论［M］. 北京：人民教育出版社，2005：142.

统精神及马克思主义中国化理论成果等，对于培育学生的民族文化价值观、爱国主义道德情感、自强不息和艰苦奋斗精神，以及马克思主义理论素养等都具有重要意义。高职院校思政课课堂教学落实素质教育理念，应以社会主义核心价值观为主线，从学生的实际，从社会的热点问题及难点问题等角度出发，解读教材的基本概念、基本原理或基本观点，将教材体系转化为教学体系，建构教学内容，优化教学内容。这就要体现下列原则：一是坚定的政治性和丰富的人文性相统一；二是深厚的传统底蕴与鲜明的时代精神相统一；三是符合学生实际与遵循教学规律相统一；四是理论性和实践性相统一；五是抽象性与具体性相统一；六是教育性与职业性相统一。简而言之，遵循教育教学规律和教书育人原则，优化教学内容，为实施素质教育奠定良好的基础。

第二，改进教学方法。教学方法，是提高课堂教学质量的重要因素，也是增强素质教育实效性的重要路径。与教学内容相比，适宜的教学方法，对学生的思想、知识、品德及能力等素质的培育起着桥梁的作用。一般而言，不同的课程及其教学内容，需要不同的教学方法。但运用多样化的教学方法，则是任何一门课程课堂教学的客观要求。思政课内容具有很强的理论性与实践性、抽象性与概括性、思想性与人文性等特征，故在课堂教学中，综合而灵活运用讲授法、案例分析法、情境教学法及探究式教学法等多样化的教学法，以培养学生分析问题和解决问题的能力、探究能力及丰富的情感素质等。其中，思政课教师更要注重实践教学法的运用。实践教学能够充分发挥学生的主体性，让学生在体验中感悟人生，提升素质。因为"真正的优秀很难说是教出来的，而往往是自己悟和养出来的，是一种自我教育和自我塑造"①。在课内实践教学中，适宜运用课堂演讲、课堂讨论或辩论、撰写论文等教学法，以培养学生的理解能力、写作能力、语言表达能力及逻辑思维品质等。在社会实践教学中，如参观考察、社会调查及公益活动等教学法，让学生深入社会实际，拓宽生活视野，体验社会生活，锻炼各种能力，提高综合素质。总之，改进教学方法，优化教学内容，对于帮助大学生树立正确的世界观、人生观和价值观，丰富文化知识、坚定意志品质、陶冶人生情感及增强多种能力素质等具有不可忽视的作用。

第三，开展社会实践教学。课堂理论教学是将思想、知识、品德及能力等素质内化的过程，但内化的素质只是处于一种潜在的状态，只有通过实践的外化，

---

① 欧阳康. 新时期大学生文化素质教育及其实践导向［J］. 教育研究，2012（02）：8-13.

才能将潜在的素质转化为外在的自觉行为或外在的素质，进而才能发挥认识世界和改造世界的作用。"素质教育要深化至学生们的心灵，由内到外，表现在他们的做人做事上，表现在他们的自主性上，还表现在他们的开拓创新精神上。"①开展社会实践教学，充分发挥学生的自主性和能动性，是实现素质教育由内到外的有效机制。目前，高职院校思政课开展的社会实践教学，主要有参观考察爱国主义教育基地、社会调查及社会公益活动等。结合思政课教学内容，组织学生参观爱国主义教育基地，并引导学生撰写观后感，以深化学生对爱国主义内涵的理解，培养学生爱国主义情怀，激发学生为实现中华民族伟大复兴中国梦而努力奋斗。拟定社会调查的课题，在学生广泛调查的基础上，指导学生撰写调查报告，以深化学生对社会的认识，增强学生适应社会生活的能力，激发学生热爱社会、热爱生活的情感，以培养学生分析问题和解决问题的能力。指导学生参加社会公益教学，锻炼学生的自我管理和自我教育能力，培养学生关心他人、关心社会的道德品质，增强学生的社会交往能力和正确的价值判断能力等。总之，紧密结合思政课教学内容和目标，积极开展社会实践活动，把书本知识与社会实践有机结合起来，真正做到学以致用，不断升华学生的思想境界，培养学生的实践品格和创新精神。

第四，建设校园思想政治教育网站。建设校园思想政治教育网站，是高校校园文化建设的重要组成部分，也是高校思想政治理论课教学在时间和空间上的拓展与延伸。以社会主义核心价值观为主线，从校情和学情出发，着力打造体现职业教育特色而又反映时代精神的校园思想政治教育网站。从高职院校学生思想政治教育视角来审视，建设校园思想政治教育网站，需要坚持下列几项原则：一是坚持政治性与人文性的统一，既要体现正确的政治价值取向，又要凸显鲜明的人文文化精神。二是知识性与思想性的统一，既要有丰富的知识含量，也要有深度的思想内涵。三是民族性与世界性的统一，既要弘扬中华传统文化的优秀成分，也要反映西方文化或其他外来文化的先进成果。四是教育性与职业性的统一，既要显示鲜明的思想教育导向性，又要展示职业教育发展的优秀成果。也就是说，校园思想政治教育网站建设，不但要与思政课教学在价值目标上保持一致，而且在内容建构上形成互补，进而建构一个多层面的、立体式的思想政治教育格局。校园思想政治教育网站建设，与思政课教学密切配合，既能培养学生学习的自主

---

① 张岂之. 关于大学素质教育的再认识［J］. 中国大学教学，2011（12）：5–6+9.

性和能动性，又能提高学生的自我阅读能力和理解能力；既能拓展学生的知识素质，又能培育学生正确的文化价值观。总之，校园思想政治教育网站作为思政课教学的延伸和拓展，对于提高学生思维品质、思想境界、道德人格、人文素质及文化品位具有潜移默化的影响。

　　——（原文刊登于《广东青年职业学院学报》2015 年第 4 期，收入本书时略加修改或补充）

二、思想政治理论课与高职院校学生能力的培养

　　高校思想政治理论课包括马克思主义理论课与思想品德课两大部分，不仅能够帮助学生树立正确的世界观、人生观和价值观，学会"做人"，而且有助于培养学生多方面的能力，学会"做事"。本文立足高职院校学生的实际情况，着力探讨高校思想政治理论课对高职院校学生能力的影响。

（一）有助于培养学生的思维能力

　　思维能力是人类从事一切活动的最基本能力，是其他能力的基础。现代科学技术的发展需要的是具有科学思维、独立思维的人而不是只懂得死守教条的书呆子。在新形势下，高校思想政治教育要特别注重培养大学生的哲学和社会科学的批判思维能力，增强对党的政策与社会形势的理解能力，从而才能保持坚定的政治立场，冷静面对复杂的局面。思想政治理论课作为哲学社会科学范畴，涵盖哲学、历史、政治、经济、道德、法律、心理等综合学科的知识，通过本课程学习，可以培养或训练学生的抽象思维、哲学思维、逻辑思维、历史思维、道德思维、法律思维、经济思维等，从而提高学生分析问题、解决问题的宽度与深度。研究者指出，通过思想政治理论课的学习，"我们得到了一种系统的、批判性的、创造性的思维训练。正是因为具备了这种思维能力，我们在工作中才敢于创新、善于创新，进而有所成就。"[1] 思想政治理论课，可以把哲学的方法论理论转化为人的合理的观念和活的思维方式，成为人们不断创新的动力。

---

　　① 覃彪喜. 读大学，读的是思维 [J]. 发现，2007（08）：42-44.

对高职院校学生而言，更需要加强方法论的指导和道德观的教育，因为要成为德才兼备的应用型技能人才，不仅要认识到思想道德素质在学习专业知识中的作用，而且要学会科学地思维，提高科学思维能力。思想政治理论课作为哲学社会科学范畴，不仅具有德育功能，而且能够培育人的思维能力和运用知识的能力。在思想政治理论课教学过程中，教师要精心组织课堂教学，多设计问题，多提问、多讨论，营造民主、自由、和谐的课堂氛围，启发学生积极思考、不断质疑，逐步培养、提高学生思维的独立性、批判性和创造性，同时还要鼓励学生大胆设想，引导学生对同一问题进行多维度、多层面的思考，培养学生发散性思维能力；逐步培养学生思考问题时不再满足一般现象的罗列和获得现成的答案，而是力求探讨事物的本质和规律。总之，马克思主义理论是系统的、科学的世界观和方法论，学生学习和掌握马克思主义的立场、观点和方法，才能掌握科学的思维方法，才能在纷繁复杂的社会环境中增强明辨是非的能力，始终坚持正确的政治方向。

（二）有助于培养学生的实践能力

《中共中央国务院关于深化教育改革全面推进素质教育的决定》中明确指出："实施素质教育要以培养学生的创新精神和实践能力为重点。"从广义来讲，实践能力是指人们改造自然和改造社会的能力。一般而言，学生的实践能力由知识的运用能力、技术的运用能力和社会能力构成。实践能力是一个人立足社会、成就事业的基本能力。一个人如果实践能力差，知识再多，学术水平再高也没有实际意义。实践能力是将知识转化为实际力量的重要保证，是人的一种直接的、外显性的竞争力，是专业能力中的核心能力。高职院校学生作为技能型应用人才，培养其实践能力是高职教育的最基本价值取向。专业技能训练固然是锻炼学生实践能力的坚实平台，但思想政治理论课，不仅为培养学生实践能力提供方法论指导，而且本身有利于实践能力的培养。

高校思想政治理论课强调"知"与"行"的统一，强调"第一课堂"与"第二课堂"的结合。思想政治理论课既有课堂理论教学环节，又有实践性教学环节。社会实践活动是大学生思想政治教育的重要环节，是高校实施素质教育、促进学生素质拓展的一种有效途径。社会实践活动是培养大学生创新精神和实践能力的基础。邓小平指出，劳动是职业技术学校学生的必修课，"劳动也是教学，是政治思想课。学生参加劳动，一是必须，二要适当，三看可能。"① 社会宣传、社会调查、社会服务、勤工俭学、大学生暑期"三下乡"社会实践活动，以及参观爱国主义教育基地等，都是高校思想政治理论课在空间上的延伸和拓展。实践教学是相对于理论教学提出来的，它从本质上讲，就是一种理论联系实际的教学。理论联系实际是思想政治理论课必须坚持的一项教学原则。要顺利地完成单纯知识积累向在积累知识的基础上着重培养能力的转变，就必须通过实践。古人说"纸上得来终觉浅，绝知此事要躬行"。社会实践活动是对思想政治理论课教学的补充，通过参加活动，巩固、检验所学的理论知识，培养学生理论联系实际的能力，增强实践能力。马克思认为，人的自由自觉的活动是人的本质规定。学生的知识掌握和实践能力的培养是一个自动自为的过程，是一个与学生自身的活动息息相关的过程。心理学研究表明，对于自主选择和主动参与的活动，人们往往想方设法去做好它，并主动承担责任，从而增强主动精神和提高实践能力。教育学生，不仅要"授之以鱼"，而且要"授之以渔"，让学生做到"学以致用"。思想政治理论课的实践教学作为沟通理论知识与操作技能之间的桥梁，使学生不但在理论上，而且在岗位技能上都得到发展。社会实践活动可以锻炼学生发现问题的能力，而且提高学生运用马克思主义理论分析问题、解决问题的能力。

（三）有助于培养学生的创新能力

培养高素质人才是我国高等教育的根本任务，而深化高校素质教育的重点就在于培养学生的创新能力。创新能力是能力结构的最高体现。创新能力的培养是创新教育的核心。每位学生都有创新的潜能，但把潜在的创新能力转化为现实的创新能力，必须有一个激发潜能、催生创新能力的机制与环境。创新能力的培养要有两大基础，一是生理基础（包括心理），二是知识基础。就思想政治理论课教学而言，教师首先充分挖掘教材中可利用的创造性因素，发掘教材中所蕴含的创造性原理，把具有较强实践操作性的知识点作为素材，激发学生的创造兴趣和创新性思维。实践证明，学生创新能力的培养与发展，是在特定的环境中通过求知、思索、批判与认同来实现的。高校思想政治理论课属于人文社会科学范畴，而人文社会科学作为观念形态，可以创造极富人性的人文环境。思想政治理论课的课堂教学环境是培育学生创新能力的有效的人文环境。

① 邓小平文选（第1卷）［M］．北京：人民出版社，1994：281．

科学思维、科学精神固然有助于学生创新能力的培养，而把科学思维与人文思维、科学精神与人文精神结合起来，将会起到事半功倍的效果，大大提高学生的创新能力。高校思想政治理论课属于人文社会科学范畴，有利于提高学生人文素质，培育学生人文精神。"人文素质教育可以使学生获得多学科的知识，开阔视野，拓展知识面，激发想象力与创新热情，形成反叛传统、反叛思维定式的创新意识，从而为他们创新能力的开发打开通道。"① 因为属于人文社会科学范畴的思想政治理论课，不仅内涵知识、逻辑、思维和美的力量，而且蕴含着求真务实精神、探索精神、理性精神、民主精神、伦理精神等，可以激发学生的创造力，提升其自主创新能力。同时，在思想政治理论课教学过程中，对高职院校学生而言，既要有一定理论深度，又要贴近学生的生活实际；既要充分发挥学生的主观能动性，又要调动学生积极参与教学过程，启发学生善于提出问题，并引导学生学会思考。实践证明，在思想政治理论课教学过程中，形成的知识、智力、思维模式、人格特征等，对人的创新能力都有不同程度的影响。

（四）有助于培养学生的审美能力

所谓审美能力，就是审美主体对审美对象进行审美判断和评价的能力。它包括审美感受能力、审美感知能力、审美想象能力、审美情感能力及审美鉴赏能力等。《中共中央国务院关于深化教育改革全面推进素质教育的决定》中明确提出："要尽快改变学校美育工作薄弱的状况，将美育融入学校教育全过程。"思想政治理论课历来被老师和学生称为最枯燥乏味的课程，很难激发学生的学习兴趣。其实，思想政治理论课，不仅宣传马克思主义的基本原理、基本原则与基本精神，而且内含着大量的审美因素，具有美育功能。有研究者指出，思想政治理论课，是"使人成为人"的课程，其教学必须要达到美的境界，"它要将抽象的本质和规律提升到美，转化为美，以美撞击学生的心灵，遵循着美的规律，用高雅的力量陶冶人。"② 作为思想政治理论课教师，应该充分利用教材中的美育资源，让学生充分感受、体验教材中的审美内容与审美形式，同时还要遵循学生的审美规律，循序渐进地培养学生的审美能力。

教学实践证明，把审美教育渗透于课堂教学之中，通过从形式美到内容美，

---

① 王明华. 浅谈对大学生进行人文素质教育的作用［J］. 科技创新导报，2011（16）：153.
② 陈秉公. 论《思想道德与法治》课的教学规律与教学境界［J］. 江汉论坛，2007（06）：90-94.

再到精神美的审美教育，逐步培育学生的审美能力。就思想政治理论课教学而言，在教学手段上，运用多媒体教学，集文字、图像、声音和动画于一体，图文并茂，音像兼备，打破时间与空间的限制，把一个生动、具体的人物形象、历史事件等，在课堂上清晰地展现在学生的眼前，将抽象的理论与形象的感官刺激相结合，变枯燥为乐趣，使学生身临其境，使学生从中感受到美的力量。如在教学"做坚定的爱国者"时，播放《我的祖国》作为音乐背景，并播映林则徐、钱学森等人的爱国事迹的图片或影像，使学生感受到高尚人格之美、爱国行为之美等，从中受到美的启迪、美的陶冶、美的熏陶。或者结合教学内容，制作一些与内容相关的优美风景图片和动态影像的课件，不仅有助于学生理解抽象的概念与原理，而且使学生领略到大自然的神奇魅力，从而引发学生对大自然的热爱之情。在教学方法上，通过比较法，培养学生的审美能力。通过真、善、美与假、恶、丑的比较，提高学生对美丑的认识，从而提高学生审美鉴赏能力。思想政治理论课教师可以利用教材中的历史人物进行审美教育。通过人物形象的美丑、人格境界的高低、历史作用的正负等比照，让学生感受到伟大人物、优秀人物身上的人格魅力、崇高的精神品质、高尚的道德境界、强烈的爱国精神，并将其作为自己行为的楷模；从反面人物、小人身上看到人性的弱点，摒弃其狡诈、自私、虚伪等恶劣品行。在历史人物的对比中，让学生认识美、体验美和评判美，从而不断提高学生的审美能力。

（五）有助于培养学生的就业能力

大学生的就业能力是指在校期间通过理论学习和实践活动而获得的能够实现就业理想、满足社会需求，并在职业活动中实现人生价值的能力。就业能力是一种综合能力。有人认为，大学生的就业能力，"应该包括学生心理品质、知识结构和能力结构三个层面。"[1] 笔者认为，就业能力具体包括专业能力、思维能力、创新能力、实践能力、适应能力及社会能力等。近年来，随着我国高等教育大众化进程的加快，高校毕业生数量急剧增加，大学生的就业竞争日趋激烈。相对于本科生、研究生而言，高职院校学生的学历层次较低，就业竞争更是一个严峻的挑战。增强学生的就业意识、提升学生的就业能力，是高校思想政治教育义不容辞的责任。培养学生的就业能力，对思想政治理论课而言，就要注重加强对学生

---

[1] 蒋洁. 青年学生就业能力现状分析与思考［J］. 中国青年研究，2007（07）：77-79.

的职业道德教育与职业生涯教育。

在进行职业道德教育过程中，不仅要加强"爱岗敬业、诚实守信、办事公道、服务群众、奉献社会"的社会主义职业道德规范教育，而且要加强职业理想、职业态度、职业责任、职业纪律、职业作风、职业良心等社会主义职业道德范畴教育；不仅要加强职业道德修养教育，而且要加强职业道德评价教育。其中，在思想政治理论课与职业道德教育过程中要特别注重下列几个方面的教育：第一，要帮助学生树立正确的就业观，指导学生就业要把自己的兴趣、专业特长与社会发展、国家需要结合起来。第二，要注重培养学生的公平竞争意识，引导学生积极参与人才市场的就业竞争。第三，要加强学生自身的道德修养，提升学生的内涵。整洁的仪表，幽雅的谈吐，文明的举止，是当代大学生应有的修养，也是增加就业竞争力的重要砝码。第四，培养学生良好的心理品质。良好的心理品质不仅包括诚实守信、团队协作精神和吃苦耐劳的品质，而且包含良好的承受挫折能力等。第五，要转变学生就业观念。培养学生树立一种与市场经济相适应的现代就业观。一是要主动积极就业，不能"等""靠""要"，消极被动就业；二是培养学生自主创业意识。所谓创业，就是创办新的企业、创设新的职业，创造新的岗位，让更多的人就业。对高职院校学生而言，自主创业是指毕业后利用自己的知识、才能和技术，以自筹资金、技术入股等方式创立新的就业岗位。总之，加强职业道德教育，是培养学生职业伦理精神、就业能力的基本途径。同时，思想政治理论课教师，还要引导学生运用思想政治理论课学到的思维方法、价值观念、精神品格等来指导自己的就业实际，从而大大提高就业的自觉性、实效性。

—— （原文刊登于《江西青年职业学院学报》2008 年第 2 期，收入本书时略加修改或补充）

三、论高职院校思政课课堂教学的影响因素与对策

高职院校思政课课堂教学的影响因素主要有：学生的文化背景知识和思维能力，是影响思政课教学的直接的内在因素；教师的教学方法和教学内容，是影响思政课教学的直接的外在因素；流行的网络文化和浮躁的社会风气，是影响思政课教学的间接的外在因素。增强高职院校思政课教学效果的对策，即加强通识教

育，拓宽学生的人文知识视野，是增强思政课教学效果的文化路径；加强教学改革，发挥学生学习的主体性，是增强思政课教学效果的关键绝招；加强课堂教学管理，增强师生之间的良性互动，为思政课教学营造一个和谐的内部环境；加强学校教育与家庭教育、社会教育的有机结合，为思政课教学营造一个良好的外部环境。

（一）问题的提出

课堂是学校教育发生的最主要场所，课堂教学是传授文化知识的最佳途径，也是促进学生全面健康发展的有效途径。高校思政课是对大学生进行思想政治教育的主渠道。从总体上看，高校思政课教学效果不断增强，致力于把思政课建设成为"学生真心喜欢、终身受益、毕生难忘"的优秀课程。但思政课在高等院校中属于公共基础课，相对于大学专业课程而言，似乎与就业无关，故在有的学生心目中可能是"无足轻重"的。也有一部分教师认为，"现在的思政课真的不好上""学生没有多大的学习兴趣"等。从教学实际状况来看，既有深化教学改革而取得的成效，也有不尽如人意的地方，如学生听课状态不够好、教师教学情绪不够高及教学效果不够强等问题。如何提高思政课课堂教学效果，是个重大的理论问题和实践问题。

（二）高职院校思政课教学的影响因素

高职院校思政课教学，不仅受到学校教育教学自身内部因素的影响，而且受到来自家庭、社会等外部因素的影响。从学生层面看，即学生的文化背景知识和思维能力；从教师层面看，即教师的教学方法和教学内容；从社会层面看，即流行的网络文化和浮躁的社会风气等。因此，高职院校思政课教学现状是内部因素与外部因素综合作用的结果。

第一，学生的文化背景知识和思维能力对高职院校思政课教学的影响。教师是课堂教学的主导，学生是课堂教学的主体。课堂教学效果如何，既取决于教师的"教"，也取决于学生的"学"。教师能否有效地"教"，是影响教学效果的前提性因素；学生是否积极主动地"学"，是影响课堂教学效果的关键性因素。其中，学生的文化背景知识和思维能力，则是影响高职院校思政课教学效果的直接的内在因素。

其一，学生的文化背景知识对高职院校思政课教学的影响。教育心理学证明，一定的文化背景知识，是影响一个人接受或理解相对应的知识理论的前提和基础。如果学生已有的背景知识较丰富，接受新的信息就比较容易，并能同已有知识一起，经过"同化"和"扩展"记忆在大脑深处。因此，学生的文化背景知识愈丰富，就愈容易理解或掌握教师讲授的内容，愈容易拓宽知识面，进而提高学习的兴趣。从高职院校的生源来看，多数学生来源于高中阶段的理科生，文史哲知识相对于文科生来说，显得短缺甚或是"空白"。从高职院校的专业设置来看，基本上是面向人才市场和社会需求的所谓热门专业，而且都属于理工农医类专业。由于高职院校进行的是"以就业为导向"的职业技能教育，故也就没有本科院校所设置的人文社科类的专业课程，如哲学、伦理学、历史学、政治学及文学等。因此，高职院校学生"重理轻文"现象似乎是不可避免的。

课堂教学过程，不仅是"传道""授业""解惑"的过程，也是学生的文化背景知识与教师讲授内容之间相互作用的一个复杂的心理过程。从认知结构同化论来看，"有意义学习是通过新信息与学生认知结构中已有的有关观念的相互作用才得以发生的。这种相互作用的结果导致了新旧知识的意义的同化。"① 思政课的教学内容，实际上属于哲学社会科学范畴，是一门涵盖政治学、经济学、文化学、哲学、伦理学及历史学等多学科知识的综合课程。从思政课教学内容来看，每一个基本原理或基本观点都与某一特定文化背景知识相对应，该原理或观点的语言结构、词汇运用及表达方式等很大程度上受到文化背景知识的影响和制约。因此，讲授思政课，对于文史哲知识欠缺的高职院校学生而言，颇有"云里来雾里去"的感觉，很难理解老师讲授的基本原理或基本观点。总之，高职院校学生文史哲知识的短缺甚或"空白"，是影响高职院校思政课教学效果的重要的内在因素。

其二，学生的思维能力对高职院校思政课教学的影响。思维能力包括分析能力、综合力、理解力、概括力、抽象力、想象力及判断力等多种类型。教育心理学认为，无论是人类的生产实践活动，还是人类的发明创造活动，抑或是学生的学习实践活动，都离不开思维。对学生而言，思维能力是学习能力的核心。教育心理学认为，不同专业理论的学习可训练或培养学生不同的思维能力，而学生的思维能力又直接影响对所学知识理论的接受快慢或理解程度。如学文史哲，久而

---

① 黄正夫．教育心理学［M］．北京：北京师范大学出版社，2011：53.

久之能够培养学生比较发达的抽象思维能力；再如学数理化，久而久之则能够培养学生比较发达的形象思维能力。高职院校的学生，多数来源于高中阶段的理科生。因此，从总体上看，高职院校学生的形象思维能力比较发达，而抽象思维能力相对来说比较欠缺。

教育实践证明，不同类型的思维能力，直接影响对知识或技能的理解和掌握。思政课的教学内容，属于文史哲知识理论范畴，其基本原理和基本观点都是对历史经验或社会实践经验的抽象概括和凝练总结，需要有较发达的抽象思维能力，才能比较快地接受或理解。而对于形象思维能力比较发达而抽象思维能力相对薄弱的高职院校学生而言，思政课的教学内容，就显得难以接受或理解。在教学过程中，相当一部分学生对教学的基本概念、基本原理和基本观点的讲解，感到"枯燥无味"而难以接受或理解，久而久之就会失去对思政课教学的兴趣。总之，高职院校学生抽象思维能力不够发达，也是影响高职院校思政课教学效果的直接的内在因素。

第二，教师的教学方法和教学内容对高职院校思政课教学的影响。教育实践证明，针对同一教学对象，不同的教师则有着不同的教学效果。其原因就在于教师授课的方法和内容不同。教师是课堂教学的主导，如何发挥"主导作用"，关键在于采用什么样的教学方法和如何处理教材教学内容。教师的教学方法和教学内容，是影响高职院校思政课教学效果的直接的外在因素。

其一，教师的教学方法对高职院校思政课教学的影响。教学方法是提高课堂教学质量的重要因素。一般而言，教学方法包括教师的教授方法和学生的学习方法两个方面，是教学方法与学习方法的统一。从内因与外因的辩证法来看，教师的教授方法必须适应学生的学习方法，才能取得好的教学效果，否则便会因缺乏针对性和可行性而达不到预期的教学目的。同时，由于教师在教学中处于主导地位，学生在教学中处于主体地位，故在教法与学法中，教法处于主导地位，学法则处于主体地位。教育实践证明，如果教学方法得当，而且适合学生的实际情况，就会取得较好的教学效果；如果教学方法单一呆板，或者教学方法不符合学生的实际情况，教学效果则不佳。

当前，高职院校思政课教学效果总体是好的，但是少数教师对思政课教学的认识不到位，造成教学效果不够理想的状况。有的教师在课堂教学中，始终把学生视为消极被动地接受教育的客体，或者把学生视为被动接受"知识的容器"，或者把学生视为基本原理与基本观点的无条件认同者和遵从者。在高职院校思政课教学中确实存在着教师单向"灌输"的教学倾向，几乎是"先生讲、学生听"的传统"填鸭式"的教学，教学方法单一呆板，忽视学生学习的主动性，导致"学生不在场"的局面。如果单一的、陈旧的教学方法不改变，思政课教学效果就不会得到应有的提高。当然，在当前高职院校思政课教学改革创新的浪潮中，确实有些教师着力于教学方法的改革创新，如根据具体的教学内容，适时地采用探究式、启发式、课堂讨论及案例分析等多样化的教学方法，以便调动学生课堂学习的积极性和主动性，进而提高课堂教学效果，不断提高高职院校思政课教学效果和针对性。

其二，教师的教学内容对高职院校思政课教学的影响。教学内容是课堂教学的核心和灵魂，也是检测教学质量的关键性因素。教学内容源于教材，教材是教师进行教学活动的主要依据，也是学生进行学习活动的主要文本。教育学原理认为，教学内容是教师对教材体系与教学实际的分析理解和综合加工的结晶。但是，建构教学内容不是随心所欲的，而是根据教学目标和教学策略等情况来确定的。因此，教师要根据教学目标和教学策略等情况，将教材体系转化为教学体系，建构合理而丰富的教学内容。高职院校思政课教学，既要从帮助学生树立正确的世界观、人生观和价值观的根本目标出发，建构有助于促进学生的全面发展的教学内容，又要从高职院校培养高技能型和高素质的专门人才目标出发，建构有助于提高学生职业素养、实践能力和创新能力的教学内容。

课堂教学是一门艺术，它植根于先进的教学理念、适宜的教学方法及鲜活的教学内容。教学方法是为传授教学内容服务的，即使教学方法得当，如果教学内容空洞无聊或枯燥无味，教学效果显然不佳；如果教学内容符合教学目标，洋溢时代气息，而且教学方法得当，就会取得好的教学效果。在高职院校的思政课教学中，有的教师只注重抽象的理论阐释和文本的逻辑演绎推理，而忽视与社会实际的联系和学生生活、情感的需要。有的教师照本宣科，只是一味地传授知识，而忽视了思想教育、心灵滋润、境界提升；有的教师偏离教学内容而"放野马"，甚至极少数教师为了迎合少数学生的需要而"挂羊头卖狗肉"。教学内容是影响思政课教学效果的关键性因素。高职院校思政课教师，在具体的课堂教学实践中，要善于联系学生的思想实际、学习生活实际、情感世界、职业需求及社会的热点问题和难点问题等，来解读教材的基本概念、基本原理和基本观点，进而不断改革创新教学内容。总之，提高高职院校思政课教学效果，不仅要运用适宜的教学方法，而且要不断创新教学内容。

第三，流行的网络文化和浮躁的社会风气对高职院校思政课教学的影响。学校总是与家庭、社会紧密联系的。学校教育，不是孤立于社会环境的，它总是在与社会环境的互动中进行物质、能量和信息的交换，进而获得自己发展的动力。从哲学视角来审视，教师的教与学生的学，是影响高职院校思政课教学效果的内在因素，而社会环境即流行的网络文化和浮躁的社会风气，则是影响高职院校思政课教学效果的间接的外在因素。

其一，流行的网络文化对高职院校思政课教学的影响。网络文化是虚拟世界与现实社会互动的产物，它具有虚拟性、开放性、自由性、难控性及动态性等特征。网络文化是一把双刃剑，一方面，网络文化是各种文化的集合体，各种不同形态的文化都以网络为载体而达到展现，甚至通过打造"网上图书馆""网上博物馆""网上展览馆""网上剧场"等形式传播各种形态的文化，形成丰富多彩的网络精神家园。故网络文化能够满足人们多样化、多层次的精神文化需求，对拓宽人们的文化视野，愉悦其身心具有重要的积极意义。另一方面，网络文化总是伴随着文化垃圾，如过度追求感官刺激、非理性的消费文化及淫秽色情文化的泛滥等，进而对人们的生活方式、审美意识、道德取向及人格模式等产生不可忽视的消极影响。

青年大学生是青睐网络文化的主体。因此，网络文化对思政课教学的影响也是不可避免的，一方面，把网络文化的积极因素渗透到思政课教学中，能够丰富思政课教学的内容，拓宽思政课教学的空间，延伸思政课教学的时间，拉近了与学生的心理距离，也为达到"寓教于乐"的教学境界提供了可能；另一方面，网络文化的消极因素弱化了思政课的政治性、思想性的教育功能。有的学生受网络文化娱乐性、开放性及自由性等因素的影响，对于老师讲解课程中的基本原理和基本观点"无兴趣"乃至"质疑"，而是刻意追求课堂教学的"趣味化""时尚化"，要求老师在课堂教学中讲授一些有趣的"明星新闻"等。再者，把手机放在课桌上或拿在手中几乎成为一种普遍的现象。"手机上网"或"网络浏览"是学生的一种常见行为，反映着学生的某种阅读兴趣，但却严重地分散了学生课堂上的注意力，破坏课堂教学秩序，对思政课课堂教学产生极大的消极影响。

其二，浮躁的社会风气对高职院校思政课教学的影响。一般而言，社会风气是指社会在一定时期内流行的风尚和习气。从哲学层面看，社会风气是社会心理和社会意识形式的外在表现，反映着人们的思想意识、道德行为、价值取向及精神状态。社会风气具体表现在人们的经济生活、政治生活、文化生活和道德生活中。其实，在通常情况下，社会生活中总是既存在着"某些良好的社会风气"，也存在着"某些恶劣的社会风气"。良好的社会风气，对人们的日常生活、行为方式及生产实践活动等会产生积极的影响；反之，恶劣的社会风气，对人们的日常生活、行为方式及生产实践活动等则会产生消极的影响。现代的大学校园不是与世隔绝的"世外桃源"，而是与社会环境紧密联系的"活泼泼世界"。社会风气会通过多种途径影响校园内的大学生日常生活、学习态度及行为方式等。因此，社会风气对思政课教学效果的影响也是不可忽视的。

社会风气对学生的影响往往是潜移默化的，是一种隐形的影响。人们常说，"学校苦读三年功，不如社会一阵风""苦心教育一星期，不如电视几分钟"。由此可见，社会风气或社会环境对学生思想和行为的影响。具体而言，一方面，良好的社会风气，如"最美教师""最美司机""最美乡村医生"，以及"感动中国十大人物"等好人好事，激发高职院校大学生的积极向上的生活态度和学习热情，从而有助于增强学生对思政课教学的兴趣，认同思政课教学的基本观点和基本原理，进而增强思政课的教学效果；另一方面，恶劣的社会风气，如贪污腐败、制假贩假、道德冷漠及淫秽色情，以及功利主义、实用主义及消费主义等盛行，极大地影响高职院校大学生的人生观取向、学习目标及生活态度等，认为思政课的理论观点与现实反差太大，加剧学生对高职院校思政课的反感或抵触情绪，从而弱化了高职院校思政课的教学效果。

（三）增强高职院校思政课教学实效性的有效对策

高职院校思政课课堂教学改革所取得的成果，我们需要加以巩固，而针对高职院校思政课课堂教学存在的问题或不足之处，我们必须做出适宜的教学改革，采取切实有效的措施，不断提高思想政治理论课教学效果。

第一，加强通识教育，拓宽学生的人文知识视野，是增强高职院校思政课教学效果的文化路径。高级技能型和高素质的人才，是高职院校的人才培养目标。从实施素质教育的要求来看，培养高级技能型和高素质的人才，应该是全面发展的人才。它不仅要求学生掌握知识和技能，而且要求学生通晓文理科的知识或理论；不仅要求培养学生的实践能力和创新能力，而且要求提高学生的思想品德和精神境界。通识教育注重文理渗透，各学科之间彼此交融，使学理工的学生懂得一些人文社会科学知识，学文科的学生懂得一些科学文化知识。其目的在于培养学生独立思考能力和创新能力，进而将不同的知识融会贯通，着力培养全面发展的人。高职院校作为高等职业教育的载体，具有"职业性""高等性"和"教育性"的多重属性。因此，高职院校的教育教学，不仅要进行科学教育，增加学生的知识与技能，而且要加强人文教育，变化学生的气质，塑造学生的灵魂。简而言之，加强通识教育，增加学生的人文知识背景，提高学生的人文素质，有助于接受和理解思政课的教学内容，进而有助于增强思政课教学效果。

第二，加强教学改革，发挥学生学习的主体性，是增强高职院校思政课教学效果的关键绝招。不断深化教育教学改革，是推动我国教育持续健康发展的内在动力。不断深化课堂教学改革，需要教师搞好顶层设计，不断探索课堂教学规律，以此作为我们教育教学的行动指南。针对高职院校思政课的教学改革，在充分运用现代教学手段的基础上，要做到两个方面：一是加强课堂教学改革。从教学内容看，坚持理论联系实际和教书育人的原则，即紧密结合学生的学习、生活及情感等实际，解读教材的基本原理和基本观点，帮助学生树立正确的世界观、人生观和价值观。从教学方法看，根据具体的教学内容，灵活运用启发式、探究式、案例分析及课堂讨论等方法，充分调动学生学习的积极性和主动性，培养学生分析问题、解决问题的能力及创新能力。二是加强实践教学。课堂教学是内化过程，实践教学是外化过程。内化的成果是使人形成新的思想，外化的成果是使人形成新的行为。因此，教师要紧密结合思政课的教学目标和教学内容，有针对性地组织学生参加考察、社会服务及社会调查等实践活动。课堂教学与实践教学相结合，有助于促进大学生的理论学习与实践锻炼相结合、知识接受与生活经验相结合，进而有助于深化学生对课程的基本原理和基本观点的理解与认同，有助于增强思政课的说服力和感染力，进而增强思政课教学效果。

第三，加强课堂管理，增强师生的良性互动，为高职院校思政课教学营造一个和谐的内部环境。课堂管理是教师为了有效地进行教学而采取的组织教学、设计学习环境及处理课堂行为等一系列的措施与活动。教学实践证明，课堂教学过程，是师生情感与情感的交流过程，也是师生灵魂与灵魂的对话过程，还是师生思维与思维的碰撞过程。因此，课堂管理与教学效果密不可分。课堂管理包括教学管理、时间管理、环境管理及行为管理等。有研究者指出："课堂管理的目标是为学生创造更多的学习时间、使更多的学生投入学习、帮助学生进行自我管理。"[1] 针对思政课的课堂教学而言，教师要根据具体的教学目标与教学内容，

---

[1] 陈琦，刘儒德. 当代教育心理学［M］. 北京：北京师范大学出版社，2013：488.

合理地分配教学时间，建立一个良好的班级学习环境，建构一个和谐融洽的师生关系，以便营造一个"既团结紧张又严肃活泼"的教学氛围，为学生创造更多的学习时间，帮助学生进行自我约束和自我管理，不断增强师生之间的良性互动，进而提高思政课课堂教学效果。

第四，加强学校教育与家庭教育、社会教育的有机结合，为高职院校思政课教学营造一个良好的外部环境。立足学校教育，坚持学校教育与家庭教育、社会教育的有机结合，是现代学校教育的一种规律。从哲学视角看，学校教育与家庭教育、社会教育是密不可分的。父母是孩子的第一任教师，父母的言行举止、思想道德状况及审美取向等，对孩子产生潜移默化的直接影响。因此，学校教育要与家庭教育搭建一个有效的教育平台，互通信息，形成教育合力，及时有效地解决孩子在校的学习、生活等方面的问题，为思政课教学奠定良好的思想认识基础。学校是社会的细胞，学校教育不可避免地受社会风气或社会环境的影响。社会要为学生健康成长营造一个良好的社会环境，不仅要通过道德与法律机制，净化社会风气，形成良好的社会风尚，而且要加强网络文化建设和管理，优化网络文化环境，承担起培育青少年健康成长的历史责任。没有一个良好的社会风气或社会环境，学校教育质量要大打折扣。教育实践证明，坚持学校教育与家庭教育、社会教育的有机结合，形成科学有效的教育网络，营造一个良好的教育环境，是推进教育改革创新、提高教育质量的有效机制。只有把学校教育与家庭教育、社会教育统一起来，才能形成"教育合力"，为高职院校思政课教学和学校教育营造一个良好的外部环境。

——（原文刊登于《思想政治课研究》2014 年第 4 期，收入本书时略加修改或补充）

四、抗疫精神融入高职思政课教学方法探讨

党的十八大提出"把立德树人作为教育的根本任务"的时代命题。高校思想政治理论课是落实立德树人根本任务的关键性课程。2020 年 9 月 8 日，习近平总书记在全国抗击新冠肺炎疫情表彰大会上指出："在这场同严重疫情的殊死较量中，中国人民和中华民族以敢于斗争、敢于胜利的大无畏气概，铸就了生命至

上、举国同心、舍生忘死、尊重科学、命运与共的伟大抗疫精神。"① 伟大抗疫精神为打赢疫情防控阻击战提供了精神支撑和精神引领，也为实现中华民族伟大复兴中国梦提供了精神动力，还为高职院校开展大学生思想政治教育和落实立德树人根本任务提供了生动的新鲜素材。高职院校思政课则是推进抗疫精神"进教材""进课堂""进头脑"的主渠道和主阵地。

（一）抗疫精神融入思政课教学是高职教育的必然要求

加强中国精神教育是高职思政课教学的重要内容。抗疫精神是中国精神的时代彰显。习近平总书记指出：伟大抗疫精神，同中华民族长期形成的特质禀赋和文化基因一脉相承，是爱国主义、集体主义、社会主义精神的传承和发展，是中国精神的生动诠释，丰富了民族精神和时代精神的内涵。从抗疫精神的具体内涵看，抗疫精神是科学精神与人文精神的有机统一，也是德治精神与法治精神的有机结合；既是中华传统美德、革命道德的继承与弘扬，也是社会主义道德的最好体现，与社会主义核心价值观相通相融；既体现了中国共产党的初心使命和执政为民理念，也彰显了中国共产党执政能力和中国特色社会主义制度优势。由此可见，抗疫精神是高职院校思政课教学的应有内容。

习近平总书记指出，人无精神不立，国无精神不强。青年兴则国家兴，青年强则国家强。深入宣传伟大抗疫精神，对大学生加强抗疫精神教育，帮助他们坚定理想信念，厚植他们的爱国主义情怀，增强他们的精神力量，激励他们为实现中华民族伟大复兴中国梦而努力奋斗，这是高等教育的责任担当与自觉行动。"弘扬伟大抗疫精神，就是要把伟大抗疫斗争当作最生动的思政课，让抗疫精神为青少年成长打好底色。"② 2020 年 9 月 24 日，教育部发布《关于学习贯彻习近平总书记在全国抗击新冠肺炎疫情表彰大会上的重要讲话精神的通知》提出"有机融入思想政治教育""大力推进'三进'工作""切实加强学理阐释"的三项具体要求。由此可见，抗疫精神融入高职思政课教学，是高职院校大学生思想政治教育的内在要求。

---

① 习近平．在全国抗击新冠肺炎疫情表彰大会上的讲话［N］．人民日报，2020-09-09.
② 本报评论员．弘扬抗疫精神　汇聚建设教育强国力量［N］．中国教育报，2020-09-09.

（二）抗疫精神融入高职思政课教学方法之运用

抗疫精神融入高职思政课，发掘抗疫精神的育人价值，首先要加强教学方法研究。教学实践证明，"教学方法留给教师创新的空间是很大的，通过对学生特点的了解，对教学内容的把握，选取合适的教学方法，会收到良好的教学效果。"① 思政课教师以现代新媒体技术为载体，通过运用理论讲授法、实践教学法、问题教学法、案例教学法、情境教学法及网络教学法等多种教学法，将抗疫精神融入高职思政课教学，以促成教学价值目标的实现。

第一，理论讲授法与抗疫精神教育。理论讲授法是指教师向学生系统地传授知识或理论，发展学生智力和培育学生德性的一种教学方法。一般而言，讲授法包括讲述法、讲解法、讲读法及讲演法等具体的教学方法。对教师而言，讲授法是一种传授性的教学方法，充分发挥教师的主导性作用；对学生而言，讲授法是一种接受性的学习方法，亦即学生被动地接受教师传播的知识或理论，学生的主体性得不到应有的发挥。由于教师的主导性作用与学生的主体性发挥在整个教学过程中存在着不平衡状态，教学效果欠佳，因而单纯的理论讲授法被人们称之为"填鸭式"教学法或"满堂灌"，往往受到教育专家或一线教师的批判。不过，美国教育心理学家奥苏贝尔说："讲授法从来就是任何教学法体系的核心，看来以后也有可能是这样，因为它是传授大量知识唯一可行和有效的方法。"② 教学实践证明，任何一种教学方法单纯应用于课堂教学实践，都有其优点和缺点，因此，对教学方法的评价，要摈弃形而上学态度，坚持唯物辩证法精神。

高校思想政治理论课是大学生思想政治教育的主渠道，其教学内容在于向大学生系统传授马克思主义理论和马克思主义中国化理论成果，其教学价值目标在于帮助大学生确立马克思主义信仰，树立中国特色社会主义共同理想和共产主义远大理想。马克思主义理论和马克思主义中国化理论成果，是一门系统完整、结构严谨、逻辑严密且具有科学性和真理性的理论体系。"思想政治理论课的理论性表现为'用科学理论培养人'""推进思想政治理论课改革创新，要全面坚持马克思主义理论的彻底性，充分彰显理论魅力"③。因此，从一定意义上讲，高

---

① 张景焕．教育心理学［M］．济南：山东人民出版社，2010：4.
② ［美］奥苏贝尔．教育心理学［M］．北京：人民教育出版社，1994：666.
③ 王天泽，马涛．思想政治理论课坚持理论性与实践性相统一论析［J］．思想教育研究，2020（07）：94-98.

校思政课教学不能完全排除理论讲授法。抗疫精神是习近平新时代中国特色社会主义思想的重要内容。思政课教师运用理论讲授法，并与启发法、案例法、问题法及情境法等有机结合起来，从生成机制、丰富内涵、现实指向、价值意蕴及德育意义等层面比较系统地讲解抗疫精神；同时还要把抗疫精神与理想信念教育、爱国主义教育、坚定"四个自信"教育、践行社会主义核心价值观教育及构建人类命运共同体教育结合起来，促进预期教学价值目标实现。

第二，实践教学法与抗疫精神教育。加强实践教学，注重实践育人，是高等职业教育的最大特色。实践教学法是指通过组织学生参观考察教育教学基地或引导学生开展课外活动进而深化理论认识和锻炼实践能力的一种教学方法。高校思想政治理论课，是一门具有理论性和实践性双重属性的公共必修课程。马克思主义认为，实践是检验真理和发展真理的唯一标准，也是将理论转化为能力、德性和素质的根本路径。习近平总书记说，思想政治课教学要坚持理论性和实践性相统一，又说："所有知识要转化为能力，都必须躬身实践。要坚持知行合一，注重在实践中学真知、悟真谛，加强磨炼、增长本领。"[1] 教学实践证明，实践教学真正把"动脑"与"动手"统一起来，不仅能够帮助学生深化对所学理论的理解，而且能够提升学生的动手能力或实践能力。因此，思政课教师要坚持理论性与实践性相结合，把理论教学与实践教学有机统一起来，既要有理论讲授法，也要有实践教学法，不断增强思政课教学的思想性、理论性和亲和力、针对性。

就人的精神与实践活动的关系而言，人的精神形成与发展，不能脱离人的实践活动，精神的发展和升华是在人的实践活动中不断完成的，离开了人能动地改造客观世界的实践活动，人的精神形成和发展是不可能的。由此可见，将抗疫精神融入实践活动，这是促进大学生精神形成和发展的内在要求。抗疫精神是党领导全国人民在抗击新冠肺炎疫情的惊心动魄的伟大斗争实践中而形成的精神理念结晶。通过实践教学，一方面让大学生了解全国人民在党的领导下进行抗击疫情的过程及其所取得的伟大成就；另一方面通过引导学生观察、学习和体验，印证所学理论，深化对抗疫精神的理解和认同；再一方面能够将所学的理论应用于社会实践，在社会实践中提高自己对抗疫精神的认识能力和践行能力。思政课教师要有目的、有计划地组织学生开展"第二课堂活动"或社会实践活动，如走访

---

① 中共中央文献研究室 . 习近平关于青少年和共青团工作论述摘编［M］. 北京：中央文献出版社，2017：53.

当地抗击疫情的先进人物或道德典型，或进行实地考察等，通过耳闻目睹或身临其境，促使学生对抗疫精神内涵和本质的理解；让学生在现场体验和生动实践中增强中国特色社会主义道路自信、理论自信、制度自信和文化自信；促使抗疫精神转化为他们的德性、能力和素质。

第三，问题教学法与抗疫精神教育。问题教学法是指在教学过程中，坚持问题导向，引导学生在发现问题、分析问题、解决问题的学习活动中，掌握知识、发展智力、提升技能及涵养德性的一种教学方法。问题教学法以问题为主线，把发现问题、分析问题和解决问题作为教学活动的主体内容，进而把教师的"教"与学生的"学"有机统一起来，凸显了学生的主体性地位和学习意义建构。"为提高教与学的效果，教学活动应提倡问题解决的教学，学习活动应提倡问题解决的学习。"① 当然，问题教学法需要教师有意识地创设问题情境，激发学生的求知欲望和学习兴趣，引导学生进行探索性的学习活动。依据教育心理学原理，教学中的问题创设要符合三个基本要求：一是具有导向性，彰显立德树人的价值取向；二是具有适切性，符合学生的认识水平和发展潜力，亦即符合学生的"最近发展区"；三是具有针对性，满足学生成长发展的需求和期待。问题教学法为学生提供了一个交流、合作、探索、发展的机制，使学生在问题解决中感受教学的价值和魅力。

问题教学法也是高职思政课教学的有效方法。"在思政课中坚持问题导向，注重解疑释惑，一个有效的方式就是采用问题教学法。"② 就高职思政课教学而言，创设问题主要围绕三个方面：一是紧扣教材重点问题和难点问题，二是立足学生的实际问题或学生的疑惑，三是关注社会热点问题。抗击新冠肺炎疫情，无疑是当下社会的热点问题，也是大学生密切关注的现实问题。将抗疫精神融入高职思政课教学，思政课教师依据教学目标或教学要求，可创设如下问题："如何理解抗疫精神的形成机制、主要内涵及时代价值？""在抗击疫情中从哪些方面展现中国价值？""抗疫精神是如何彰显中国特色社会主义制度优势的？""中国抗疫对促进构建人类命运共同体有何意义？""学习和践行抗疫精神对塑造我们大学生的思想品德有何意义？"等等。通过问题教学法，创设有关学习抗疫精神的问题情境，在引导学生分析问题、解决问题的过程中，帮助学生深化对抗疫精

① 黄正夫. 教育心理学 ［M］. 北京：北京师范大学出版社，2011：125.

② 冯务中. 以问题教学法提升思政课实效性 ［J］. 中国高等教育，2019（11）：7-9.

神的理解和把握，以促进教学价值目标的实现。

第四，案例教学法与抗疫精神教育。案例教学法是指教师依据教学目标的要求，选用一定典型性的案例或事件，组织学生进行分析问题、讨论问题、提出解决问题方案的一种教学方法。从教学实践看，案例教学法具有如下优势特质：一是凸显了以学生为中心的教学；二是彰显了教学内容的鲜活性；三是显示了特定的问题情境；四是加强了师生的交流互动；五是体现了知识传授、能力提升和价值观塑造"三位一体"的教学目标。从一定意义上说，案例教学法蕴含着问题法、讨论法及启发法等多种方法的综合运用，因而也是备受一线教师青睐的一种教学法。总之，案例教学法通过典型的案例或人物或事件，解析抽象的理论或概念，寓理于事，寓情于理，能够克服教学中教师单向的理论灌输，有助于充分发挥学生学习的主体性，有助于培养学生思辨能力、分析问题和解决问题的能力，也有助于学生解决世界观、人生观和价值观问题，对增强课堂教学的实效性和针对性具有显著的意义。

案例教学法也非常适用高职思政课教学。对高职思政课教学而言，案例的选取需要符合以下三个要求：一是与教学内容具有内在的关联性，有助于解读教材中的理论观点或破解重点、难点问题；二是契合教学目标，有助于实现培育能力、涵养德性和提升素质的教学目标；三是具有典型性和社会热点性，有助于解决学生的实际问题或关注的社会热点问题。无疑，抗击新冠肺炎疫情和抗疫精神，具有典型性和社会热点性，是对大学生加强思想政治教育的新素材、新内容。思政课教师将抗疫中的典型案例或人物故事运用到课堂教学中，有温度、有深度地讲好抗疫故事或抗疫英雄，通过这些活生生的典型案例将抗疫精神的抽象理念具体化、形象化，在提高学生分析问题、解决问题能力的过程中，涵养学生良好的道德品质和正确的价值观。

第五，情境教学法与抗疫精神教育。情境教学法是指在教学过程中，教师有目的地引入或创设具有一定情绪色彩的、以形象为主体的生动具体的场景，以引起学生一定的态度体验，从而帮助学生理解教材，并使学生的心理机能得到发展的一种教学方法。就模拟情境而言，可以创设"图画再现情境""音乐渲染情境""角色体验情境""游戏比赛情境""网络拓展情境""语言描绘情境"，[①] 把情感活动与认知活动、显性教育与隐性教育有机统一起来，进而发挥潜移默化的

① 李吉林.情境教育精要［M］.北京：教育科学出版社，2019：17-27.

教育作用。从主观与客观层面看，情境包括客观情境和心理情境。"情境是物理和心理的结合，情境教学是物理移人情、心情促心情的教学方法，通过情境的创设将知识与个人经验结合起来，使内在的情趣常和外来的意象相融合而相互影响。"① 教学实践证明，情境教学法有助于激发学生学习的兴趣，进而有助于学生积极情感、能力和正确价值观的确立。它不仅适合于中小学课堂教学，也适合于大学课堂教学。

从教育心理学看，任何教学都离不开特定的情境，学生积极参与教学活动，需要适宜的教学情境。只有在适宜的教学情境中，学生才能进入学习状态，积极参与课堂学习，进而才能爱学、乐学和善学。将抗疫精神融入高职思政课教学，情境教学法是一种行之有效的方法。思政课教师要自觉地运用情境教学法，创设适宜的、多样化的教学情境，将抗疫英雄人物或动人故事融入高职思政课教学，这才能引起学生对抗疫中的人物或事件的关注，才能产生丰富的情感体验，也才能得到人文精神和科学精神的熏陶感染，从而起到潜移默化的教育作用。

第六，网络教学法与抗疫精神教育。网络教学法是指运用多媒体和网络信息技术建构的教与学的互动模式，实现对多媒体教育信息的收集、传输、处理、共享，来实现教学目标的一种教学方法。网络教学法，是在信息化和网络化时代对传统教学方法的一种时代超越，把先进的教学媒体引进课堂，打破了时间和空间的限制，提供了丰富多彩的教学资源，实现了师生之间、生生之间的多向交互，由此开辟了高等教育课堂教学新境界。"利用功能强大的网络媒体可创造多种多样逼真的问题情境，而庞大的网络资源库也可提供给学习者丰富的自主学习资源。"② 适应新媒体时代，高职思政课教学要坚持守正创新，适应信息技术的新发展，在遵循教育教学规律和思想政治教育规律的基础上，把高职思政课教学与信息技术有机结合起来，探索创新思政课网络教学模式。高职思政课教学与新媒体相结合，一方面创建学校网络思政教育平台，坚持以习近平新时代中国特色社会主义思想为主线，唱响思想政治教育主旋律，占领网络舆论阵地；另一方面要加强思政课在线资源和网络思政课程建设。

将抗疫精神融入高职思政课教学，思政课教师要自觉运用网络教学法，一是

---

① 周晓静．课程德育论［M］．北京：人民出版社，2010：152.
② 武法提．网络教学策略［M］．北京：北京师范大学出版社，2020：69.

引导学生查阅、收集网络所提供的丰富而多样化的抗击新冠肺炎疫情信息资源，并帮助学生对收集的抗疫信息资源进行筛选、分析和重新组合，提出解决问题新方案，同时要特别强化网络舆情的研判和引导，澄清事实真相，驳斥错误观点，加强正面引导，把学生吸引到学校官方的"显性舆论场"中来。二是开展在线教学，借助慕课平台、SPOC 平台、腾讯课堂、超星学习通等网络平台，开展线上教学。在线教学方法真正实现了传统教学范式的转变即由"教的范式"向"学的范式"转变，也就是真正实现了"以教师为中心的教学"向"以学生为中心的教学"的转变，从而真正实现了教师主导性与学生主体性在教学实践中的有机统一。通过在线教学传授抗疫精神，是疫情防控下教学方法的一次重大创新。三是思政课教师要善于搜索有关阐释抗疫精神、讲述中国抗疫故事的好文章、微视频等及时传输到以电脑、智能手机为载体的微信、微博、QQ 平台等上，引导学生自主学习、相互讨论。总之，在"互联网+"时代，我们要充分发挥网络育人的作用，实现网络思政课立德树人的价值目标。

（三）抗疫精神融入高职思政课教学方法运用需注意的几个问题

教学实践证明，方法得当，事半功倍；方法不当，事倍功半。"教学方法决定着课堂教学的实际效果。注重教学方法研究是思想政治理论课的内在要求。"[①]适宜的教学方法是提升教学效果不可忽视的重要因素，因而也是教学改革创新的重要内容。

第一，坚持教学方法的综合运用。不同的课程，不同的内容，往往需要运用不同的教学方法；即使是同样的课程，同样的内容，由于教育者不同，接受教育的对象不同，运用的教学方法也是不尽相同的。中国现代著名教育家叶圣陶先生说："不要因为某种教法曾经受到某某的赞赏，就此'定于一'，不允许再有别的教法。任何一种教法都有优点和缺点，优点要它更优，缺点要它改正，这才能不断改进。"[②]教学实践证明，任何一种教学方法单纯运用于课堂教学都有其缺点和弊端。根据教学内容和教学对象的实际情况，综合而灵活运用多样化的教学方法，才能取得好的教学效果。同样，高职思想政治理论课教学实践过程，

①　黄建军．关于高校思想政治理论课教学方法研究的若干思考［J］．思想理论教育导刊，2011（01）：75-78.

②　叶圣陶．叶圣陶教育名篇［M］．北京：教育科学出版社，2008：130.

绝对不是某一种教学方法的简单运用，而是以某一种教学方法为主体的多元化教学方法综合而灵活运用的动态过程。思政课教师要充分运用新媒体技术的优势，遵循教育教学规律和高职院校学生思维认知特点等实际情况，综合而灵活运用多样化的教学方法，将抗疫精神融入高职思政课教学。如理论讲授法，往往兼有任务驱动法、启发法、问题法、情境法及讨论法等多种教学法的综合运用。

第二，坚持教学方法和教学内容的结合。教学方法是为传授教学内容而服务的。千万不能为方法而方法。也就是说，教学方法的运用与教学内容的架构要很好地结合起来。就教学内容而言，教学内容的架构，一要符合学生的身心发展规律，二要体现设计的教学价值目标，三要注重自身的内在逻辑性和层次性。只有把适宜的教学方法与适切性的教学内容有机结合起来，使其相辅相成，相得益彰，才能取得好的教学效果。因此，多样化的教学方法还需要注意与适切性的教学内容有机结合。但需要特别指出的是，适宜的教学方法与适切性的教学内容相结合，不仅要以学生的身心发展特点为基础，而且要遵循基本的教育教学规律，其教育价值诉求即是最大限度地发挥课堂教学的有效性，以促进学生的最优化发展。就抗疫精神融入高职思政课教学而言，抗疫精神要与理想信念教育、人生观教育、中国精神教育、社会主义核心价值观教育、社会主义职业道德教育、社会主义法治教育、中华优秀传统文化教育、红色文化及社会主义先进文化教育、坚定"四个自信"教育及构建人类命运共同体教育等相关教育内容有机结合起来，不断增强思政课教学的思想性、理论性和亲和力、针对性，促使教育价值目标的实现。

第三，坚持教法与学法的结合。方法研究既包括教师的教法，也包括学生的学法。教学模式之建构，从总体上可分为以教师为中心的教学与以学生为中心的教学两种模式，前者便于充分发挥教师教学的主导性作用，后者易于充分彰显学生学习的主体性作用。教学过程，实际上是教师主导性作用的教与学生主体性作用的学的统一过程。因此，探讨有效或优质的教学，不仅要研究教师的教法，而且要研究学生的学法。在教与学的教学实践中，人们往往比较注重教师的教法，而比较忽视学生的学法，也就是教师较多考虑到教学方法的选择及运用，而对指导学生采用何种学习方法进行自主学习，却关注很少，也就是存在着"重教轻学"的偏失，这也在客观上影响教学效果或教学质量。建构主义理论认为，"学生是自己的知识的建构者，教学需要创设理想的学习环境，促进学生的自主建构活动。"① 促进学生的自主建构活动，客观上需要教会学生学习的方法。就学生的学习方法而言，主要有读写结合法、学思结合法、合作探究法、发现学习法、网络阅读法及观看视频法等。注重学生学法的指导，其主要目的在于调动学生学习的积极性、主动性和创造性，自我建构学习的意义和价值。把教法与学法结合起来，这是提升高职思政课教学亲和力和针对性的有效策略。

　　——（原文刊登于《陕西青年职业学院学报》2021 年第 3 期，收入本书时略加修改或补充）

　　① 　陈琦，刘德儒. 当代教育心理学［M］. 北京：北京师范大学出版社，2019：187.

后　记

　　本书是多年来撰写的有关大学生思想政治教育的 20 多篇论文集结而成的。撰写论文的时间跨度有十多年，其中多篇论文是自 2012 年起开始撰写的。故书名用"新时代"来加以修饰。在多年的思想政治理论课教学中，我所面对的、所思考的并为之实践的，可以用"德育为先，育人为本"的教育理念来表达。马克思主义学院是高校意识形态工作的坚强阵地，也是教师对学生进行马克思主义理论教育的主要阵地，马院教师的教学和科研水平直接影响着思政课的教学质量。因此，思政课教师要自觉协调好教学与科研的关系，努力找到二者的平衡点，使其相辅相成、相得益彰，进而实现教研相长。坚持教学实践与理论研究相结合，充分发挥思政课的育人功能，这是本人多年来坚持的教育立场。马院教师"姓马"，更要"信马""行马"。本人在课堂教学之余，乐于结合思政课教学实践和理论兴趣搞点基础研究，着力运用马克思主义的立场观点方法，对新时代大学生思想政治教育进行了多向度、多层面的思考和研究，这既是教育教学经验的阶段性总结，也是自己简陋观点的理论表达。希望得到国内高水平同行专家学者的指导或斧正，进而提升本人的理论研究水平，为继续深化大学生思想政治教育研究作出自己应有的努力。

　　研究实践表明，任何一项研究成果都表现出继承与创新的关系。继承是创新的前提和基础，创新是继承的目的和超越。没有继承也就无所谓创新，没有继承前人或他人的研究成果而进行所谓创新，就是无源之水、无本之木，也就不是真正意义上的创新；而没有创新的研究成果，也就失去研究的价值和意义。继承与创新相结合是教研科研或学术研究的内在要求。"文化综合创新"论是已故哲学家张岱年先生提出的一个经典文化观。其实，综合创新既是文化发展的基本规律，也是学术研究的基本范式。在撰写论文的过程中，我也吸收借鉴了国内学术界、理论界的相关研究成果，在此谨向有关专家、学者表示衷心感谢！当然，在吸收借鉴他人研究成果的同时，力图有所发现、有所创新。同时，对原期刊出版者也表示诚挚的谢意!

　　立德树人是教育的根本任务,教书育人是教师的本质要求。思想政治理论课是大学生思想政治教育的主渠道,也是落实立德树人根本任务的关键课程,还是实现教书育人本质要求的基本路径。对教师而言,"学"与"教"永远在路上。"学无止境、教无定法、止于至善",是本人作为一名普通教师所信奉的座右铭。其中"止于至善"出自儒家经典《大学》:"大学之道,在明明德,在亲民,在止于至善。"宋代理学大师朱熹在《大学章句》中解释道:"止者,必至于是而不牵之意;至善,则事理当然之极也。言明明德、亲民,皆当至于至善之地而不迁。"简而言之,止于至善即是修身育人,都必须达到完美的境界而毫不动摇。止于至善是一种理想的追求,虽不能至,然心向往之。不断推进思想政治理论课教学改革创新,加强和改进大学生思想政治教育,是一个永恒的教育主题,需要教育工作者坚持理论与实践相结合原则持续不断地深化研究,不断探索大学生思想政治教育规律、教育教学规律和学生成长成才规律,进而才能较好地完成立德树人的根本任务,以促进学生的健康成长和全面发展。

　　由于本人水平有限,不足之处在所难免,敬请专家和读者批评指正!

迟成勇
2022 年 9 月于铁道学院人才公寓